KB122374

android

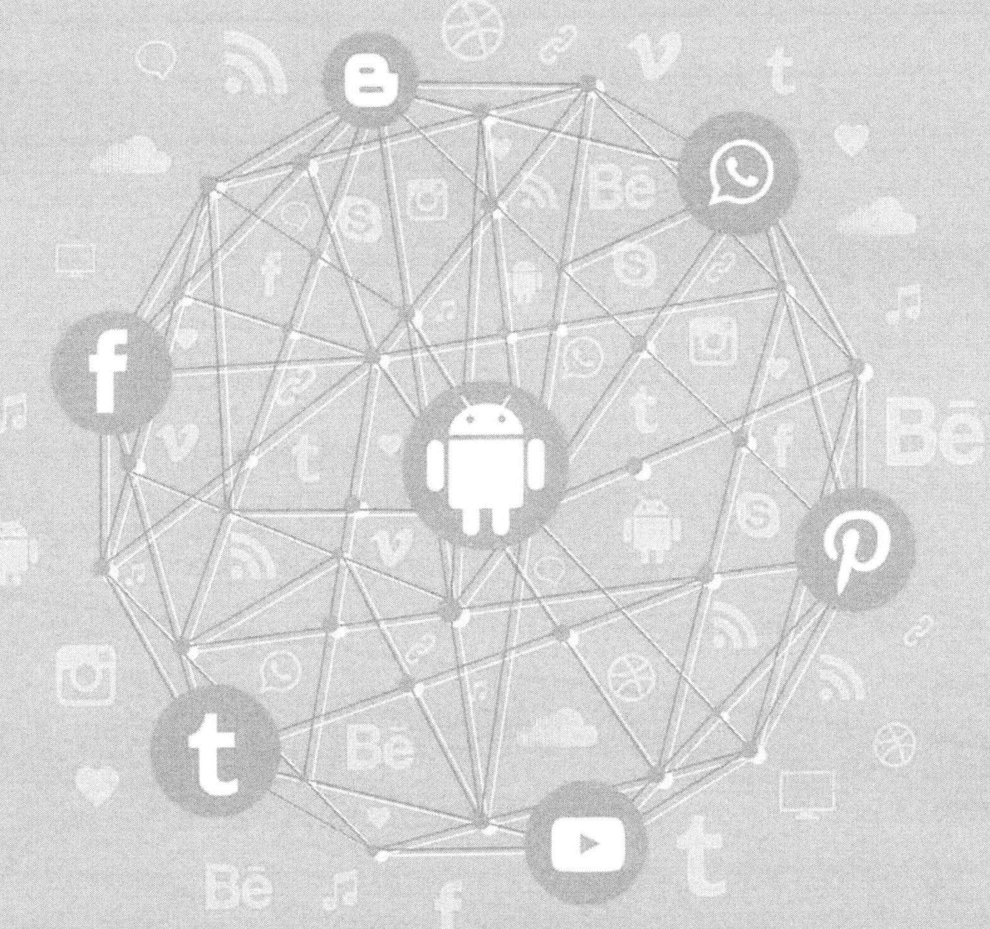

사례중심의 단계별

안드로이드 앱 개발하기

정민포 · 조혁규 공저

머리말

제4차 산업혁명은 현재 진행하고 있으며, 이미 사회 곳곳에 그 현상이 드러나고 있습니다. 전 세계적으로 10억명 이상의 실업자가 있으며, 이미 많은 일자리가 사라졌고, 앞으로도 더 많이 사라질 것이라고 예상됩니다. 연구결과에 따라 다르지만, 현재보다 80~99%의 일자리가 사라진다고 예상하고 있습니다. 하지만, 사라지는 일자리만큼 새로운 신규 일자리도 만들어지고 있습니다. 유망한 분야로는 로봇, 인공지능, 나노, 3D 프린터, IoT, 핀테크, 드론, 자율주행, 가상현실+증강현실, 블록체인, 빅데이터 사이버펑크, 양자컴퓨터, 정보보호 등이 있습니다. 이러한 배경으로 공학, 자연, 인문, 사회 계열 등과 관련된 대학 및 산업분야에서는 기존 교육에 S/W를 활용한 제품 개발, 서비스 및 혁신 등이 요구됩니다.

2017년 1월에 개설된 영산대학교 S/W교육센터는 이러한 추세에 맞추어 다양한 S/W 교육을 시행합니다. 관련 전공 대상자에게는 체계적인 S/W교육을, 영산대학교 전체 학생들에게는 S/W기초교육과 S/W심화교육을, 대학 주변의 초,중,고 및 일반인과 공무원 등에게는 S/W 가치확산을 위한 다양한 교양 S/W 교육을 실시하고 있습니다. 개발된 교재는 2017년도에 개발한 "비전공자를 위한 앱 프로그래밍" 교재에서 부족한 부분인 안드로이드 고급 위젯의 사용과 앱 응용 분야(공공데이터 활용, 위치기반 서비스)를 중심으로 개발되었습니다. 여전히 비전공학생들이 처음 교육을 받을 때발생하는 저항은 있습니다. "어떻게 우리가 IT 전공학생들이 배우는 코딩을 배울 수가 있는가! 우리는 할 수 없다!" 등의 저항이었습니다. 이러한 저항에도 불구하고 앱을 활용하려는 비전공 학생들이 점진적으로 늘어나고 있어, 본인의 전공과 연계한 앱 활용에 도움이 되는 교재를 제공해야 한다는 생각으로 필요한 내용들을 구성하여 교재를 개발했습니다.

부족한 부분은 많겠지만 비전공자이면서 앱 교육에 참여하고 본인의 전공분야에 앱 프로그래밍을 접목하려는 학생들에게 실질적으로 도움이 되도록 구성하였으며, 진행되는 주제에 따라서 구성하였습니다. 각 장의 내용을 잘 따라서 진행하면 더욱 큰 교육 효과를 기대할 수 있을 것으로 생각하여, 비전공자로 앱 프로그래밍을 활용하는데 어려움을 느끼는 학생들에게 조금이나마 도움이 되었으면 하는 희망입니다.

천성산 기슭에서...

목 차

1 안드로이드 개요와 환경 구축

1.1 안드로이드의 역사

학습목표

위키백과에서는 안드로이드(운영체제)를 다음과 같이 정의하고 있다[1].

안드로이드(영어: Android)는 휴대 전화를 비롯한 휴대용 장치를 위한 운영 체제와 미들웨어, 사용자 인터페이스 그리고 표준 응용 프로그램(웹 브라우저, 이메일 클라이언트, 단문 메시지 서비스(SMS), 멀티미디어 메시지 서비스(MMS)등)을 포함하고 있는 소프트웨어 스택이자 모바일 운영 체제이다.
안드로이드는 개발자들이 자바 언어로 응용 프로그램을 작성할 수 있게 하였으며, 컴파일된 바이트코드를 구동할 수 있는 런타임 라이브러리를 제공한다. 또한 안드로이드 소프트웨어 개발 키트(SDK)를 통해 응용 프로그램을 개발하는 데 필요한 각종 도구와 API를 제공한다.
안드로이드는 리눅스 커널 위에서 동작하며, 다양한 안드로이드 시스템 구성 요소에서 사용되는 C/C++ 라이브러리들을 포함하고 있다. 안드로이드는 기존의 자바 가상 머신과는 다른 가상 머신인 달빅 가상 머신을 통해 자바로 작성된 응용 프로그램을 별도의 프로세스에서 실행하는 구조로 되어 있다.

2005년 7월 :

- 구글은 미국 캘리포니아 주의 팔로알토에 위치한 작은 안드로이드사를 인수
- 안드로이드사는 앤디 루빈이 세운 업체

2007년 11월 5일 :

- 텍사스 인스트루먼트, 브로드컴 코퍼레이션, 구글, HTC, 인텔, LG전자, 마벨 테크놀로지 그룹, 모토로라, 엔비디아, 퀄컴, 삼성전자, 스프린트 넥스텔, T-모바일의 몇몇 회사로 구성된 컨소시엄인 오픈 핸드셋 얼라이언스(OHA)가 모바일 기기의 공개 표준을 개발하는 것을 목표로 결성
- OHA는 리눅스 커널 2.6에서 빌드된 그들의 첫 번째 모바일 기기 플랫폼 결과물인 안드로이드를 발표

<u>2008년 10월 21일 :</u>

- 안드로이드가 오픈 소스로 선언
- 구글은 네트워크와 텔레폰 스택을 포함하는 완전한 소스 코드를 아파치 라이선스로 공개

<u>2008년 12월 9일 :</u>

- ARM 홀딩스, 아세로스(Atheros Communications), 에이수스, 가르민, 소프트뱅크, 소니 에릭슨, 도시바, 보다폰으로 구성된 새로운 14개의 멤버가 안드로이드 프로젝트에 참여

<u>2013년 12월 12일 :</u>

- 현재 API만 완전한 공개 소스인 상태이며 VM에 대한 소스는 공개하지 않음
- 그런 점에서 완전한 오픈소스 스마트폰 운영체제라고 할 수는 없음

안드로이드는 구글에 의해 개발 되고 있으며 현재(2018년 7월 31일)의 안드로이드 버전 히스토리는 다음과 같다[1][2][3].

버전 이름은 알파벳 C부터 알파벳순으로 이어갔다.
1.0에서는 A부터 알파벳순으로 로봇의 이름을 붙이려 Astro Boy라는 이름을 내부에서 붙였고 1.1에서는 이 규칙을 위반한 채 디저트가 좋다는 PM의 취향으로 Petit Four으로 지정하였다. 1.5 버전부터 지금의 체제를 완성했다. Astro Boy는 공식적인 이름으로 인정받지는 못했다.

코드명	버전	특징
Cupcake (컵케이크)	1.5 API Level 3	동영상 녹화와 블루투스 A2DP, AVRCP 지원 한국어 추가 Linux Kernel : 2.6.27
Donut (도넛)	1.6 API Level 4	다중 선택/삭제 지원 WVGA화면 해상도 지원 CDMA, EVDO, 802.1x 등의 기술 지원 Linux Kernel : 2.6.29
Éclair (이클레어)	2.0 API Level 5 2.0.1 API Level 6 2.1 API Level 7	HTML5 지원 마이크로소프트 익스체이지 지원 카메라 내장 플래시 지원 블루투스 2.1 개선된 가상 키보드 Linux Kernel : 2.6.29
Froyo (프로요(프로즌 요거트))	2.2 API Level 8 2.2.1 API Level 8 2.2.2 API Level 8	OS 속도 개선 및 Adobe Flash 10.1지원 크롬이 V8 자바스크립트 엔지 지원 USB 테더링 및 와이파이 핫스팟 기능 지원 자동 업데이트 기능 지원 확장 메모리에 응용 프로그램 설치 지원 Linux Kernel : 2.6.32

코드명	버전	특징
Gingerbread (진저브레드)	2.3~2.3.2 API Level 9 2.3.3~2.3.7 API Level 10	인터넷 전화 및 NFC 지원 자이로스코프, 회전 벡터, 기압계 등 지원 OpenSL ES 구현 제공 Linux Kernel : 2.6.35
Honeycomb (허니콤)	3.0 API Level 11 3.1 API Level 12 3.2 API Level 13	태블릿 PC에 최적화된 UI 지원 개선된 멀티 태스킹 기능 USB 액세서리 연결 마이크로 SD 사용 가능 조이스틱과 게임패드 지원 Linux Kernel : 2.6.36
Ice Cream Sandwich (아이스크림 샌드위치)	4.0~4.0.2 API Level 14 4.0.3~4.0.4 API Level 15	안드로이드 빔 지원 카메라 성능 향상 Version 4.0~4.0.1 Linux Kernel : 3.0.1 Version 4.0.3~4.0.4 Linux Kernel : 3.0.8
Jellybean (젤리빈)	4.1~4.1.2 API Level 16	HTML5와 자바스크립트 성능 향상 구글크롬이 기본 브라우저 Linux Kernel : 3.0.31
	4.2~4.2.2 API Level 17	SeLinux 무선 디스플레이(미라캐스트) 세계시간을 탑재한 새로운 시계 앱 Linux Kernel : 3.0.53
	4.3~4.3.1 API Level 18	블루투스 LE와 오픈GL ES 3.0 지원 오아피파이 성능 및 사용시 편의성 개선 Linux Kernel : 3.4.0
Kitkat (킷캣)	4.4~4.4.4 API Level 19	달빅 캐시 정리 등 메모리 관리 기능 GPU 가속 클라우드 프린팅 지원 SELinux 보안 강화 Linux Kernel : 3.4.0
Lollipop (롤리팝)	5.0~5.0.2 API Level 21 5.1.0~5.1.1 API Level 22	달빅 캐시를 ART로 완전 변경 64비트 CPU 정식 지원 OpenGL ES 3.1 지원 HD보이스 지원 Linux Kernel : 3.4.0

코드명	버전	특징
Marshmallow (마시멜로)	6.0~6.0.1 API Level 23	런타입 권한 잠자기 및 앱 대기모드 절전 기능 Linux Kernel : 3.10.83
Nougat (누가)	7.0 API Level 24 7.1 API Level 25	다중창 지원 알림 향상프로필 가이드 방식의 JIT/AOT 잠자기 모드 Linux Kernel : 7.0(3.10), 7.1(3.18)
Oreo (오레오)	8.0 API Level 26 8.1 API Level 27	부팅 속도 2배 개선 백그라운드 앱 활동성 최소화 앱 로그인 자동화 픽처 인 픽처(PIP)를 통한 2개의 앱 동시 실행 알림 도트가 새 소식을 빠르게 보여줌 구글 플레이 Protect 배터리 절전으로 사용시간 개선 외부 APK 설치 관련 보안 강화 Linux Kernel : 3.18

1.2 JAVA 환경 구축

학습목표

JAVA 환경을 설정할 수 있다.

안드로이드 앱을 개발하기 위한 운영체제는 Windows, Linux, Mac을 사용할 수 있다. 대부분의 사용자가 Windows 환경을 사용하기 때문에, 교재에서는 Windows 환경에서 앱을 개발하는 환경을 소개한다.

안드로이드 앱은 JAVA 언어를 기반으로 만들어지기 때문에 사용자의 PC에 JAVA 개발자 버전을 설치해야 한다.

먼저 JAVA를 설치하기 위한 설치 파일을 ORACLE 홈페이지(http://www.oracle.com/technetwork/java/javase/downloads/index.html)에서 다운로드 한다.

[그림 1-1]과 같이 JDK를 메뉴를 선택한다.

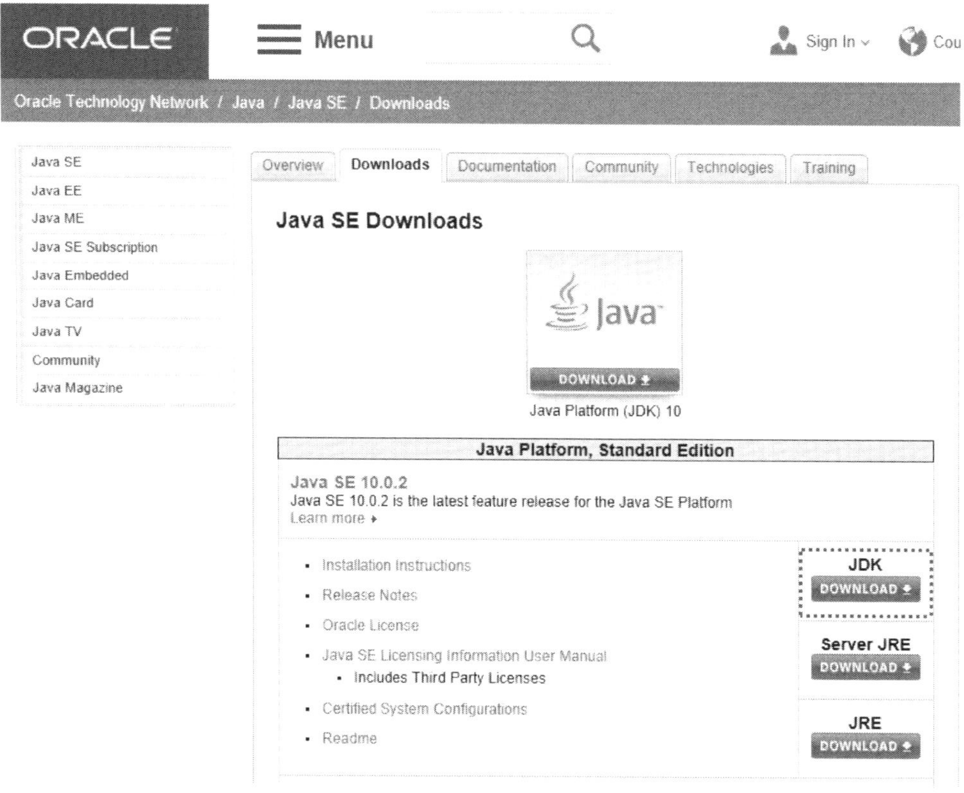

[그림 1-1] ORACLE 홈페이지에서 JDK 선택

[그림 1-2]와 같이 Java SE Development Kit 10.0.2를 다운받기 위해 동의 버튼을 선택한다.

Java SE Development Kit 10.0.2

You must accept the Oracle Binary Code License Agreement for Java SE to download this software.

○ Accept License Agreement ◉ Decline License Agreement

Product / File Description	File Size	Download
Linux	306 MB	jdk-10.0.2_linux-x64_bin.rpm
Linux	338.43 MB	jdk-10.0.2_linux-x64_bin.tar.gz
macOS	395.46 MB	jdk-10.0.2_osx-x64_bin.dmg
Solaris SPARC	207.07 MB	jdk-10.0.2_solaris-sparcv9_bin.tar.gz
Windows	390.25 MB	jdk-10.0.2_windows-x64_bin.exe

[그림 1-2] Java SE Development Kit 10.0.2 다운로드 동의하기

동의 버튼을 선택하면, [그림 1-3]과 같이 화면이 변경된다. [그림1-3]에서 Windows를 선택한다. 필자의 운영체제는 Windows10이고 64bit OS이기 때문에 자동으로 jdk-9.0.1_windows-x64_bin.exe가 화면에 나온다. 만약 32bit OS라면 32bit 버전의 jdk가 자동으로 보이게 된다.

Java SE Development Kit 10.0.2

You must accept the Oracle Binary Code License Agreement for Java SE to download this software.
Thank you for accepting the Oracle Binary Code License Agreement for Java SE; you may now download this software.

Product / File Description	File Size	Download
Linux	306 MB	jdk-10.0.2_linux-x64_bin.rpm
Linux	338.43 MB	jdk-10.0.2_linux-x64_bin.tar.gz
macOS	395.46 MB	jdk-10.0.2_osx-x64_bin.dmg
Solaris SPARC	207.07 MB	jdk-10.0.2_solaris-sparcv9_bin.tar.gz
Windows	390.25 MB	jdk-10.0.2_windows-x64_bin.exe

[그림 1-3] 동의를 선택한 후의 화면

jdk-10.0.2_windows-x64_bin.exe를 선택하면 [그림 1-4]처럼 다운 받는 화면이 나온다. "실행"은 바로 설치파일이 실행되는 것이고 저장이나 저장 옆의 아랫 화살표를 누르면 원하는 폴더에 파일을 다운로드 후, 실행하면 설치할 수 있다.

[그림 1-4] Java 설치파일 다운 받기 화면

jdk-10.0.2_windows-x64.bin.exe를 실행하면 [그림1-5]와 같이 설치 화면이 나온다. "Next〉" 버튼을 선택하여 다음 화면으로 넘어간다.

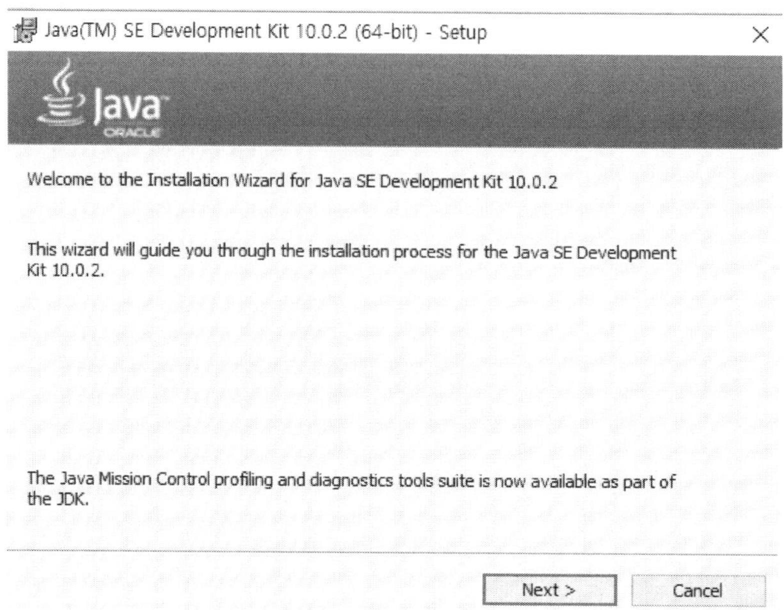

[그림 1-5] JAVA 설치 화면

[그림 1-6] 설치 화면은 JAVA를 c:₩Program Files₩Java₩jdk-10.0.2₩에 설치하는 것을 알려주고 있다. 사용자가 원하면 이 폴더의 위치를 "Change" 버튼을 선택하여 변경할 수 있다. 환경 설정에 필요한 변수이기 때문에, 반드시 알고 있어야 한다. 그리고 Development Tools, Source Code, Public JRE는 모두 선택된 상태이기 때문에 그대로 두고 "Next" 버튼을 선택한다.

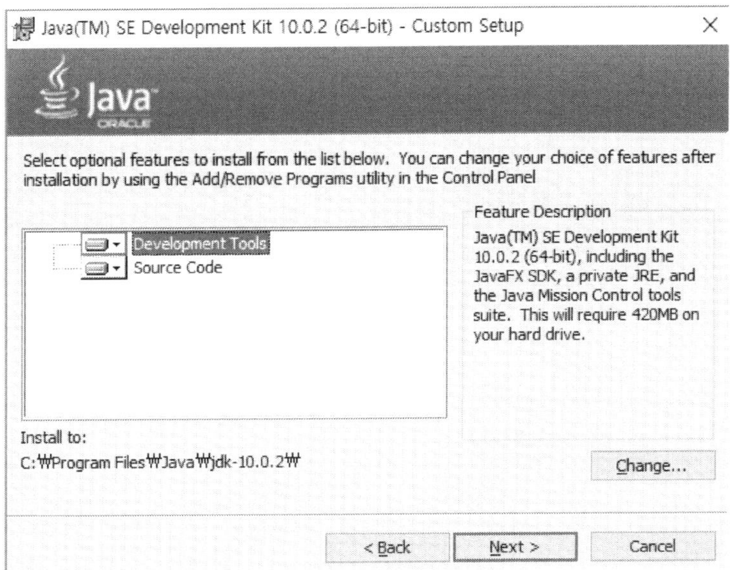

[그림 1-6] JAVA 설치 화면

JAVA 설치가 완료되면 [그림 1-7]과 같은 화면이 보인다.

Java(TM) SE Development Kit 10.0.2 (64-bit) - Complete
Java
ORACLE
Java(TM) SE Development Kit 10.0.2 (64-bit) Successfully Installed
Click Next Steps to access tutorials, API documentation, developer guides, release notes and more to help you get started with the JDK.
Next Steps
Close

[그림 1-7] 자바 설치 화면

[그림 1-7]의 "Close" 버튼을 선택하면 JAVA 설치는 완료가 된다.

다음 과정은 코드로 개발되는 안드로이드 소스코드를 기계어로 바꾸어주는 컴파일 과정을 수행하기 위해 설치된 자바 환경을 설정한다.

윈도우즈의 버전에 따라 "고급시스템 설정" 메뉴의 위치가 조금씩 다르다는 것을 기억하자. 필자의 테스트 환경은 Windows 10 Home, 1803 version이다. [그림 1-8]에서 "고급시스템 설정"을 찾으면 "고급 시스템 설정 보기" 메뉴를 선택할 수 있다.

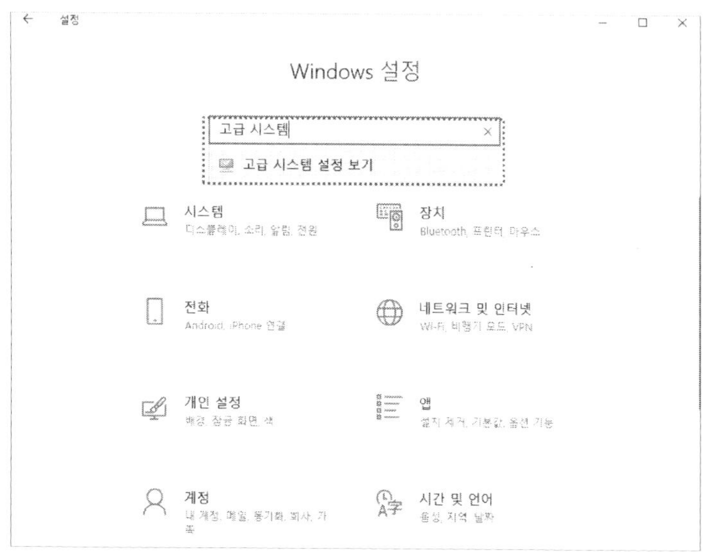

[그림 1-8] 고급시스템 메뉴 찾기

“고급 시스템 설정 보기“를 선택하면 [그림 1-9]의 시스템 속성 창이 나타난다. 시스템 속성 창에서 ”환경 변수“ 버튼을 선택한다.

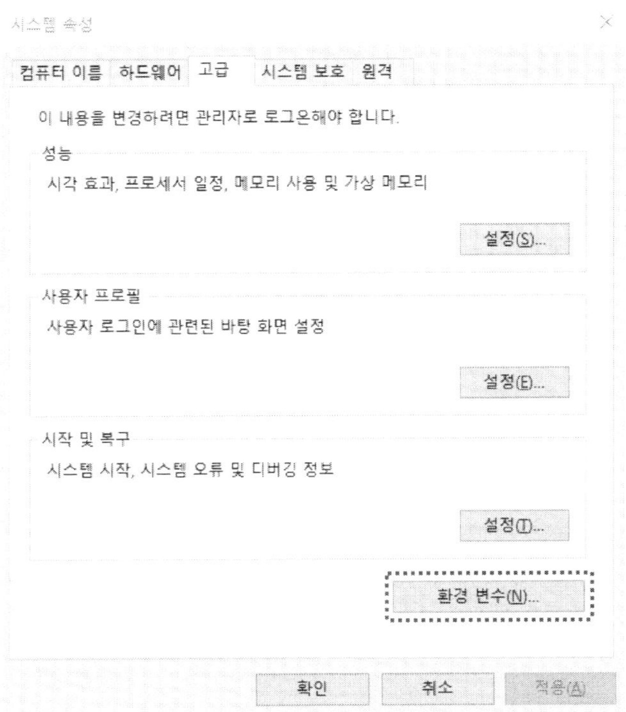

[그림 1-9] 시스템 속성 창

[그림 1-10]에서 "시스템변수" 영역에서 "JAVA_HOME" 변수가 존재하면 "JAVA_HOME" 변수를 선택 후 편집을 누르거나, 만약 변수가 존재하지 않으면 "새로 만들기" 변수를 선택한다. 선택 후에, 그림처럼 변수 이름과 변수 값을 입력하는 창에 다음과 같이 입력한다.

변수 이름에는 JAVA_HOME, 변수 값에는 앞에서 설치한 자바설치 폴더이름을 입력한다. 현재는 C:₩Program files₩Java₩jdk-10.0.2를 입력한다. 아래의 "디렉터리 찾아보기"를 통해 JAVA가 설치된 폴더를 찾아가서 선택하는 것을 추천한다. "JAVA_HOME" 변수는 안드로이드 개발 환경인 Android Studio에게 JAVA가 설치된 폴더를 알려준다.

[그림 1-10] JAVA HOME 환경 변수 설정하기

[그림 1-11]는 JAVA_HOME 환경 변수에 대한 설정 완료 화면이다.

환경 변수

user에 대한 사용자 변수(U)

변수	값
OneDrive	C:₩Users₩user₩OneDrive - ysu.ac.kr
Path	C:₩Users₩user₩AppData₩Local₩Microsoft...
TEMP	C:₩Users₩user₩AppData₩Local₩Temp
TMP	C:₩Users₩user₩AppData₩Local₩Temp

새로 만들기(N)... 편집(E)... 삭제(D)

시스템 변수(S)

변수	값
DriverData	C:₩Windows₩System32₩Drivers₩DriverData
ETHEREUM_SOCKET	₩₩.₩pipe₩geth.ipc
JAVA_HOME	C:₩Program Files₩Java₩jdk-10.0.2
NUMBER_OF_PRO...	8

새로 만들기(W)... 편집(I)... 삭제(L)

확인 취소

[그림 1-11] JAVA_HOME 환경 변수 설정 완료

다음 단계는 환경변수 "PATH"를 설정해야 한다. 이 환경 변수는 Java 소스 코드를 기계어 코드로 번역해주기 위해 필요한 Java.exe, Javac.exe를 임의의 위치에서 호출할 수 있게 해주는 역할을 한다. [그림 1-12]를 참고하여, Path 선택, Javac.exe, Java.exe가 위치한 "c:₩program files₩java₩jdk-10.0.2₩bin"을 선택한다.

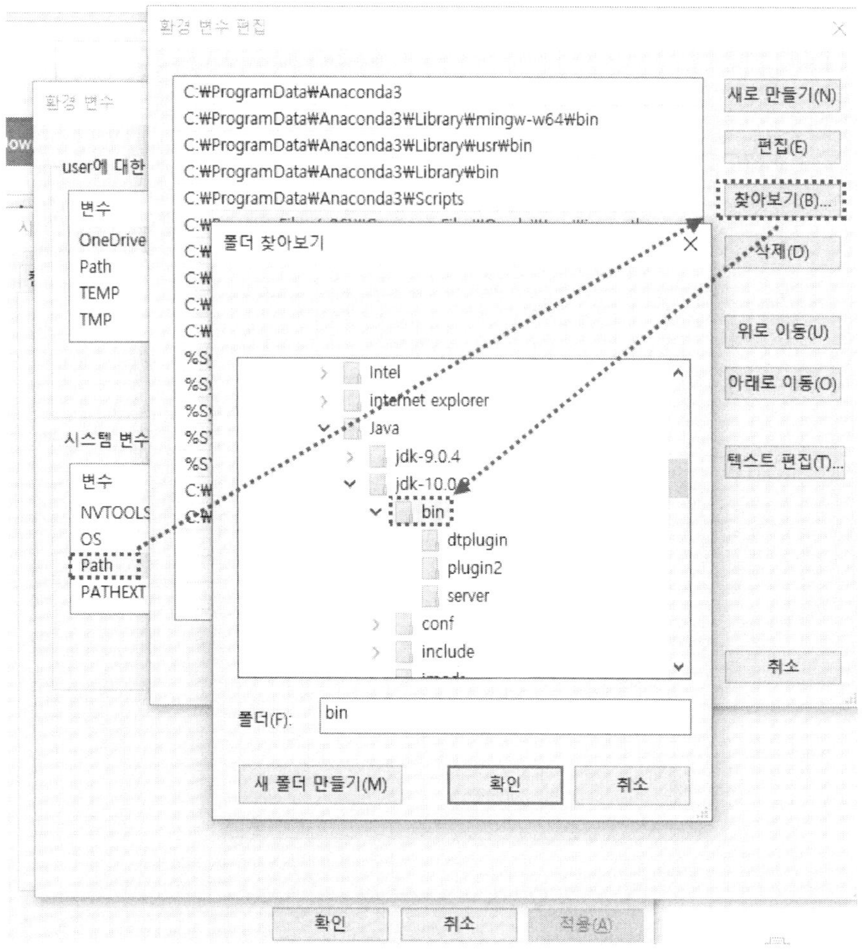

[그림 1-12] PATH 환경 변수 설정하기

[그림 1-13]처럼 PATH가 "c:₩program files₩java₩jdk-10.0.2₩bin"으로 설정된다.

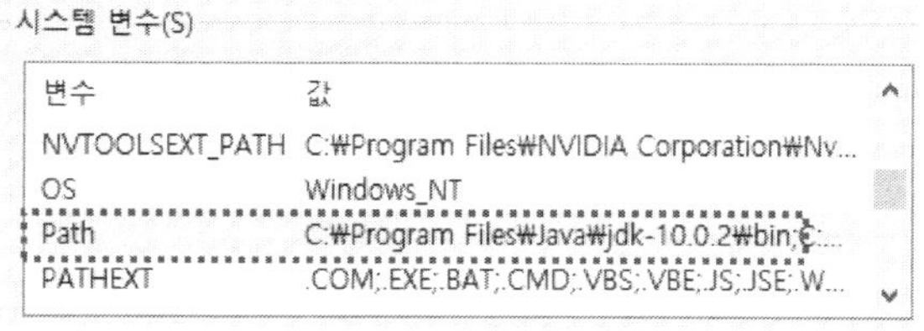

[그림 1-13] PATH 환경 설정 결과

[그림 1-14]처럼 PATH가 잘 설치되었는지 확인을 해보자. "명령 프롬프트(도스창)"을 실행시켜 "java -version"을 입력해보자. 아래의 그림처럼 "java version 9.0.1"이 출력되면 환경설정이 완료된 것이다.

관리자: 명령 프롬프트

```
Microsoft Windows [Version 10.0.17134.165]
(c) 2018 Microsoft Corporation. All rights reserved.

C:₩Users₩user>java -version
java version "10.0.2" 2018-07-17
Java(TM) SE Runtime Environment 18.3 (build 10.0.2+13)
Java HotSpot(TM) 64-Bit Server VM 18.3 (build 10.0.2+13, mixed mode)
```

[그림 1-14] java -version으로 설치확인

다음은 "CLASSPATH" 변수를 설정한다. 이 변수는 Java 소스코드를 기계어로 바꾸어 줄 때 필요한 라이브러리(미리 만들어 둔 필요한 기능 모임)가 존재하는 위치를 지정한다. [그림 1-15]에서처럼 환경변수를 설정한다. "디렉토리 찾아보기" 메뉴에서 "c:₩program files₩java₩jdk-10.0.2₩lib"를 찾아 선택한다.

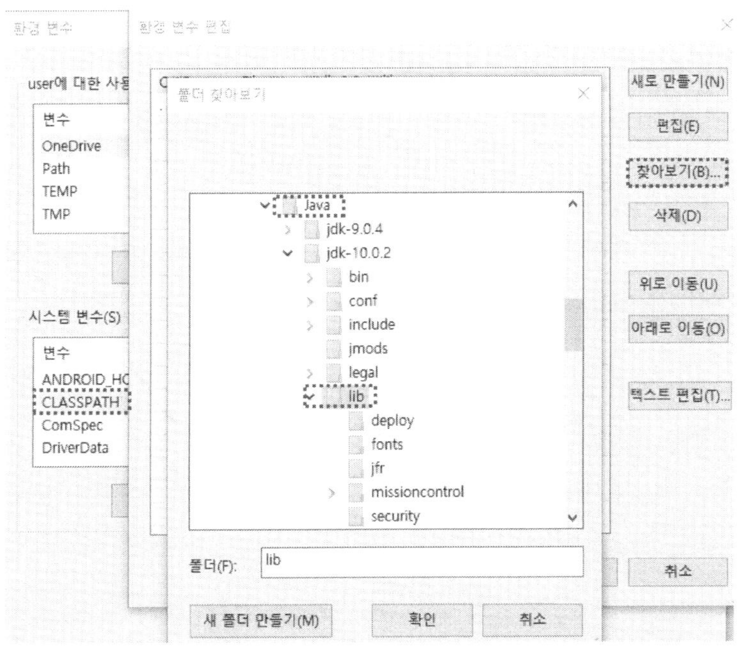

[그림 1-15] CLASSPATH 지정하기

[그림 1-16]은 CLASSPATH 환경변수에 대한 설정 완료 화면이다.

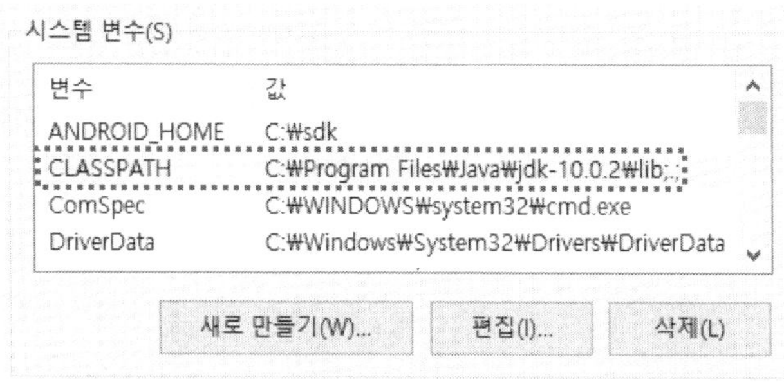

[그림 1-16] CLASSPATH 환경변수 설정 완료 화면

1.3 안드로이드 앱 개발 환경 구축(Android Studio)

학습목표

Android Studio를 설치할 수 있다.

안드로이드 앱 개발 도구인 Android Studio를 설치하기 전에, 1-2절에서 JAVA 설치가 완료되어야 한다.

[그림 1-17]처럼 안드로이드 앱 개발 도구를 https://developer.android.com/studio/index.html 사이트에서 다운로드를 해보자.

Developers　Platform　Android Studio　Google Play　Android Jetpack　Docs　Blog

Android Studio

DOWNLOAD　WHAT'S NEW　USER GUIDE　PREVIEW

Save the date! Android Dev Summit is coming to Mountain View, CA on November 7-8, 2018.

android studio

Android Studio provides the fastest tools for building apps on every type of Android device.

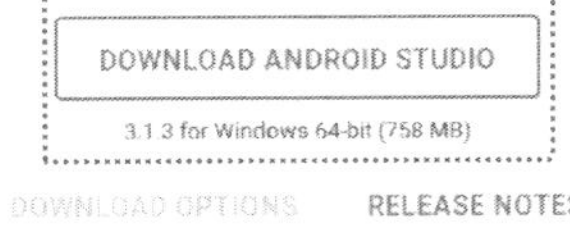

DOWNLOAD OPTIONS　RELEASE NOTES

[그림 1-17] Android Studio를 다운 받기

Download Options를 선택하면 [그림 1-18]처럼 “Recommended“가 나온 android-studio-ide-173.4819257-windows.exe를 다운 받습니다.

Android Studio downloads

Platform	Android Studio package	Size
Windows (64-bit)	android-studio-ide-173.4819257-windows.exe Recommended	758 MB
	android-studio-ide-173.4819257-windows.zip No .exe installer	855 MB
Windows (32-bit)	android-studio-ide-173.4819257-windows32.zip No .exe installer	854 MB
Mac	android-studio-ide-173.4819257-mac.dmg	849 MB
Linux	android-studio-ide-173.4819257-linux.zip	853 MB

See the Android Studio release notes.

[그림 1-18] 안드로이드 설치파일 다운받기

Android 설치파일은 용량이 매우 큽니다. 미리 하드 디스크에 충분한 용량(10G이상)을 확보 바랍니다.

다운로드 받은 파일을 실행하면, [그림 1-19]와 같은 화면이 실행된다.

[그림 1-19] 안드로이드 설치

[그림 1-20]은 Android Studio를 실행하기 위해 필요한 설치 파일을 선택하는 화면이다. 모두 체크해준다.

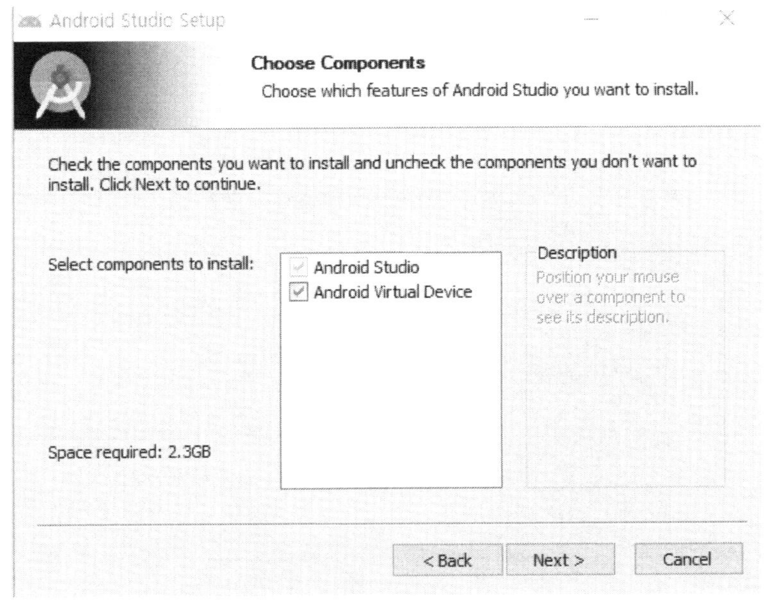

[그림 1-20] 안드로이드 설치(구성요소 설치)

[그림 1-21]은 Android Studio 프로그램이 설치될 폴더를 지정하는 화면이다. 기본 설정 폴더 위치는 "C:₩Program Files₩Android₩Android Studio"이다. 여유가 많은 하드디스크(C:, D:)로 선택하는 것을 추천한다.

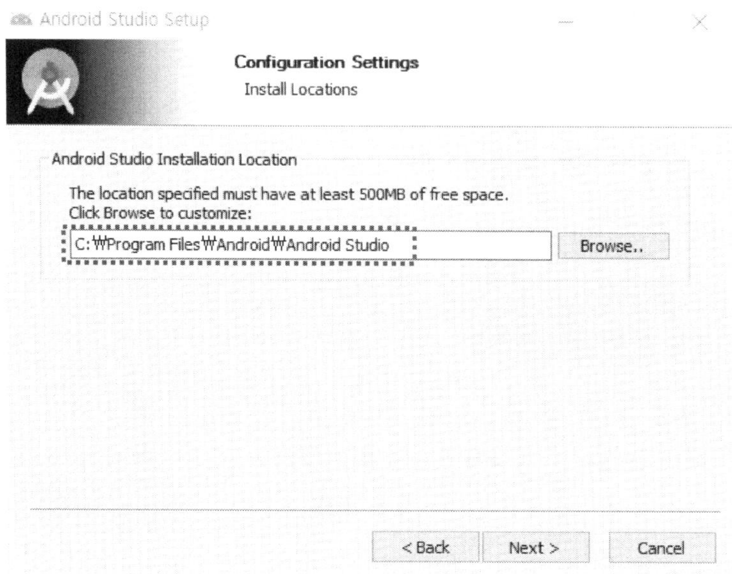

[그림 1-21] 안드로이드 설치(설치 위치 결정)

[그림 1-22]는 설치 완료 화면이다. PC의 성능에 따라 설치시간이 결정된다.

[그림 1-22] 안드로이드 설치 완료

[그림 1-22]에서 "Finish" 버튼을 눌러 Android Studio를 실행한다.

Android Studio를 처음 실행하면 추가 환경 설정을 위해 [그림 1-23]과 같은 화면이 실행된다.

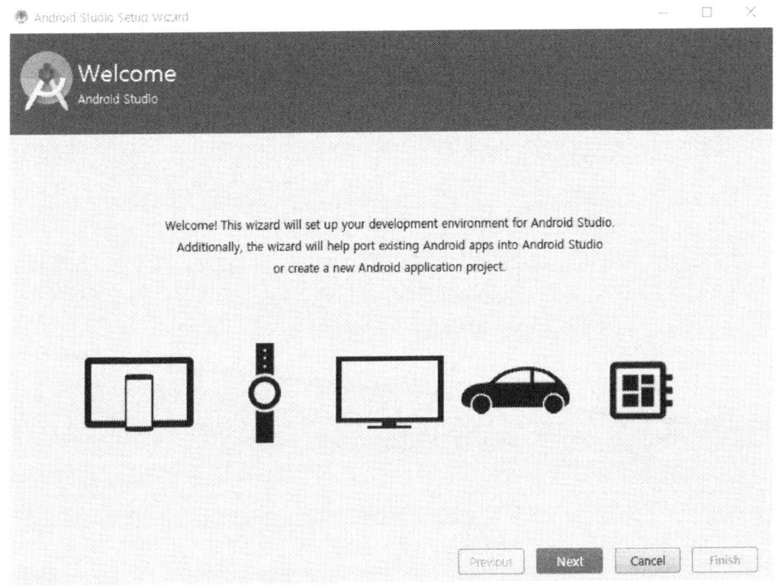

[그림 1-23] 안드로이드 실행 (추가 환경 설정)

[그림 1-24]에서 두 가지 타입(Standard, Custom)의 설치 타입을 선택할 수 있다. Standard type은 대부분의 설정을 시스템이 자동으로 해준다. 여기에서는 사용자가 직접 선택사항을 선택하는 Custom Type을 선택한다.

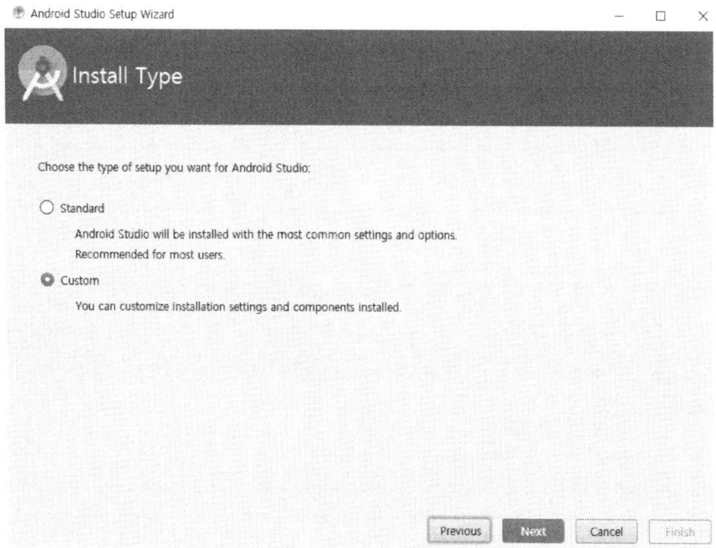

[그림 1-24] 안드로이드 실행(설치 타입 선택)

[그림 1-25]는 Android Studio의 환경 테마를 선택할 수 있다. InteliJ와 Darcula를 선택할 수 있다.

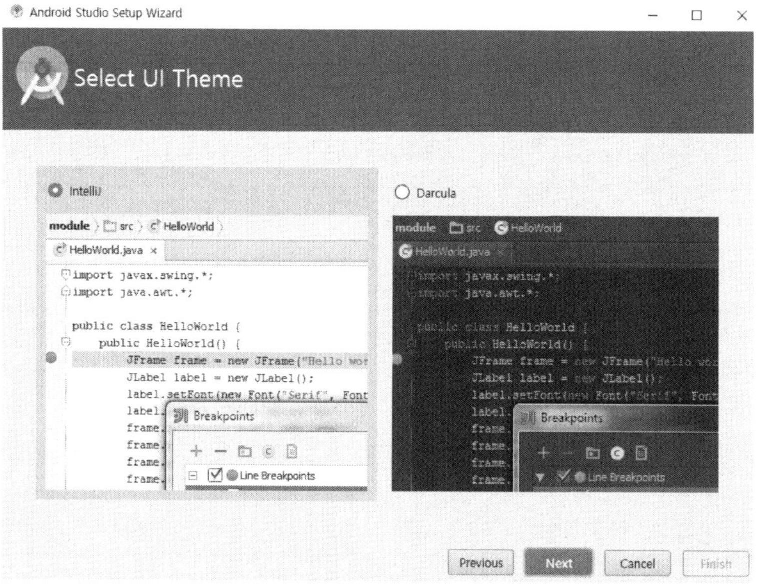

[그림 1-25] 안드로이드 실행(UI 선택하기)

[그림 1-26]은 설치과정에서 매우 중요하다. 안드로이드 앱을 개발하기 위한 개발 도구와 라이브러리를 포함하는 Android SDK와 Android SDK Platform과 안드로이드 앱이 실행되기 위한 가짜 휴대폰(에뮬레이터)인 Android Virtual Device를 설치하는 단계이다. 그리고 SDK가 설치될 위치를 지정한다. 이 위치의 하드디스크는 용량이 충분히 커야 한다. 기본 위치는 "C:₩Users₩minpo₩AppData₩Local₩Android₩Sdk"이다. 이 위치를 꼭 기억하기를 바란다.

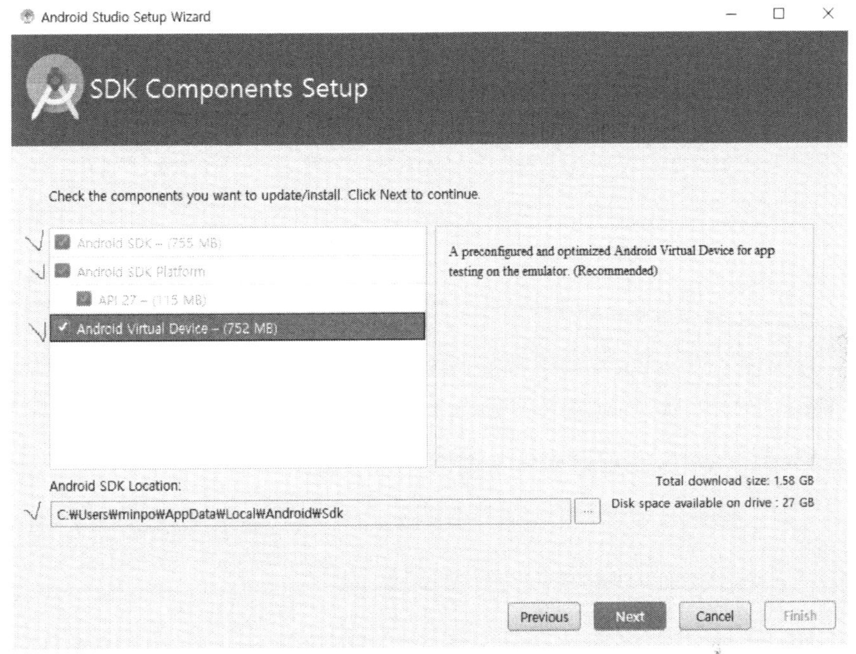

[그림 1-26] 안드로이드 실행(SDK Component 설치)

[그림 1-27]은 안드로이드 환경설정 마지막 과정이다. 마지막으로 SDK가 설치되는 위치와 설정에 필요한 다운로드 사이즈를 확인하자. 이제 "Finish" 버튼을 선택하자.

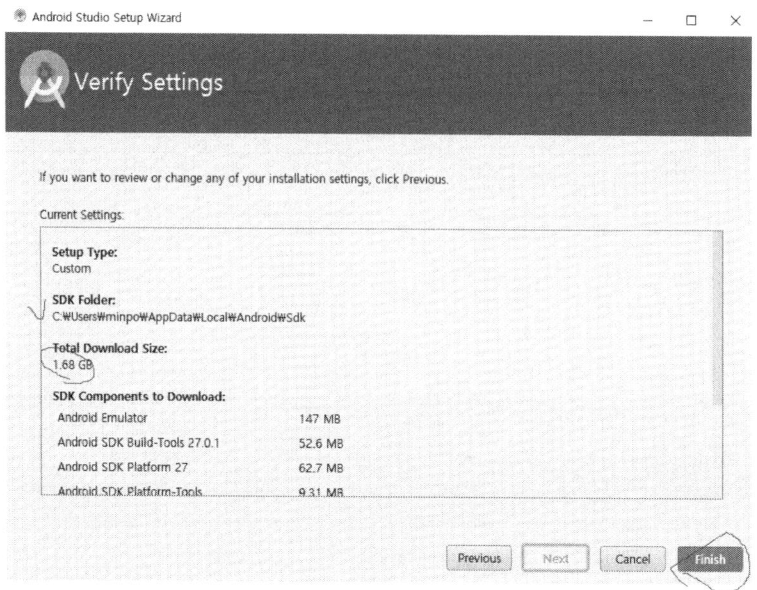

[그림 1-27] 안드로이드 실행(설정 완료)

"Finish" 버튼을 선택하면, 환경 설정에 필요한 다운로드 사이즈(예: 1.68G) 만큼 인터넷으로부터 다운로드 한다. 네트워크 환경에 따라 시간이 오래 걸릴 수 있다.

[그림 1-28]은 모든 환경 설정이 끝나고 실행되는 Android Studio의 첫 화면이다.

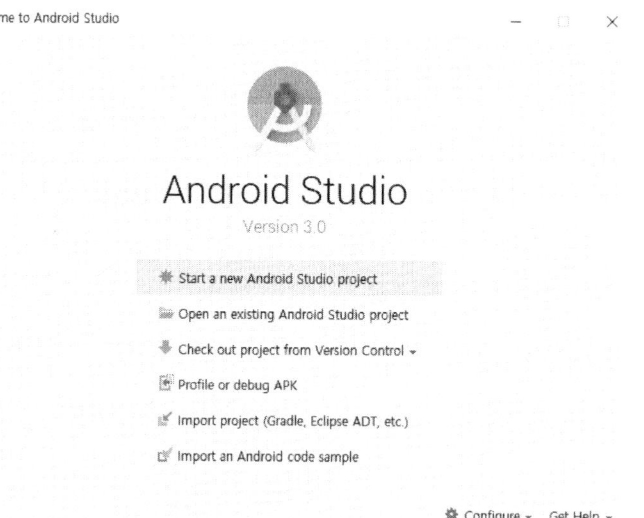

[그림 1-28] Android Studio 프로그램의 첫 화면

참·고·자·료

[1] 안드로이드 운영체제의 정의, 위키피디아(https://ko.wikipedia.org/wiki)

[2] 안드로이드 개발자 사이트, https://developer.android.com/guide/topics/manifest/uses-sdk-element.html#ApiLevels

[3] 안드로이드 운영체제 버전 정의, 나무위키, https://namu.wiki/

Android Studio로 첫 프로그램 만들어보기

2

아마도 이 책을 읽는 비전공자는 "프로그램 경험도 없고 컴퓨터도 잘 모르는데 어떻게 프로그램을 바로 할 수 있을까?"라는 의구심을 가질 것이다. 프로그램을 처음하는 비전공자에게 저자가 추천하는 방법은 "무조건 따라 해보세요! 그래야 관심을 가질 수 있습니다!"
다음의 "Hello!!! Wise You!" 프로그램을 직접 따라해 보고, 실행하는 방법을 알게 되면 프로그램에 대해 처음과 다른 조금 다른 자세를 가질 것이라 확신한다.

2.1 "Hello!!! Wise You!" 프로그램 만들기

학습목표

안드로이드 첫 프로그램을 만들 수 있다.

안드로이드 앱을 만들기 위해, 개발도구인 Android Studio를 실행하기 위해 [그림 2-1]과 같이 메뉴를 찾아 "Android Studio"를 실행합니다.

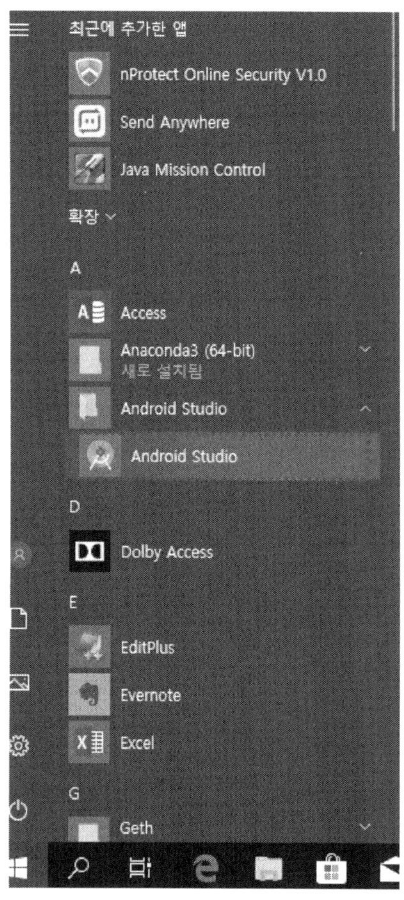

[그림 2-1] Android Studio 메뉴

[그림 2-2]처럼 Android Studio의 첫 화면이 실행됩니다. 첫 화면 실행 후, "Start a new Android Studio project"를 선택합니다.

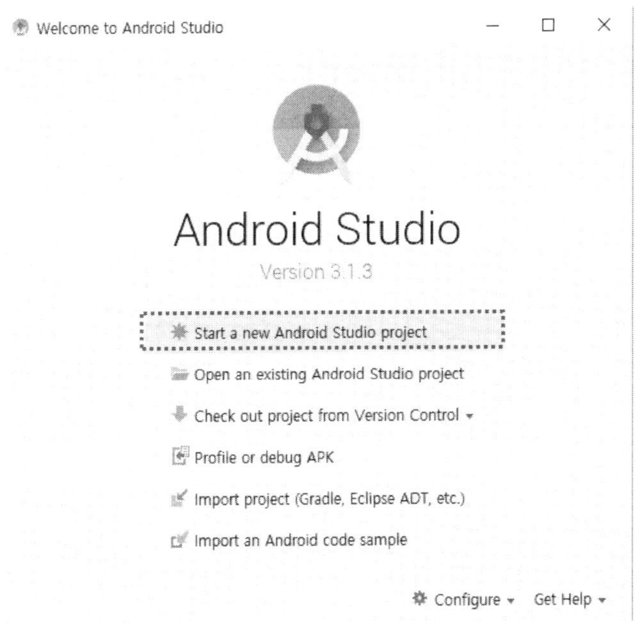

[그림 2-2] Android Studio 프로그램의 첫 화면

[그림 2-3]은 새로운 Android Project를 만들기 위한 환경 설정 단계입니다. Application Name에 Hello! Wise You!를 입력합니다. Company domain에는 Google Play에 앱을 등록할 때 필요합니다. Project location은 개발되는 앱의 저장 위치입니다.

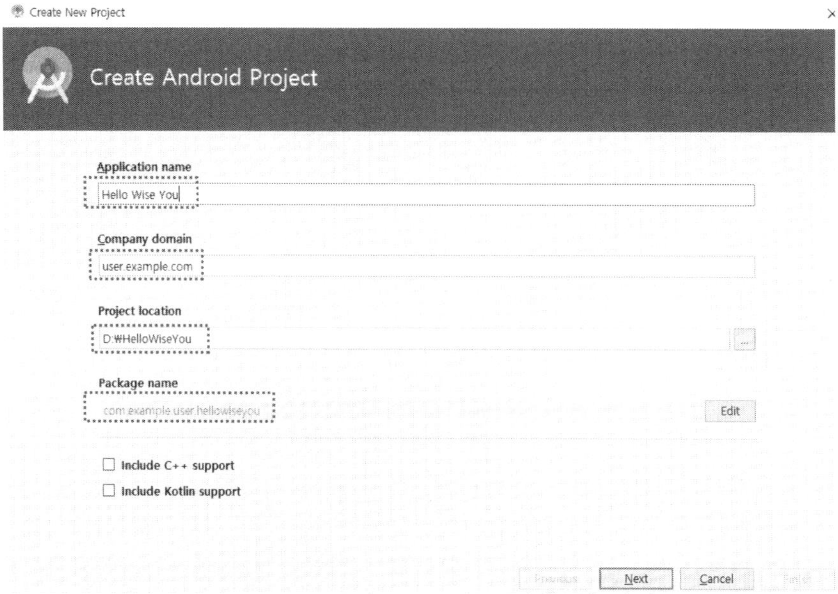

[그림 2-3] Android Project 환경 설정

이전 버전에서 보이지 않던 "Include Kotlin support"가 있습니다. Kotlin(코틀린)을 간략히 소개하면 다음과 같습니다[1].

> 코틀린 (Kotlin)은 Scala등과 같이 자바가상머신(JVM) 언어에서 돌아가는 Jetbrains에서 만든 개발언어이다. Kotlin을 컴파일하면 JVM에서 돌아가는 ByteCode를 생성한다. Jetbrain은 요즘 개발자 사이에서 커다란 인기를 끌고 있는 IntelliJ 시리즈(Java, Python, Ruby, C, Javascript 등등 언어별 각각의 최적의 IDE를 제공)로 유명한 회사이고 최근에는 Android Studio가 Jebrains의 IDE 플랫폼으로 제작되어 더욱 많이 알려졌다. 따라서 일단 Kotlin을 쓸때 IDE 걱정은 할 필요가 없다.

당장은 관심을 가지지 않아도 되나, 개발자라면 관심을 가져야 합니다.

[그림 2-4]는 개발되는 안드로이드 프로그램이 최소 어떤 버전의 운영체제에서 작동될 것인가와 어떤 디바이스(Phone, Wear, TV 등)에서 실행될 것인가를 결정하는 메뉴입니다. 예제에서는 API 15 버전을 선택했습니다. (1장에서 API 15버전이 무엇인지 확인 바랍니다.) API 15 버전 이상에서만 개발된 앱이 실행될 수 있다는 의미입니다.

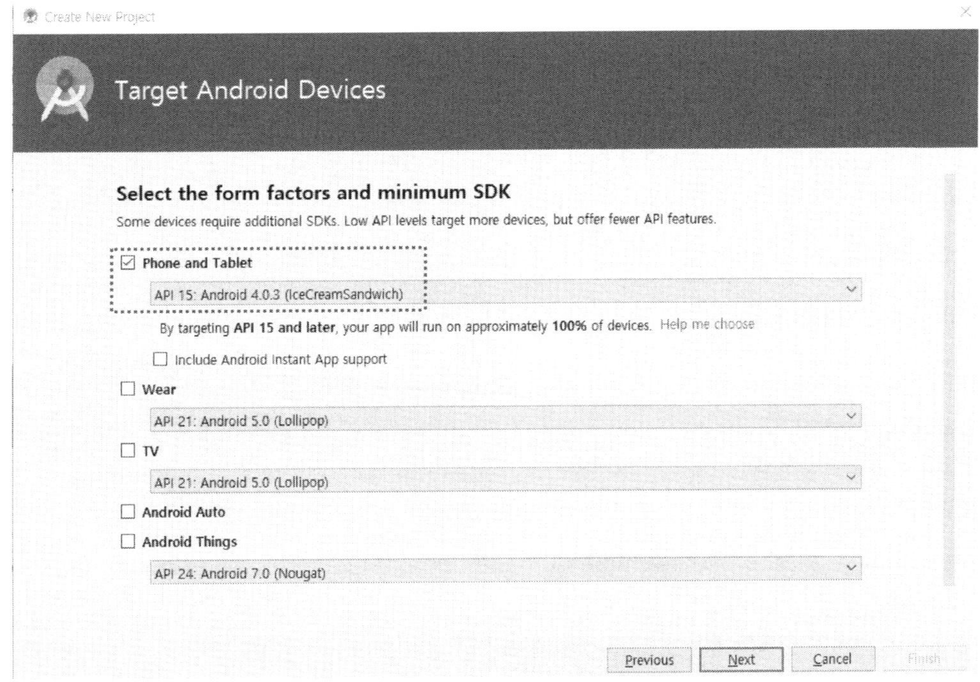

[그림 2-4] Android version 결정과 실행될 디바이스 결정

[그림 2-5]에서 보이는 것처럼 디바이스에 설치된 Android 운영체제별 통계[2]를 확인해보면, 안드로이드 앱을 개발할 때 최소 버전을 무엇으로 할지 결정할 수 있다. API 15 버전은 전체 안드로이드 디바이스의 0.3%만 사용하고 있다. 현재는 6.0 Version인 마쉬멜로(API 23)가 23.5%로 가장 많이 사용하고, 7.0 Version인 Nougat(API 24)가 21.2%로 많이 사용하고 있다.

Version	Codename	API	Distribution
2.3.3 - 2.3.7	Gingerbread	10	0.2%
4.0.3 - 4.0.4	Ice Cream Sandwich	15	0.3%
4.1.x	Jelly Bean	16	1.2%
4.2.x		17	1.9%
4.3		18	0.5%
4.4	KitKat	19	9.1%
5.0	Lollipop	21	4.2%
5.1		22	16.2%
6.0	Marshmallow	23	23.5%
7.0	Nougat	24	21.2%
7.1		25	9.6%
8.0	Oreo	26	10.1%
8.1		27	2.0%

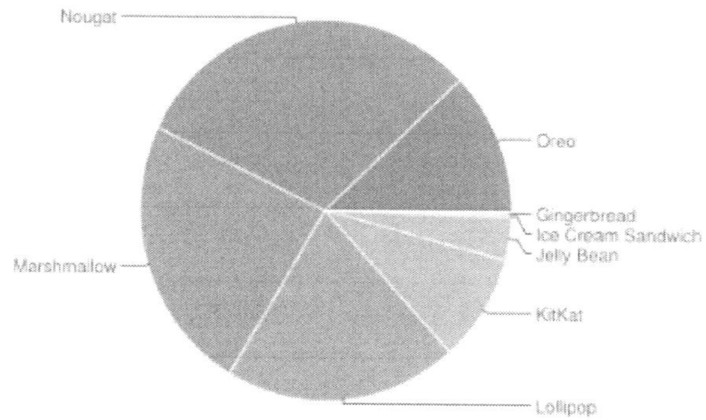

2018년7월23일까지7일 동안 수집된 데이터
배포율이0.1% 이하인 버전은 표시되지 않습니다.

[그림 2-5] Android version 통계

[그림 2-6]에서는 개발되는 프로그램의 첫 화면을 무엇으로 할지 결정하는 메뉴입니다. "Empty Activity"는 빈 화면을 의미합니다. 즉, 화면에 아무 것도 없다는 의미입니다.

[그림 2-6] 첫 화면(Activity) 선택하기

[그림 2-7]은 Activity Name을 “MainActivity”, Layout Name을 “activity_main”으로 지정하는 화면입니다. Layout Name인 “activity_main.xml”은 안드로이드 화면에 나타날 여러 가지 위젯(Widget, 버튼, 그림 등)의 정보를 저장하는 파일입니다. Activity Name인 “MainActivity.java”는 화면에 나타난 버튼 등의 다양한 위젯에 대한 행동을 정의하는 코드를 저장하는 파일입니다.

[그림 2-7] Activity Name과 Layout Name 결정하기

일부 시스템에서는 [그림 2-8]과 같은 오류가 발생할 수도 있습니다. 만약 오류가 발생하면 오류 메시지에서 요구하는 대로 처리해야 합니다. [그림 2-8]의 경우에는 “Install missing platform(s) and sync project” 오류가 발생하였습니다.

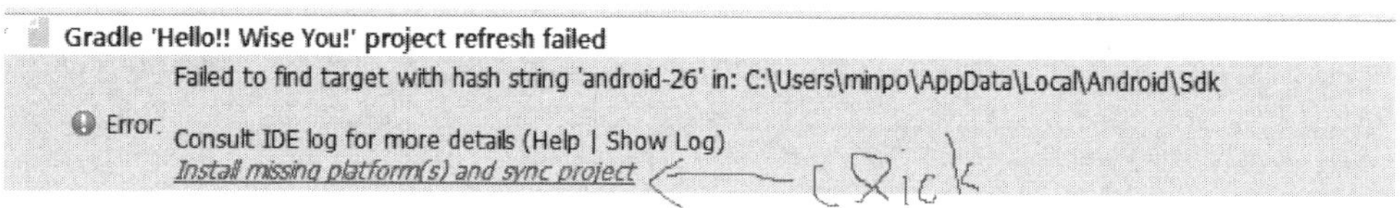

[그림 2-8] 안드로이드 앱 프로젝트 오류 발생(Install missing...)

이 경우, 그 메시지를 선택하면 [그림 2-9]와 같은 화면이 나옵니다. 이 메시지는 안드로이드 앱을 실행하기 위한 환경이 설치 미완료의 의미입니다.

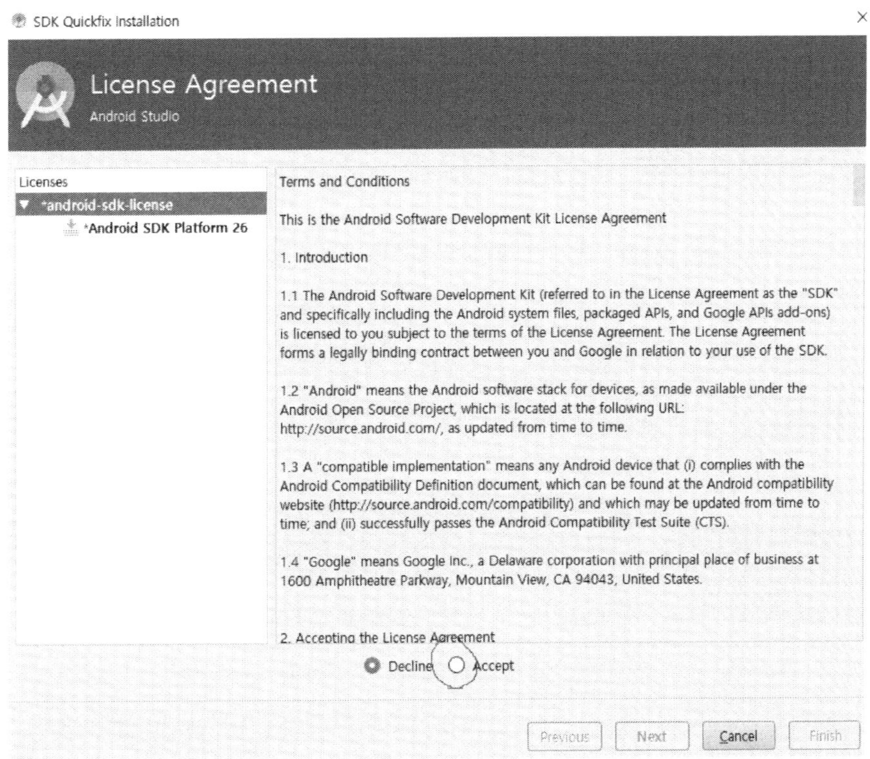

[그림 2-9] Android SDK platform 26 설치 화면

[그림 2-9] 화면에서 "Accept"를 선택하고 "Next" 버튼을 선택합니다. [2-10] 화면에서 필요한 Android SDK를 다운로드하고 있습니다. 완료 후에 "Finish" 버튼을 누릅니다.

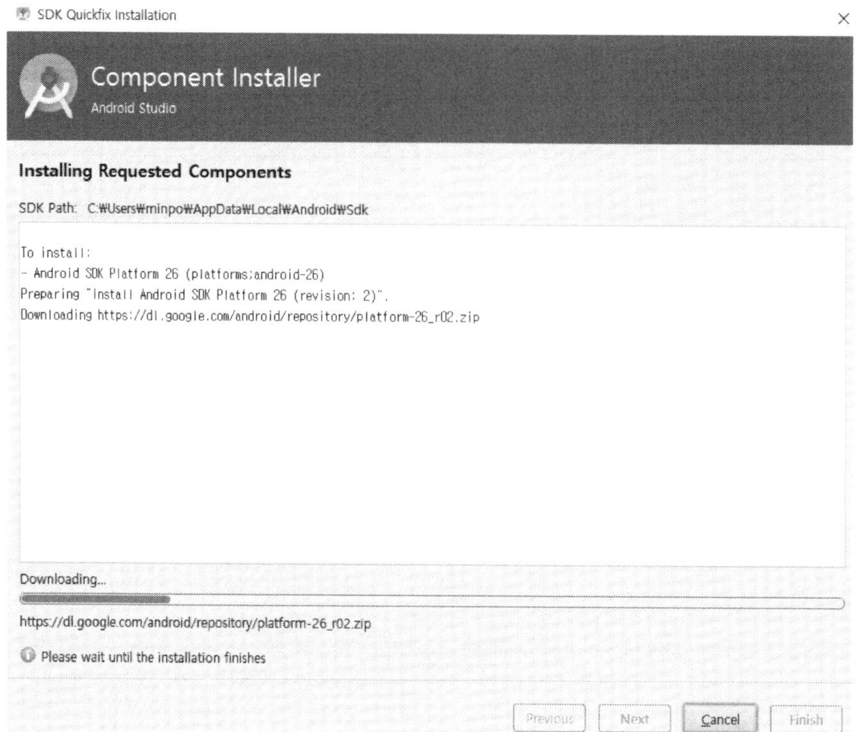

[그림 2-10] 추가 Android SDK 설치 화면

설치가 끝난 뒤에, 또 다른 오류 "Install Build Tools 26.0.2 and sync project"가 발생합니다. 이런 종류의 오류가 발생하면 앞의 과정과 마찬가지로 반복 실행합니다.

안드로이드 프로그램을 개발할 때, 주의할 점은 [그림 2-11]처럼 Android Studio의 작업 표시줄(맨 아래)에 "2 process running..."이라는 메시지가 표시되고 있다면, Andorid Studio가 현재 코드를 기계어로 변경하는 작업을 하고 있다는 뜻입니다. 그 메시지가 표시되는 동안, 메시지가 사라질 때까지 개발자는 기다려야 합니다.

[그림 2-11] Android Studio 작업 중을 의미하는 화면

Android Studio의 작업 메시지가 사라진 후에 [그림 2-12]와 같이 코딩 작업을 할 수 있는 화면이 생성됩니다.

```
package com.example.user.hellowiseyou;

import android.support.v7.app.AppCompatActivity;
import android.os.Bundle;

public class MainActivity extends AppCompatActivity {

    @Override
    protected void onCreate(Bundle savedInstanceState) {
        super.onCreate(savedInstanceState);
        setContentView(R.layout.activity_main);
    }
}
```

[그림 2-12] 프로젝트 생성 후의 Android Studio 개발 환경

[그림 2-12]에서 표시된 실행 버튼(▶)을 선택합니다. 이 버튼은 시스템 내의 가상휴대폰(에뮬레이터)에서 개발된 안드로이드 앱을 실행합니다.

[그림 2-13]에서 개발된 앱을 어떤 디바이스(Target)에서 실행할지 선택합니다. "Nexus 5X API 27 x86"을 선택합니다.

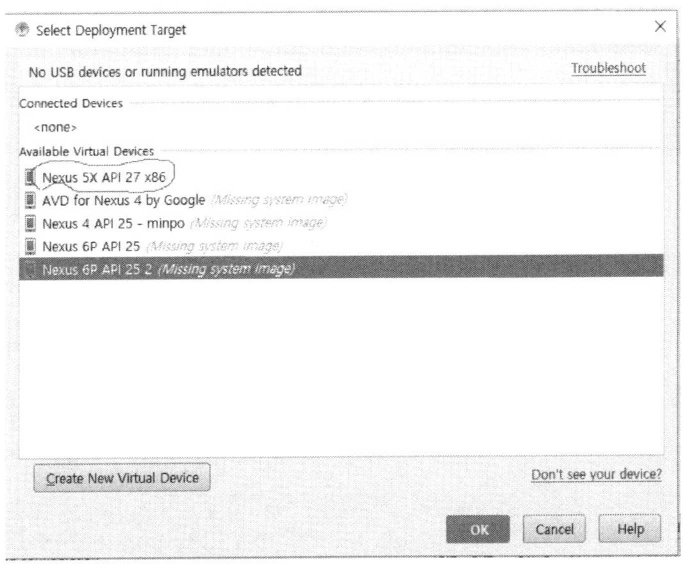

[그림 2-13] Virtual Device 선택 (가짜 휴대폰)

만약 새로운 디바이스(가상 휴대폰)을 만들고 싶다면 "Create New Virtual Device" 버튼을 선택합니다. [그림 2-14]에서 Virtual Device를 선택합니다. 새로 업데이트 된 구글의 "Pixel XL" 폰을 선택합니다.

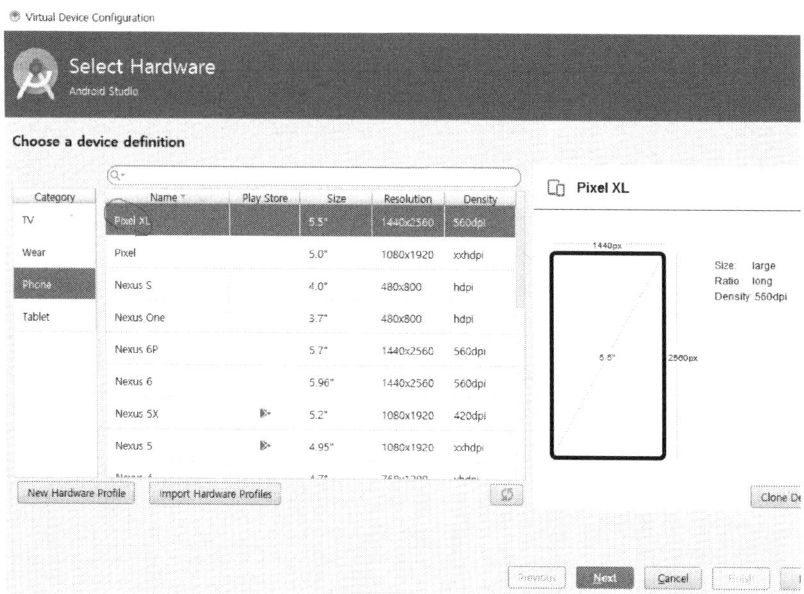

[그림 2-14] 새로운 Virtual Device 선택

[그림 2-15]에서는 Virtual Device(가상 휴대폰)에서 실행될 안드로이드 운영체제를 선택합니다. 이미 "API 27"이 설치되어 있기 때문에 "API 27"을 선택합니다.
다른 최신 버전을 선택하고 싶으면 Download(예: Oreo Download) 버튼을 선택하여 안드로이드 운영체제 Image를 다운받습니다.

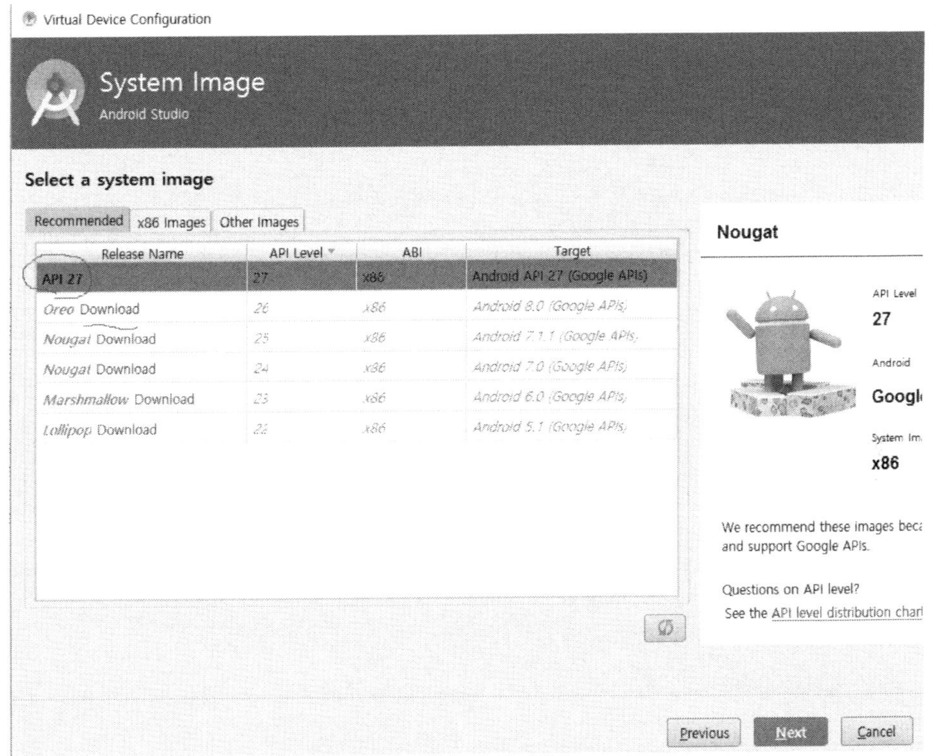

[그림 2-15] 안드로이드 운영체제 선택

[그림 2-16]에서 저장할 Virtual Device의 이름을 결정합니다. "Pixel XL API 27 - Wise You"로 입력합니다.

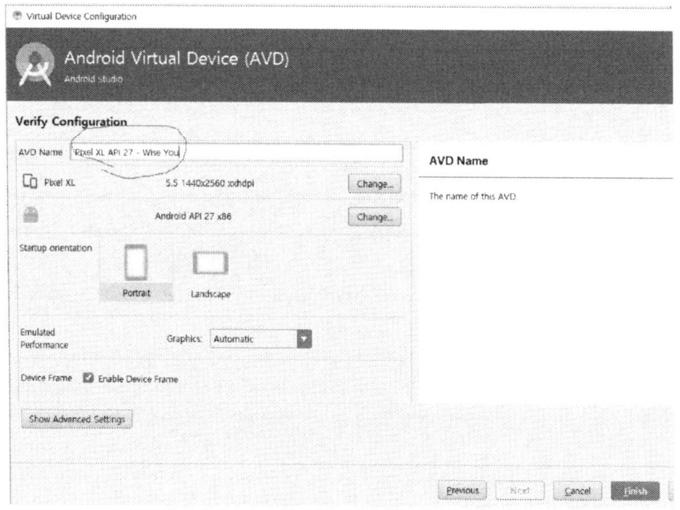

[그림 2-16] Virtual Device의 이름 결정하기

[그림 2-17]에서 생성된 Virtual Device(가상 휴대폰)의 이름인 "Pixel XL API 27-Wise You"를 확인할 수 있습니다. 그 디바이스를 선택 후에 "OK" 버튼을 선택합니다.

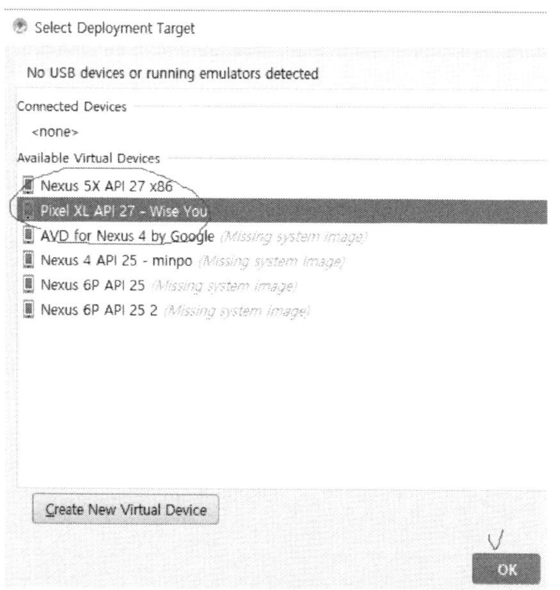

[그림 2-17] 새롭게 생성된 Virtual Device 선택

[그림 2-18]에서 Virtual Device인 "Pixel XL API 27-Wise You"가 실행된 것을 확인할 수 있습니다. 그리고 Virtual Device에 만들어진 "Hello!! Wise You!" 앱이 실행된 것을 확인할 수 있습니다.

[그림 2-18] Virtual Device 실행 확인

2.1 "Hello!!! Wise You!" 프로그램에 자신이 다니는 대학, 학과, 학번, 이름을 출력해보자

학습목표

안드로이드 첫 프로그램을 만들 수 있다.

[그림 2-18]에서 Activity Name을 "MainActivity", Layout Name을 "activity_main"으로 지정하였습니다. Layout Name을 "activity_main.xml"으로 지정하였고, 안드로이드 화면에 나타날 여러 가지 위젯(Widget, 버튼, 그림 등)의 정보를 저장하는 파일로 정의하였습니다. Activity Name을 "MainActivity.java"으로 지정하였고 화면에 나타난 버튼 등의 다양한 위젯에 대한 행동을 정의하는 코드를 저장하는 파일로 정의하였습니다.

먼저 "activity_main.xml"와 "MainActivity.java"의 파일 위치를 Android Studio에서 찾아야 합니다. [그림 2-19]에서 "activity_main.xml"와 "MainActivity.java"의 위치를 확인할 수 있습니다. 그 파일을 마우스 더블클릭으로 열어봅니다.

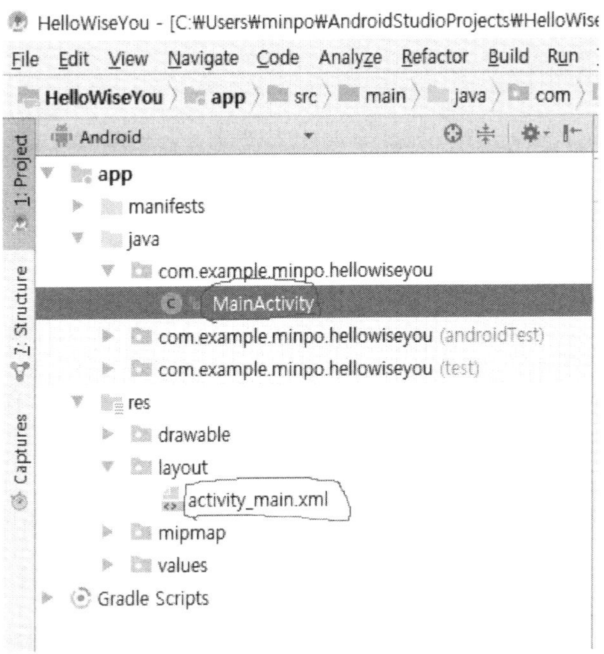

[그림 2-19] MainActivity.java, activity_main.xml 파일 열기

[그림 2-20]는 MainActivity를 더블클릭한 결과입니다. 이 파일은 안드로이드 앱에서 클릭 등의 행동을 제어하기 위한 코드를 입력하는 영역입니다.

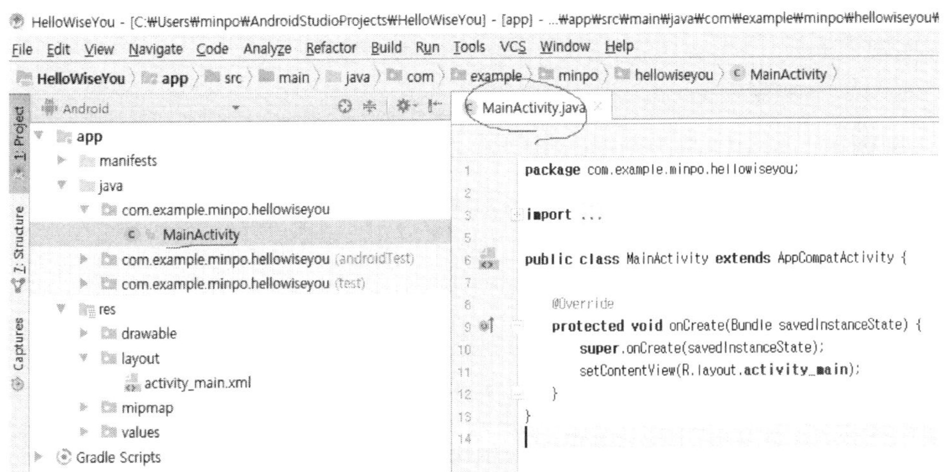

[그림 2-20] MainActivity의 내용

[그림 2-21]은 activity_main.xml을 더블클릭한 결과입니다. 이 파일은 안드로이드 앱의 화면을 설계하는 XML 파일입니다. 실행되는 앱이 화면에 나타나는 모양을 결정합니다.

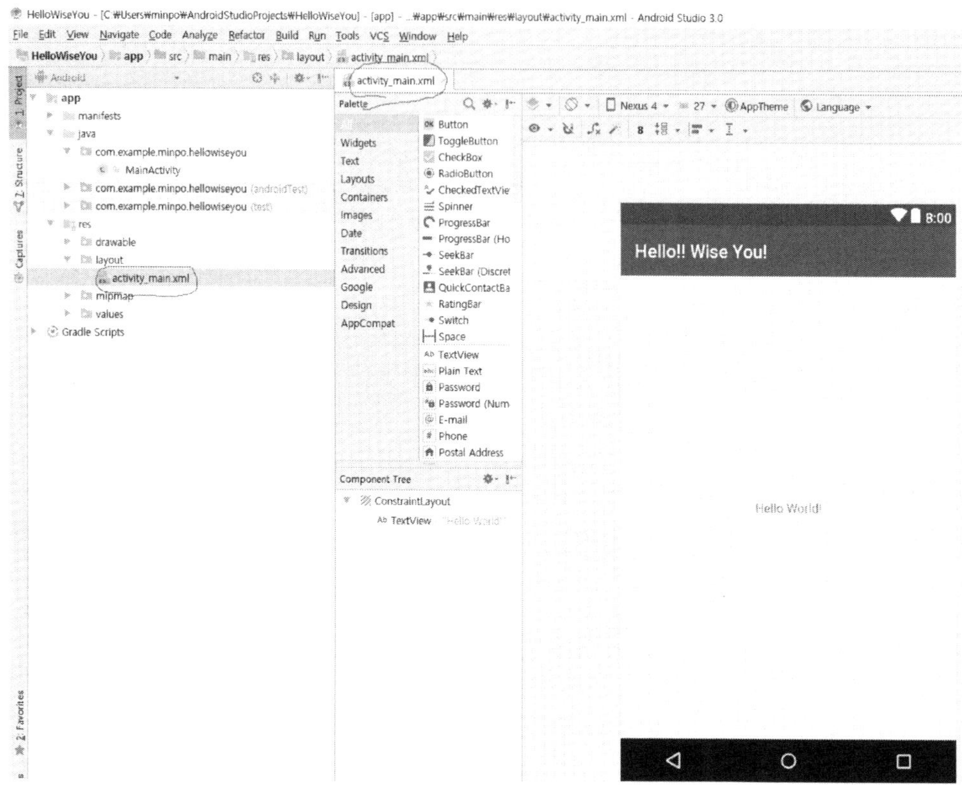

[그림 2-21] activity_main.xml의 내용

다시 프로그램 제작으로 돌아가서, 이번에는 화면에 자신이 다니는 대학, 학과, 학번, 이름을 표시하는 텍스트뷰(TextView) 위젯(Widget)을 만듭니다. [그림 2-22]은 activity_main.xml 내의 다양한 위젯을 보여주고 있습니다. 안드로이드 앱의 화면에 가져다 둘 수 있는 다양한 모양의 기능을 가지는 위젯입니다.

일반적으로 안드로이드 초급 단계의 앱 개발자는 이러한 위젯이 가지는 기능을 잘 사용할 수 있어야 합니다.

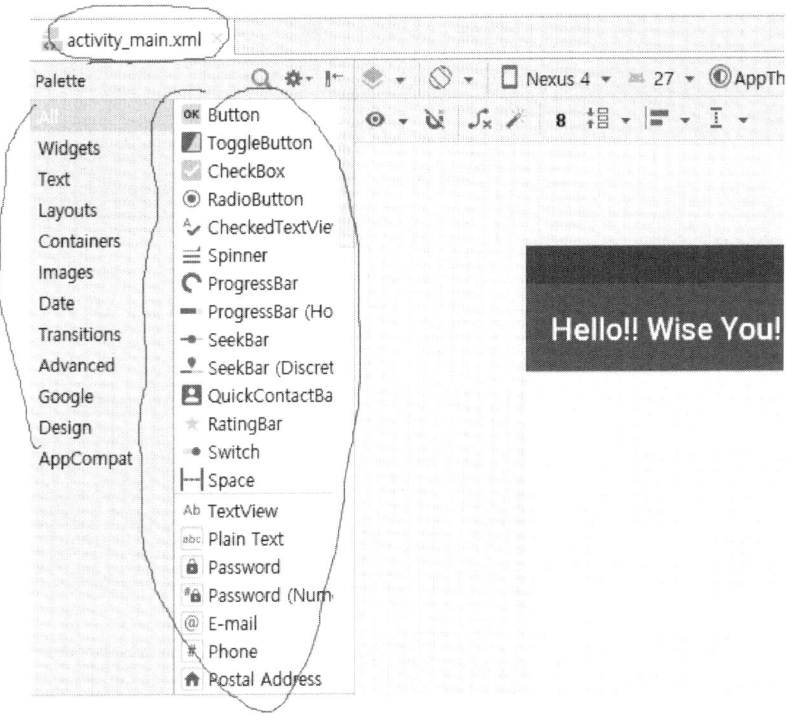

[그림 2-22] 다양한 모양의 위젯

[그림 2-23]처럼 TextView 위젯을 안드로이드 화면으로 마우스를 사용하여 옮깁니다.

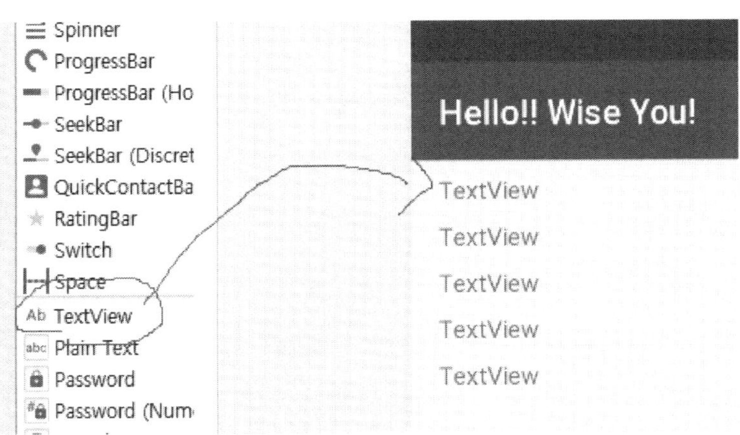

[그림 2-23] TextView를 화면으로 드래그 하기

화면으로 드래그할 때 주의할 점은 [그림 2-24]에서 TextView를 선택하면 나오는 점(Connection) 4개가 있습니다. 각 TextView의 윗 점을 원하는 위젯에 접촉을 시켜야 화면에 제대로 나옵니다.

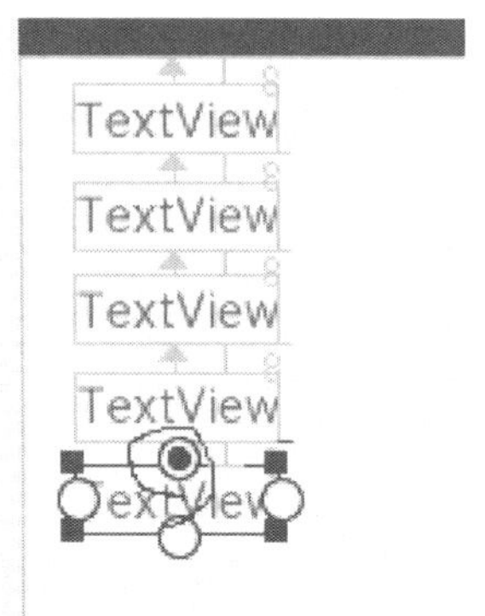

[그림 2-24] Connection

TexView의 글자를 변경합니다. [그림 2-25]처럼 모든 위젯에는 해당하는 속성(Attribute)을 가지고 있습니다. 글자를 변경하기 위해서는 속성창에서 "text"를 선택합니다. "영산대학교"를 입력한 뒤, 반드시 엔터(Enter)키를 눌러줘야 변경됩니다.

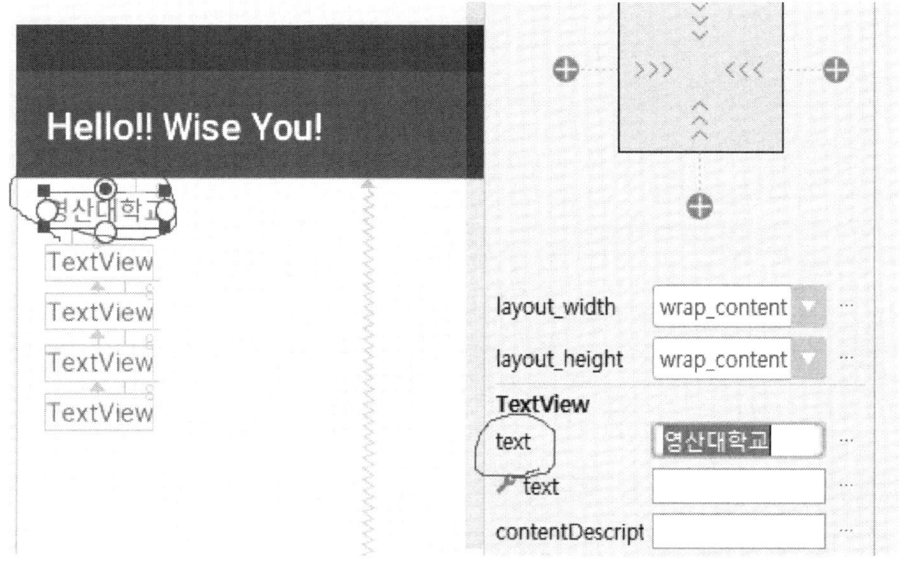

[그림 2-25] TextView의 속성창 보기

대학, 학과, 학번, 이름, 전화번호를 입력해봅니다. [그림 2-26]에서 입력한 결과를 볼 수 있습니다.

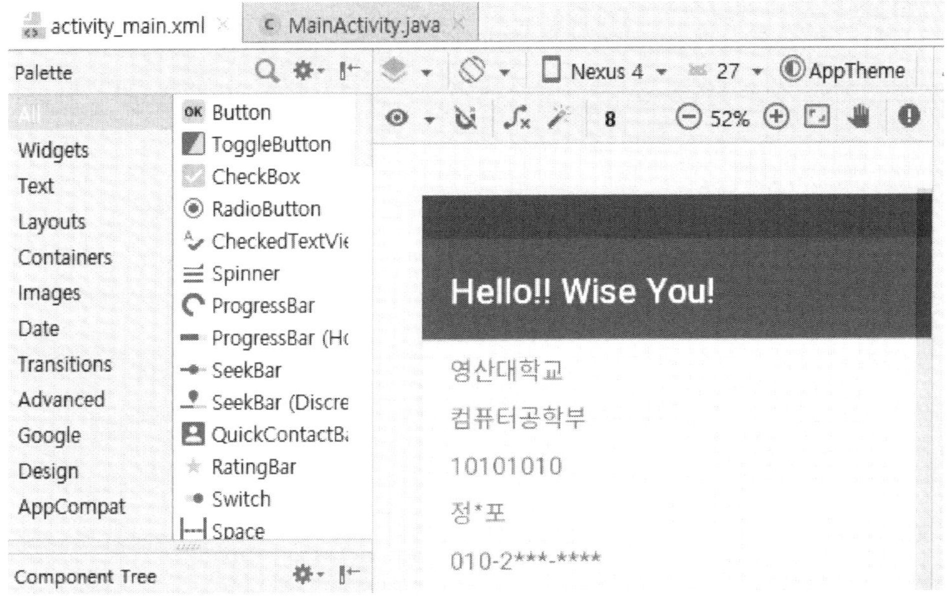

[그림 2-26] TextView 위젯에 정보 입력하기

실행 버튼(▶)을 선택하여 프로그램을 실행합니다. [그림 2-27]에서 실행결과를 확인할 수 있습니다.

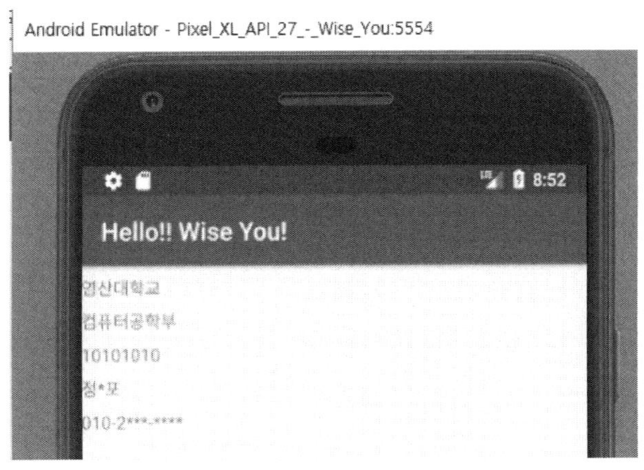

[그림 2-27] 정보출력 앱 실행

참·고·자·료

[1] Kotlin 소개 자료, https://academy.realm.io/kr/posts/android-kotlin/

[2] 안드로이드 버전별 통계, https://developer.android.com/about/dashboards/

3

Button, TextView 위젯 사용하기

이번 장에서는 Button 위젯과 TextView 위젯을 사용해 보고, 두 가지 위젯을 사용하여 응용프로그램을 만들어본다.

3.1 TextView 위젯 사용해보기

학습목표

TextView 위젯을 사용할 수 있다.

TextView 위젯은 문자열을 화면에 표시할 때 사용하는 위젯입니다.

문자열(String)은 0개 이상의 문자들의 모임으로 정의되고 "Wise You!", "a", ""와 같이 "와 "로 둘러싸여 있습니다. 문자(Character)는 0개 또는 1개의 문자로 구성되고 'a', 'b', 'k', ''와 같이 '와 '로 둘러싸여 있습니다. TextView는 이러한 문자열을 안드로이드 디바이스의 화면에 표시하는 기능을 가진 위젯입니다.

먼저, TextView 위젯을 화면에 표시하는 과정을 살펴보겠습니다.

1) [그림 3-1]처럼 Android Studio의 Palette에서 Text를 선택하고 TextView를 선택한다.

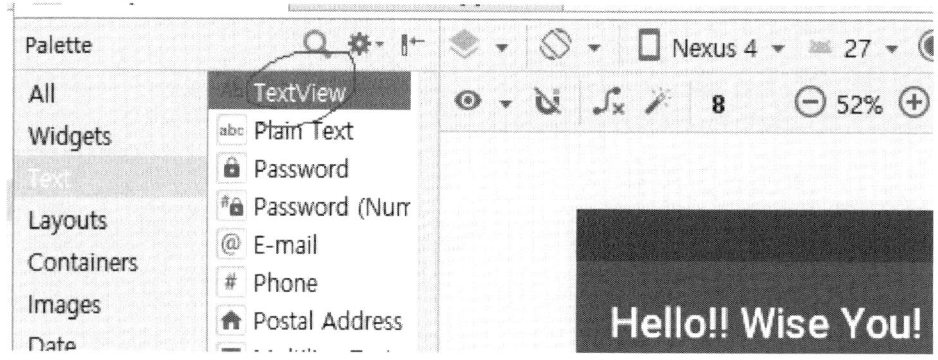

[그림 3-1] Plain Text 위젯 선택

2) [그림 3-2]처럼 선택된 Plain Text를 Virtual Device로 Mouse Drag하여 옮긴다.

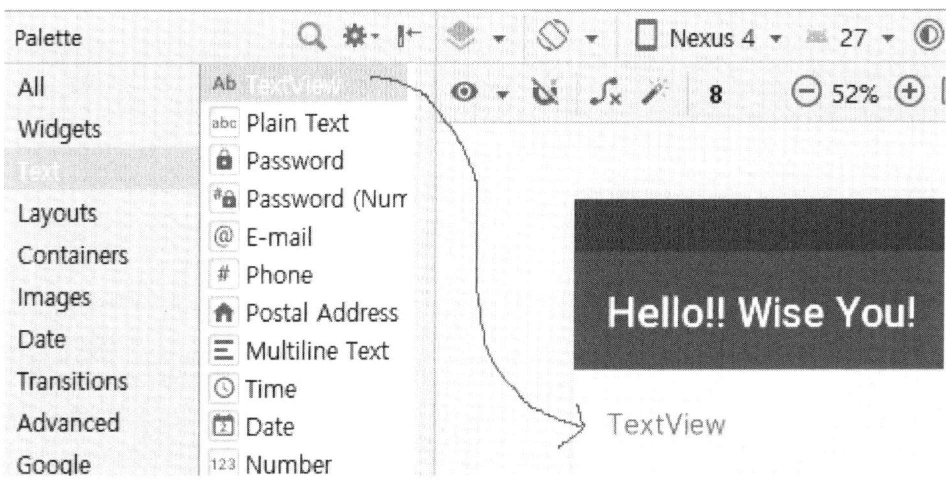

[그림 3-2] Plain Text 위젯 Drag하여 배치하기

배치를 성공하였으면, 이번에는 여러 개의 TextView를 화면에 가져다 두는 실습을 해봅니다.

[실습] 여러 개의 TextView를 화면에 가져다 두기

[그림 3-3]처럼 여러 개의 TextView 위젯을 배치시킨 뒤, 실행 시켜 보세요.
대부분의 실행 결과는 [그림 3-4]처럼 [그림 3-3]의 8개의 위젯이 하나로 보입니다.

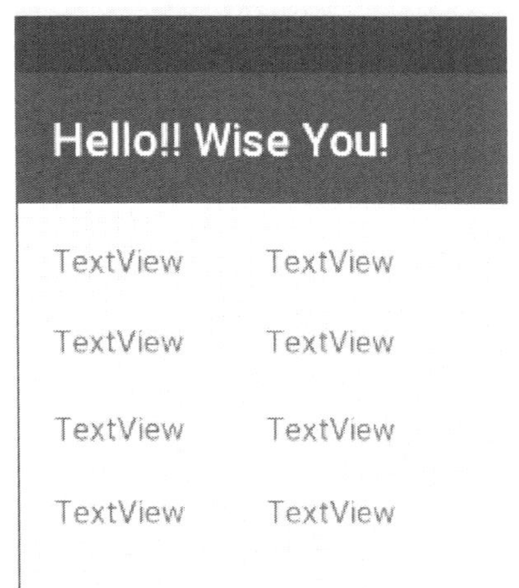

[그림 3-3] TextView 배치 화면

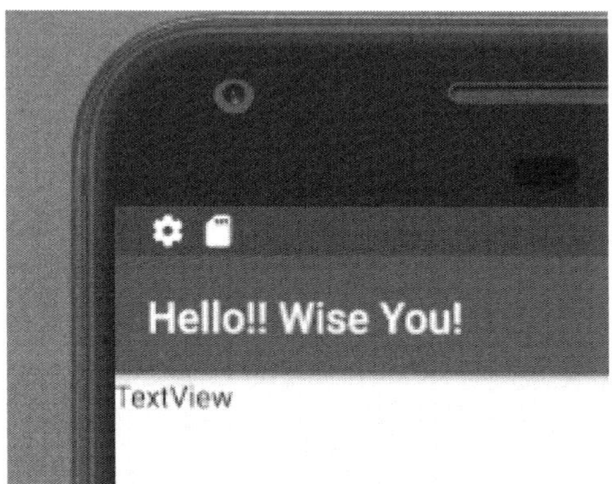

[그림 3-4] TextView 배치 화면 실행결과 (오류)

[그림 3-4]와 같은 배치 오류는 레이아웃(Layout)의 설정이 잘못되어 발생합니다. 먼저 레이아웃[1]은 사용자 인터페이스에 대한 시각적 구조를 정의합니다. 즉, 화면에 위젯을 배치시켜 주는 방법을 제공합니다.

Android Studio 3.0 버전은 새로운 안드로이드 앱 프로젝트를 생성하면서 "ConstraintLayout" 방식으로 위젯을 배치합니다. 여러 개의 TextView를 제대로 배치하기 위해, [그림 3-5]와 같이 상단의 "Connection"을 [그림 3-6]과 같이 상단의 타이틀 바에 밀착시킨다.

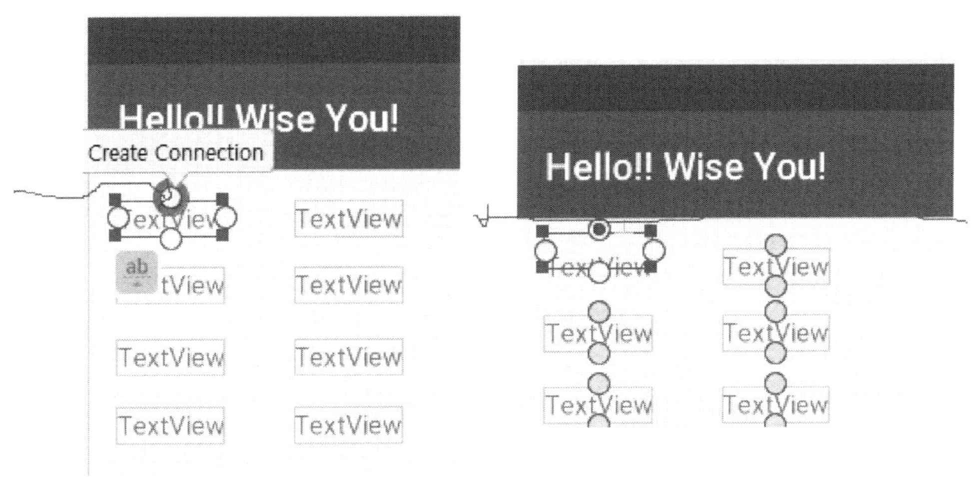

[그림 3-5] Connection 연결하기 [그림 3-6] 상단의 Connection을 윗줄에 배치

이번에는 [그림 3-6]과 같이 "Connection"을 선택하고 [그림 3-7]과 같이 두 번째 TextView의 상단 "Connection"을 첫 번째 TextView의 아래에 연결한다.

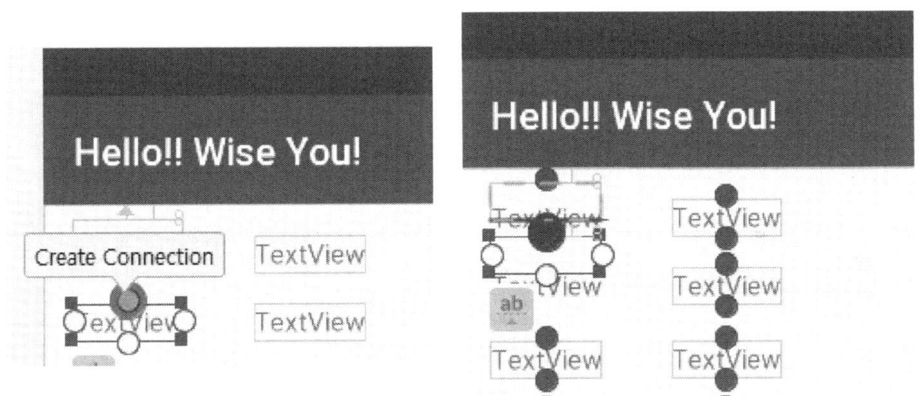

[그림 3-7] 두 번째 Connection 선택 후, 상단 TextView로 연결하기

[그림 3-8]은 배치가 완료된 화면을 보여준다.

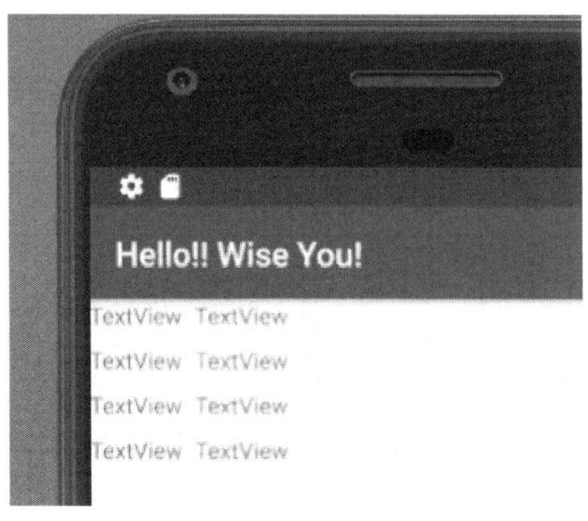

[그림 3-8] 완성된 TextView 배치

[그림 3-8]처럼 화면의 글자에 대해 크기 변경, 색상 변경, 폰트변경 등을 하려면 TextView 속성을 익혀야 한다.

[표 3-1] 자주 사용하는 TextView의 속성

속성 이름	설명
autoLink	TextView를 링크(Link)처럼 사용할 수 있다.
breakStrategy	TextView에 표시되는 텍스트가 영역을 넘어갈 때의 정책을 결정할 수 있다.
linkclickable	TextView에 표시되는 텍스트를 클릭할 수 있게 한다.
singleLine	TextView에 표시되는 텍스트를 한 줄로 표시한다.
textColor	TextView에 표시되는 텍스트의 색상을 변경한다.
textSelectable	TextView에 표시되는 텍스트를 선택할 수 있다.
textSize	TextView에 표시되는 텍스트의 크기를 변경한다.
textStyle	TextView에 표시되는 텍스트의 스타일을 지정한다.
typeface	TextView에 표시되는 폰트를 변경한다.

3-1-1 Text를 링크(Link)로 사용하기 (autoLink)

TextView 속성 중 Text 속성에 URL이나 Email 주소가 포함되었을 때, 표시되는 텍스트를 링크 형태로 표현된다. 표시하기 위해서는, "autoLink" 속성에 설정된 값에 따라 자동으로 프로그램이 실행되고 디폴트로 설정된 프로그램으로 전달되어 실행된다.

"autoLink"에 입력되는 값은 다음과 같다.

- none : 링크 없음(기본값)
- web : 웹에서 사용되는 URL로 사용됨(웹 브라우저가 호출되어 실행됨)
- email : email로 사용됨(이메일 클라이언트가 호출되어 실행됨)
- phone : 전화번호로 사용됨(전화걸기 앱이 실행됨)
- map : 지도 주소로 사용됨(지도 앱이 실행됨)
- all : "none" 속성을 제외한 위의 모든 속성을 사용함

"autoLink" 사용시에 "web | phone"과 같이 두 가지 기능을 혼용하여 사용할 수도 있다.

android_main.xml 파일의 TextView 속성(clickable, autoLink) 예는 다음과 같다.

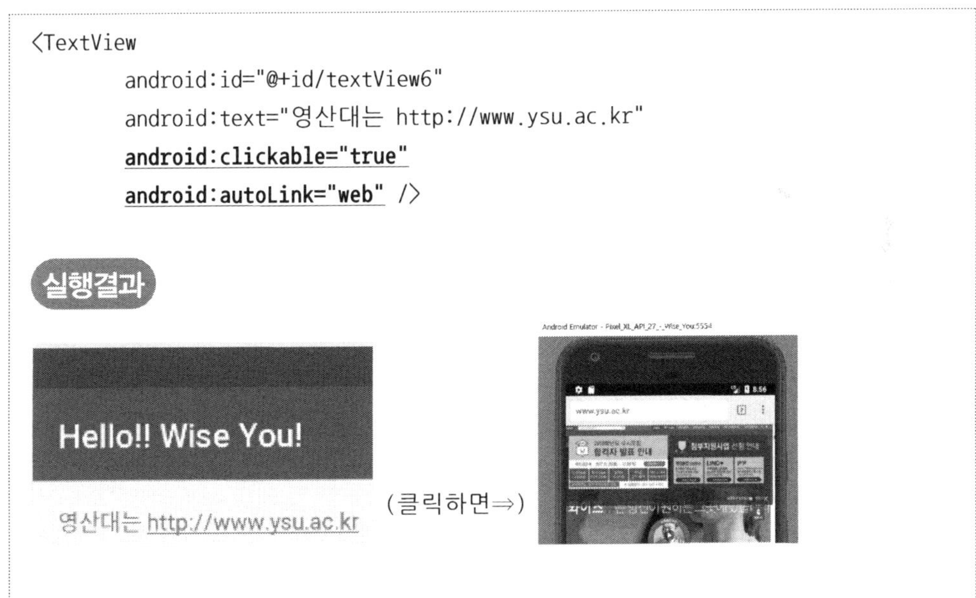

```
<TextView
        android:id="@+id/textView6"
        android:text="영산대는 http://www.ysu.ac.kr"
        android:clickable="true"
        android:autoLink="web" />
```

```
<TextView
        android:id="@+id/textView"
        android:autoLink="email"
        android:clickable="true"
        android:text="저의 email은 minpo@ysu.ac.kr입니다." />
```

실행결과

8:00

Hello!! Wise You!

저의 email은 minpo@ysu.ac.kr입니다.

3-1-2 TextView의 글자가 설정된 영역을 넘어갈 때 설정하기 (breakStrategy)

TextView에 지정된 문자열이 다음 줄로 넘어갈 때, breakStragegy 속성을 사용하여 줄 넘김 정책을 결정할 수 있다. 다음의 속성 값을 설정할 수 있다.

- simple (0)
- high_quality (1)
- balanced (2)

android_main.xml 파일의 TextView 속성(breakStrategy) 예는 다음과 같다.

```
<TextView
       ~~ 생략 ~~
        android:text="이 예제는 simple 속성입니다. 이제 한 줄을 넘어갑니다.
영산대학교 abcdefghijklmnopqrstuvwxyz abcdefghijklmnopqrstuvwxyz abcdefghijklmnopqrstuvwxyz"
        android:breakStrategy="simple"
        ~~생략 ~~ />
<TextView
       ~~ 생략 ~~
        android:text="이 예제는 high_quality 속성입니다. 이제 한 줄을 넘어갑니다.
영산대학교 abcdefghijklmnopqrstuvwxyz abcdefghijklmnopqrstuvwxyz abcdefghijklmnopqrstuvwxyz"
```

```
        android:breakStrategy="high_quality"
      ~~ 생략 ~~ />

    <TextView
      ~~ 생략 ~~
        android:text="이 예제는 balanced 속성입니다. 이제 한 줄을 넘어갑니다.
영산대학교 abcdefghijklmnopqrstuvwxyz abcdefghijklmnopqrstuvwxyz abcdefghijklmnopqrstuvwxyz"
      ~~ 생략 ~~ />
```

실행결과

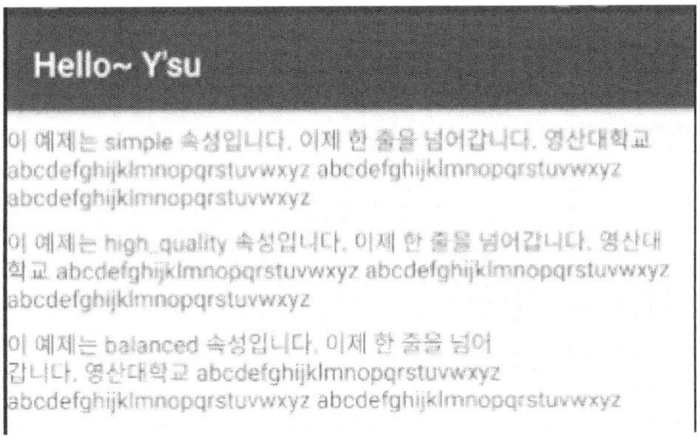

Hello~ Y'su

이 예제는 simple 속성입니다. 이제 한 줄을 넘어갑니다. 영산대학교
abcdefghijklmnopqrstuvwxyz abcdefghijklmnopqrstuvwxyz
abcdefghijklmnopqrstuvwxyz

이 예제는 high_quality 속성입니다. 이제 한 줄을 넘어갑니다. 영산대
학교 abcdefghijklmnopqrstuvwxyz abcdefghijklmnopqrstuvwxyz
abcdefghijklmnopqrstuvwxyz

이 예제는 balanced 속성입니다. 이제 한 줄을 넘어
갑니다. 영산대학교 abcdefghijklmnopqrstuvwxyz
abcdefghijklmnopqrstuvwxyz abcdefghijklmnopqrstuvwxyz

3-1-3 TextView에 표시되는 텍스트를 한 줄로 표시하기 (singleLine)

기본 설정 값으로 TextView에 지정된 문자열이 길어질 때 다음 줄로 넘어간다. singleLine 속성을 false 값으로 설정하면 한 줄에 출력된다. singleLine 속성은 API 레벨 3부터는 deprecated 되었다고 한다. 대신에 maxLines 값을 사용하여 설정한다. 즉, maxLines 값을 1로 설정한다.

- 값으로 True 또는 False 값을 넣을 수 있다.
- false가 기본 값이다. 즉, 문자열이 길어지면 두 줄 이상이 만들어진다.

android_main.xml 파일의 TextView 속성(singleLine) 예는 다음과 같다.

```
<TextView
      ~~ 생략 ~~
        android:text="이 예제는 simple 속성입니다. 이제 한 줄을 넘어갑니다.
영산대학교 abcdefghijklmnopqrstuvwxyz abcdefghijklmnopqrstuvwxyz abcdefghijklmnopqrstuvwxyz"
        android:breakStrategy="simple"
        android:singleLine="true"
        ~~생략 ~~ />
```

실행결과

Hello~ Y'su

이 예제는 simple 속성입니다. 이제 한 줄을 넘어갑니다. 영산대학교 a...

3-1-4 TextView에 표시되는 텍스트의 컬러(Color) 변경하기 (textColor)

기본 설정 값으로 TextView에 지정된 컬러는 검정색이다. textColor 속성에 컬러 값을 설정한다. 안드로이드 컬러 값을 설정하기 위해, A(Alpha), R(Red), G(Green), B(Blue) 값을 사용한다. 각각의 값의 범위는 0에서 255까지의 값을 가진다. 일반적으로 색상은 대부분 RGB 값만을 사용한다. 컬러 값을 설정하는 방법은 #RRGGBB 형식을 사용한다. 컬러에 투명도까지 표현하고 싶다면 #AARRGGBB 형식을 사용한다.

색상을 선택할 때, 참고할 사이트는 "http://htmlcolorcodes.com/"와 "https://www.rapidtables.com/web/color/RGB_Color.html를 추천한다.

투명도 값은 RGB 컬러처럼 0에서 255까지의 값을 가질 수 있다. 투명도를 백분율로 표현할 때 계산식은 투명도백분율(1-99)×2.55로 하고 소수점은 반올림한다. 계산한 결과 값을 16진수 값으로 바꾼다. 예를 들어 투명도 10%는 10×2.55에서 계산한 26(반올림 값)을 16진수로 변경하면 1A 값이 된다. 즉, 투명도 10%인 RED 색상을 표현하고 싶다면, #1AFF0000로 설정한다. 투명도 90%인 RED 색상을 표현하고 싶다면, 90×2.55에서 계산한 230(반올림 값)을 16진수로 변경하면 E6 값이 되고, #E6FF000로 설정한다.

android_main.xml 파일의 TextView 속성(textColor) 예는 다음과 같다.

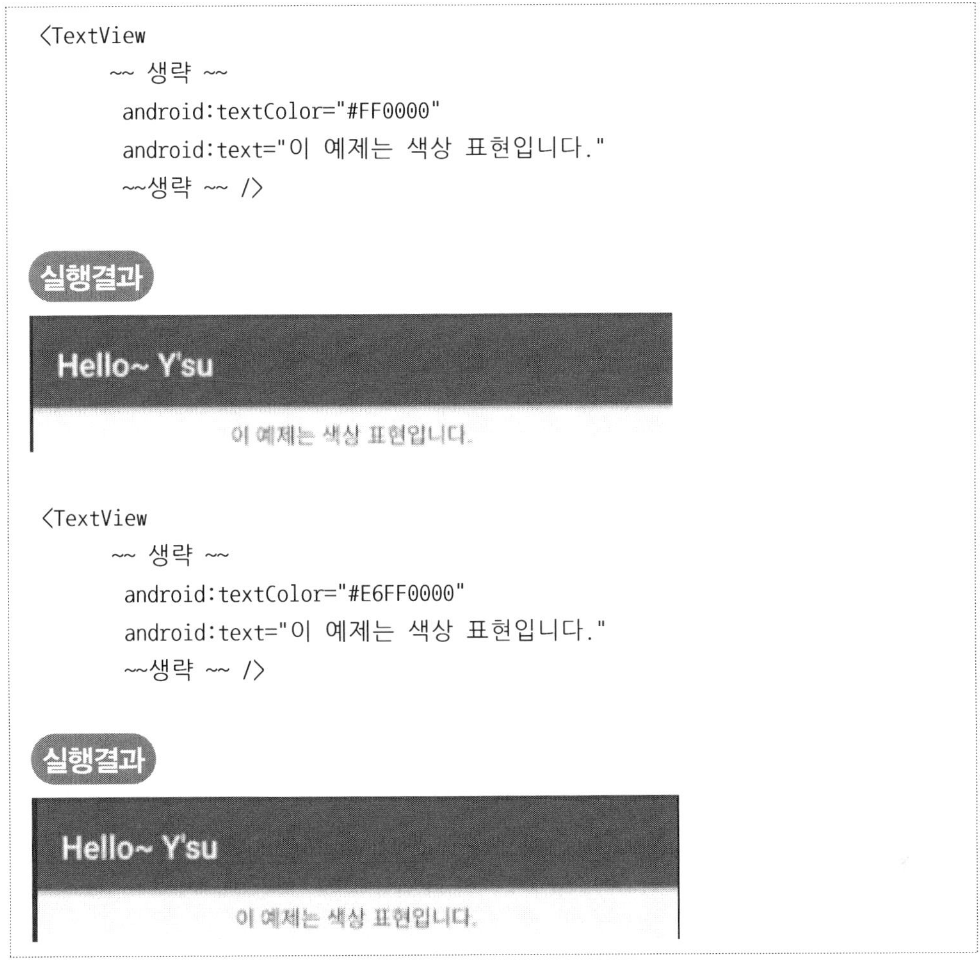

```
<TextView
     ~~ 생략 ~~
      android:textColor="#FF0000"
      android:text="이 예제는 색상 표현입니다."
      ~~생략 ~~ />
```

실행결과


```
<TextView
     ~~ 생략 ~~
      android:textColor="#E6FF0000"
      android:text="이 예제는 색상 표현입니다."
      ~~생략 ~~ />
```

실행결과

3-1-5 TextView에 표시되는 텍스트의 크기 변경하기 (textSelectable)

TextView의 textSelectable 속성은 TextView에 나타나는 글자를 선택할 수 있게 한다. 이 값의 속성은 true와 false 값을 선택할 수 있다.

android_main.xml 파일의 TextView 속성(textSelectable) 예는 다음과 같다.

```
<TextView
      ~~ 생략 ~~
       android:text="sp로 텍스트 설정, 글자 크기는 20sp 입니다."
       android:textSize="20sp"
       ~~생략 ~~ />
<TextView
      ~~ 생략 ~~
       android:text="dp로 텍스트 설정, 글자 크기는 20dp 입니다."
       android:textSize="20dp"
       ~~생략 ~~ />
```

실행결과

첫 번째 줄은 textSelectable 속성 값을 true로 설정하여 선택할 수 있고, 두 번째 줄은 textSelectable 속성을 false로 설정하여 선택할 수 없다.

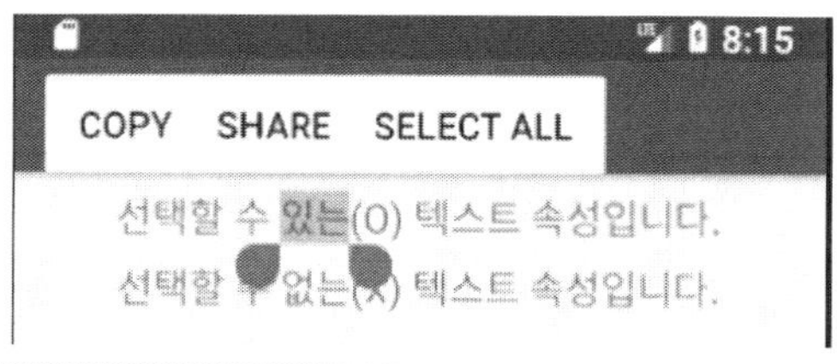

3-1-6 TextView에 표시되는 텍스트의 크기 변경하기 (textSize)

TextView의 textSize 속성은 TextView에 나타나는 글자의 크기를 변경한다. 텍스트의 크기를 표현할 때 여러 가지의 크기 단위를 사용할 수 있다. 구글에서는 sp(scaled pixel)과 dp(density-independent pixel)을 사용하도록 권장하고 있다.

안드로이드를 지원하는 디바이스는 다양한 해상도와 화면크기를 지원하기 위해 dpi는 1인치(inch, 2.54cm)에 속하는 pixel 수를 의미한다.

안드로이드 프로그램을 개발하면서 개발된 앱이 다양한 디바이스에서 문제없이 작동되려면 해상도와 개발되는 객체(글자크기 등)와의 관계를 이해해야 한다. 이를 위해 5장의 화면 해상도 이해하기를 참고한다. 이 장에서는 간단한 예제를 제시한다.

http://angrytools.com/android/pixelcalc/ 사이트[4]를 참고하여 단위들 사이의 관계를 참고 한다.

android_main.xml 파일의 TextView 속성(textSize) 예는 다음과 같다.

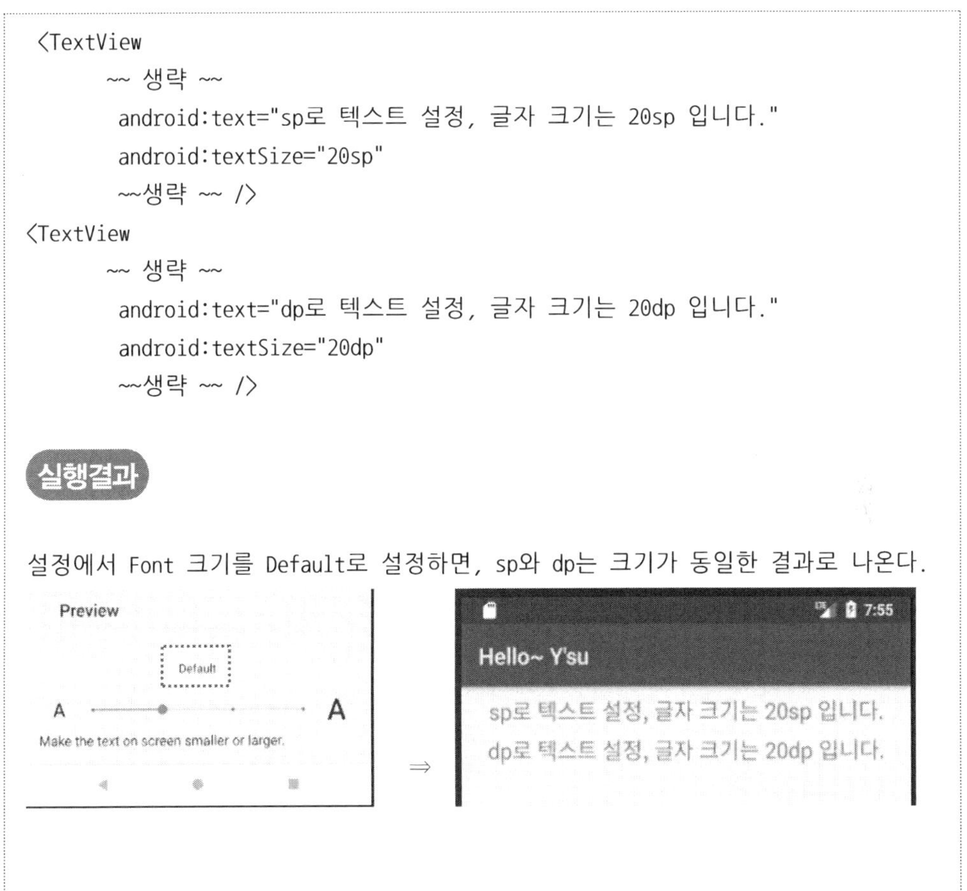

```
<TextView
        ~~ 생략 ~~
         android:text="sp로 텍스트 설정, 글자 크기는 20sp 입니다."
         android:textSize="20sp"
         ~~생략 ~~ />
<TextView
        ~~ 생략 ~~
         android:text="dp로 텍스트 설정, 글자 크기는 20dp 입니다."
         android:textSize="20dp"
         ~~생략 ~~ />
```

실행결과

설정에서 Font 크기를 Default로 설정하면, sp와 dp는 크기가 동일한 결과로 나온다.

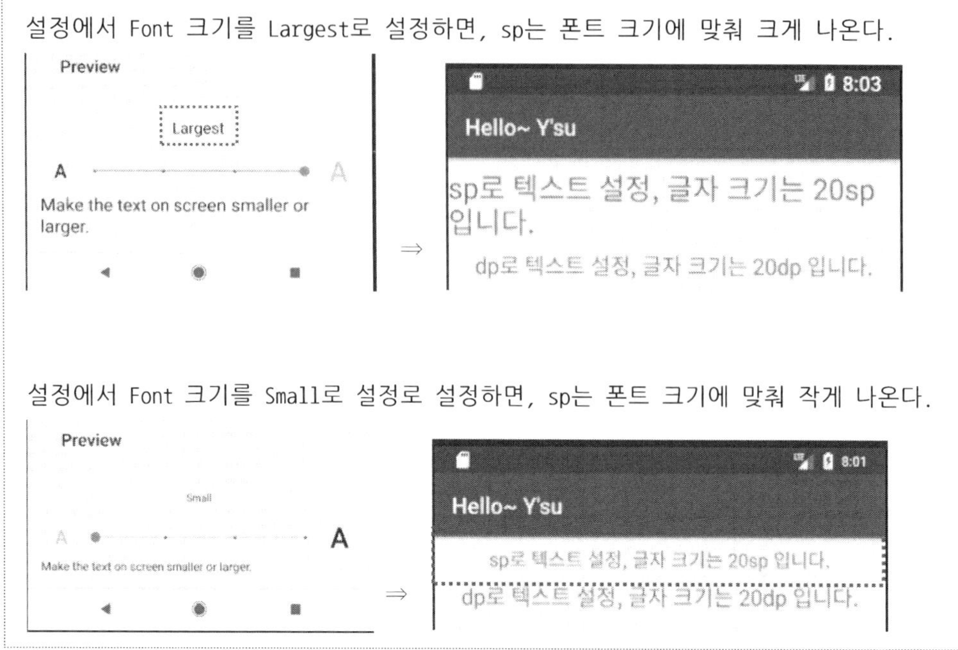

3-1-7 TextView에 표시되는 텍스트 스타일 변경하기 (textStyle)

TextView의 textStyle 속성은 TextView에 나타나는 글자의 스타일을 변경한다. 스타일에는 "진하게", "기울이게" 속성이 있다.

- normal (0) : 기본 스타일을 의미한다. 기본 설정 값이다.
- bold (1) : 텍스트를 진하게 표시한다.
- italic (2) : 텍스트를 기울여서 표시한다.
- normal, bold, italic 속성을 하나 이상을 사용하려면 "|"를 사용한다.
  예) normal | bold

android_main.xml 파일의 TextView 속성(textStyle) 예는 다음과 같다.

```
<TextView
      ~~ 생략 ~~
      android:text="텍스트-진하게 속성-입니다."
      android:textStyle="bold"
```

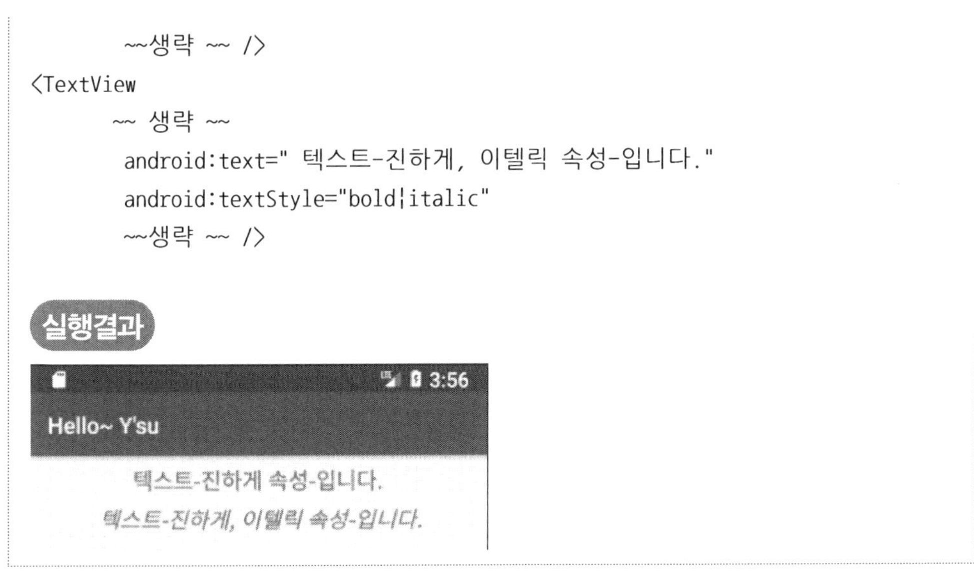

```
        ~~생략 ~~ />
<TextView
        ~~ 생략 ~~
        android:text=" 텍스트-진하게, 이텔릭 속성-입니다."
        android:textStyle="bold|italic"
        ~~생략 ~~ />
```


3-1-8 TextView에 표시되는 텍스트 폰트 변경하기 (typeface)

TextView의 textface 속성은 TextView에 나타나는 글자의 폰트를 변경한다. 안드로이드 디바이스에서 사용할 수 있는 폰트는 normal, sans, serif, monospace를 선택할 수 있다.

- normal (0) : 기본 폰트를 의미한다. 기본 설정 값이다.
- sans (1) : sans로 설정한다.
- serif (2) : serif로 설정한다.
- monospace (3) : monospace로 설정한다.

android_main.xml 파일의 TextView 속성(textStyle) 예는 다음과 같다.

```
<TextView
        ~~ 생략 ~~
        android:text="텍스트-normal 속성-입니다."
        android:typeface="normal"
        android:textSize="20sp"
        ~~생략 ~~ />
```

```
<TextView
        ~~ 생략 ~~
         android:text="텍스트-sans 속성-입니다."
         android:typeface="sans"
         android:textSize="20sp"
         ~~생략 ~~ />
<TextView
        ~~ 생략 ~~
         android:text="텍스트-serif 속성-입니다."
         android:typeface="serif"
         android:textSize="20sp"
         ~~생략 ~~ />
<TextView
        ~~ 생략 ~~
         android:text="텍스트-monospace 속성-입니다."
         android:typeface="monospace"
         android:textSize="20sp"
         ~~생략 ~~ />
```

실행결과

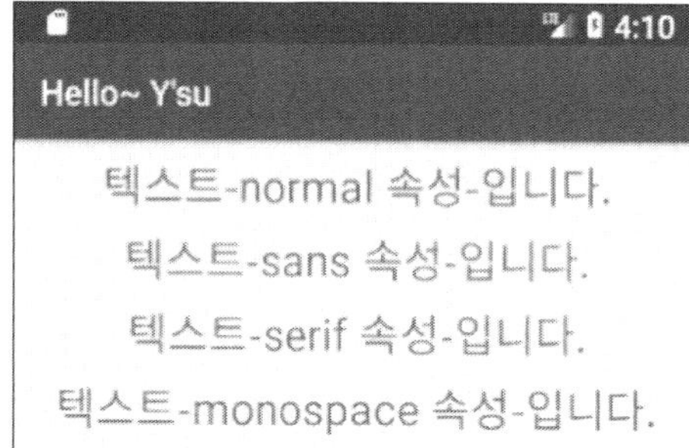

3.2 Button 위젯 사용해보기

학습목표

Button 위젯을 사용할 수 있다.

Button

```
public class Button
extends TextView
```

java.lang.Object
 ↳ android.view.View
  ↳ android.widget.TextView
   ↳ android.widget.Button

[그림 3-9] 버튼 상속도

안드로이드 Button 위젯은 화면을 터치 했을 때 발생하는 클릭 이벤트를 처리하는 기능과 텍스트와 아이콘으로 구성된다.

[그림 3-9]는 android.widget.Button의 상속 그림을 표현한다[5]. android.widget.TextView 위젯이 할 수 있는 모든 기능을 그대로 상속받는다. 즉, 부모 클래스인 TextView의 모든 기능을 Button에서 새로 만들 필요 없이 그대로 사용할 수 있다.
Button은 클릭되었을 때 발생하는 이벤트 처리에 대해 추가 작업해야 한다. 버튼에 대한 이벤트 처리를 할 수 있는 방법은 두 가지 방법이 있다. 첫 번째 방법은 xml 코드에 추가하는 방법이고 두 번째 방법은 코드에 직접 추가하는 방법이다[6].

3-2-1. Button 이벤트 처리 방법 I

이 방법은 화면 처리와 관계된 Layout XML에 Button 이벤트 정보를 추가하는 방법이다. 간단한 프로그램 작성으로 사용방법을 살펴보자.

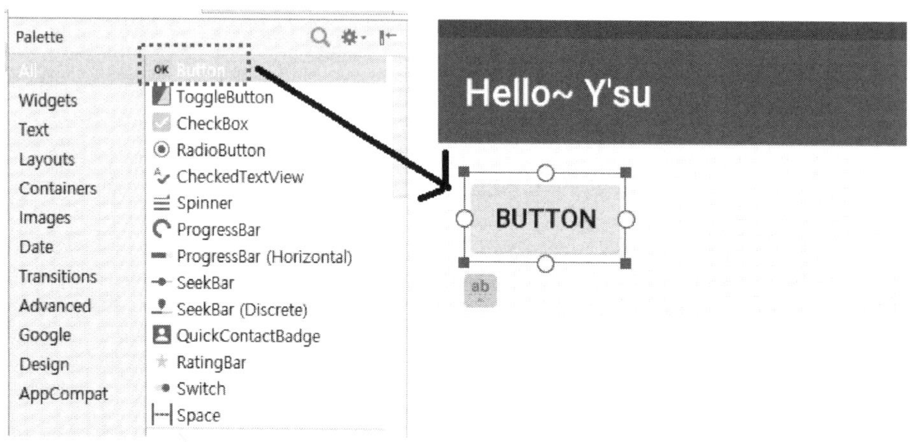

[그림 3-10] Button 위젯 화면에 넣기

[그림 3-10]처럼 Palette에서 Button 위젯을 찾은 뒤, 한 개의 버튼을 화면에 드래그하여 배치한다.

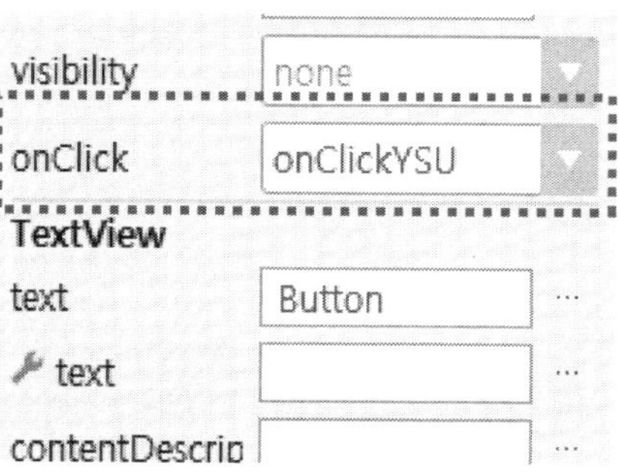

[그림 3-11] Button onClick 속성 추가

[그림 3-11]처럼 onClick 속성(Attributes)에서 onClickYSU를 입력 후, 반드시 엔터(Enter) 키를 누른다. 속성 창에 onClickYSU를 입력하고 나면 Layout을 정의하는 activity_main.xml에 자동으로 추가된다.

[그림 3-12] MainActivity.java와 activity_main.xml의 위치

사용될 activity_main.xml과 MainActivity.java의 위치는 [그림 3-12]와 같다. 만약 activity_main.xml과 MainActivity.java 파일이 닫혀진다면 해당 위치의 파일을 더블클릭한다.

변경된 activity_main.xml은 다음과 같다.

```
<Button
        android:id="@+id/button"
        android:layout_width="wrap_content"
        android:layout_height="wrap_content"
        android:onClick="onClickYSU"
        android:text="Button"
        tools:layout_editor_absoluteX="16dp"
        tools:layout_editor_absoluteY="16dp" />
```

activity_main.xml 파일을 확인 후, MainActivity.java에서 Button 이벤트(event)를 추가해야 한다.

MainActivity.java에서 onCreate() 함수 내에 findViewById() 함수를 사용하여 Layout에서 추가된 Button의 정보를 얻어온다. Layout에 사용되는 모든 위젯은 위젯을 구별하기 위한 id 속성을 가진다. 현재 사용된 버튼의 id는 "button"이고 프로그램에서 사용하는 방법은 "R.id.button"으로 사용된다.

```
Button b1 = (Button) findViewById(R.id.button);
```

위의 코드를 입력하였을 때, Button 클래스에 오류가 발생된다. "Alt+Enter" 키를 눌러 위의 오류를 해결한다. 이 오류는 Button 클래스를 사용하기 위한 정보를 아래와 같이 자동 추가 된다.

```
import android.widget.Button;
```

findViewById() 함수는 Layout에 할당된 버튼 리소스를 프로그램에서 사용하기 위해 관련 정보를 얻어 온다. 완성된 코드는 다음과 같다.

```
import android.widget.Button;

public class MainActivity extends AppCompatActivity {

    @Override
    protected void onCreate(Bundle savedInstanceState) {
        super.onCreate(savedInstanceState);
        setContentView(R.layout.activity_main);
        Button b1 = (Button) findViewById(R.id.button);
    }
}
```

다음 단계는 버튼 위젯에서 발생한 특정 이벤트를 처리하기 위해 리스너(Listener)를 이용한다. 안드로이드 리스너(Listener)는 View 클래스 내에 있는 인터페이스로 하나의 콜백 메소드가 포함되어 있으며, 안드로이드에서 발생한 사건(event)을 감시하기 위한 목적으로 사용된다. 안드로이드에서 발생할 수 있는 사건(event)은 키보드, 터지 등을 의미한다.

[표 3-2] Button의 부모 클래스인 View 클래스에 포함된 Listener

Listener 인터페이스	설명
onClick()	View.OnClickListener에서 온 것입니다. 사용자가 항목을 터치하거나 (터치 모드에 있을 때), 탐색 키 또는 트랙볼을 사용하여 해당 항목에 포커스를 맞추고 적절한 'Enter' 키를 누르거나 트랙볼을 누르면 호출됩니다.
onLongClick()	View.OnLongClickListener에서 온 것입니다. 사용자가 항목을 길게 누르거나(터치 모드에 있을 때), 탐색 키 또는 트랙볼을 사용하여 해당 항목에 포커스를 맞추고 적절한 'Enter' 키를 누르거나 트랙볼을 누를 때 호출됩니다(1초간).
onFocusChange()	View.OnFocusChangeListener에서 온 것입니다. 이것이 호출되는 것은 사용자가 탐색 키 또는 트랙볼을 사용하여 항목 쪽으로 이동하거나 항목에서 멀어질 때입니다.
onKey()	View.OnKeyListener에서 온 것입니다. 사용자가 항목에 포커스를 맞추고 있으면서 기기에 있는 하드웨어 키를 누르거나 키에서 손을 떼면 호출됩니다.
onTouch()	View.OnTouchListener에서 온 것입니다. 이것이 호출되는 것은 사용자가 터치 이벤트로서의 자격을 만족하는 작업을 수행하는 경우로, 여기에 누르기, 손 떼기와 화면에서 이루어지는 모든 움직임 동작(항목의 경계 내에서)이 포함됩니다.
onCreateContextMenu()	View.OnCreateContextMenuListener에서 온 것입니다. 이것을 호출하는 것은 컨텍스트 메뉴가 구축되는 중일 때입니다(정체된 "길게 클릭"의 결과로).

안드로이드 사건을 처리하기 위해, 안드로이드에서는 미리 처리하기 위한 함수를 모두 정의를 하고 있다.
버튼이 눌렸을 때 할 일을 정의하기 위해 다음과 같이 함수를 추가한다.

```
public void onClickYSU(View v) {
  Toast.makeText(this, "Button YSU가 눌렸습니다.", Toast.LENGTH_SHORT).show();
}
```

위의 버튼 함수의 추가로 인해, 버튼을 누를 때마다 onClickYSU() 함수가 실행되어 화면에 Button이 눌렸다는 메시지가 나오게 된다.
Toast.makeText() 함수는 화면에 Toast 형식으로 잠시 메시지를 출력하고 사라진다.

실행을 위한 전체 코드는 다음과 같다.

```
package com.example.minpo.helloysu;

import android.support.v7.app.AppCompatActivity;
import android.os.Bundle;
import android.view.View;
import android.widget.Button;
import android.widget.Toast;

public class MainActivity extends AppCompatActivity {

    @Override
    protected void onCreate(Bundle savedInstanceState) {
        super.onCreate(savedInstanceState);
        setContentView(R.layout.activity_main);

        Button b1 = (Button) findViewById(R.id.button);
    }

    public void onClickYSU(View v) {
        Toast.makeText(this, "Button YSU가 눌렸습니다.", Toast.LENGTH_SHORT).show();
```

```
    }
}
```

[실행 결과]

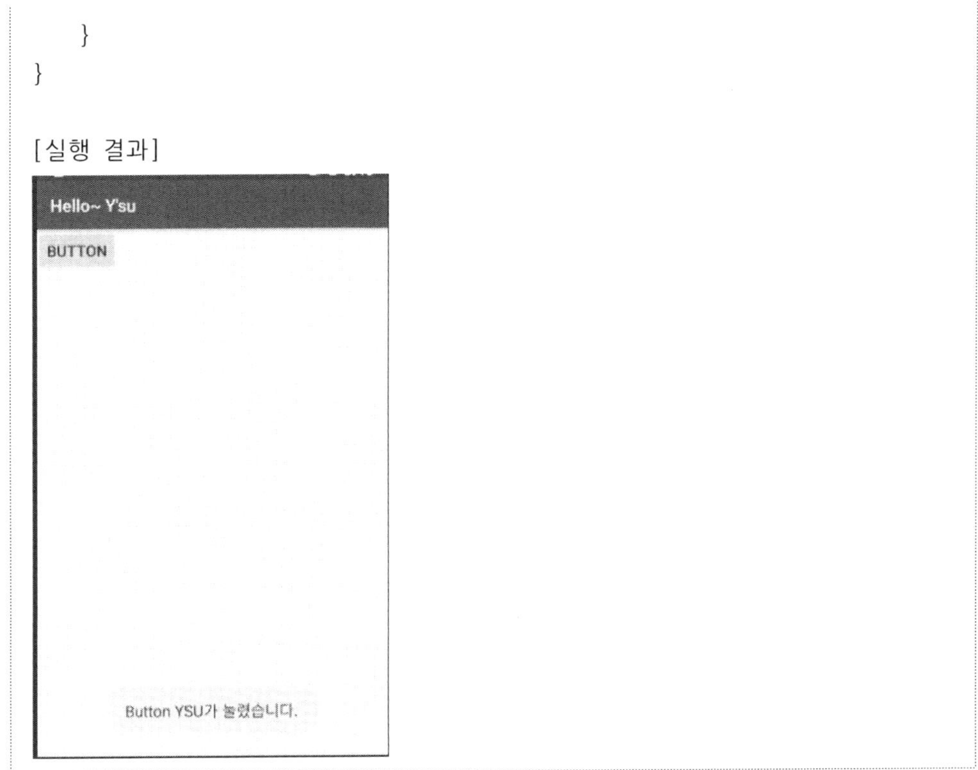

3-2-2. Button 이벤트 처리 방법 II

이 방법은 첫 번째 방법처럼 화면 처리와 관계된 Layout XML에 Button 이벤트 정보를 추가하지 않고 코드에서 직접 이벤트 정보를 추가하는 방법이다.

간단한 프로그램 작성으로 사용방법을 살펴보자. [그림3-10]처럼 버튼 한 개를 화면에 배치하자.

MainActivity.java에서 onCreate() 함수 내에 findViewById() 함수를 사용하여 Layout에서 추가된 Button의 정보를 얻어온다. Layout에 사용되는 모든 위젯은 위젯을 구별하기 위한 id 속성을 가진다. 현재 사용된 버튼의 id는 "button"이고 프로그램에서 사용하는 방법은 "R.id.button"으로 사용된다.

완성된 코드는 다음과 같다.

```
import android.widget.Button;

public class MainActivity extends AppCompatActivity {

    @Override
    protected void onCreate(Bundle savedInstanceState) {
        super.onCreate(savedInstanceState);
        setContentView(R.layout.activity_main);

        Button b1 = (Button) findViewById(R.id.button);
    }
}
```

다음 단계는 버튼 위젯에서 발생한 특정 이벤트를 처리하기 위해 리스너(Listener)를 이용한다. 버튼이 눌렀을 때 할 일을 정의하기 위해 다음과 같은 절차로 함수를 추가한다.

```
Button b1 = (Button) findViewById(R.id.button);
b1.setOnClickListener(new View.OnClickListener() {
  @Override
  public void onClick(View view) {
      Toast.makeText(MainActivity.this, "Button YSU가 눌렸습니다.",
Toast.LENGTH_SHORT).show();
   }
});
```

버튼에 대한 클릭 이벤트 발생시 호출될 onClick() 함수를 구현한 onClickListener 객체를 new 연산자를 통해 생성하고,setOnClickListener() 함수를 호출하여 Button에서 설정한다.

위의 버튼 함수의 추가로 인해, 버튼을 누를 때마다 onClick() 함수가 실행되어 화면에 Button이 눌렸다는 메시지가 나오게 된다.
Toast.makeText() 함수는 화면에 Toast 형식으로 잠시 메시지를 출력하고 사라진다.

실행을 위한 전체 코드는 다음과 같다.

```
package com.example.minpo.helloysu;

import android.support.v7.app.AppCompatActivity;
import android.os.Bundle;
import android.view.View;
import android.widget.Button;
import android.widget.Toast;

public class MainActivity extends AppCompatActivity {

    @Override
    protected void onCreate(Bundle savedInstanceState) {
        super.onCreate(savedInstanceState);
        setContentView(R.layout.activity_main);

        Button b1 = (Button) findViewById(R.id.button);
        b1.setOnClickListener(new View.OnClickListener() {
            @Override
            public void onClick(View view) {
                Toast.makeText(MainActivity.this, "Button YSU가 눌렸습니다.",
Toast.LENGTH_SHORT).show();
            }
        });
    }
}
```

3.3 응용프로그램 만들어보기

학습목표

TextView 위젯과 Button 위젯을 사용하여 응용프로그램을 만들 수 있다.

Button과 TextView를 이용하여 응용할 수 있는 예제로 다음과 같은 역할을 수행하는 프로그램을 개발한다.

조건1) 첫 번째 버튼의 이름은 '+', 두 번째 버튼의 이름은 '-'로 한다.

조건2) 첫 번째 버튼을 선택하면 값을 +1을 증가한다. 증가시킨 결과를 TextView에 표시한다.

조건3) 두 번째 버튼을 선택하면 값을 -1을 감소한다. 감소시킨 결과를 TextView에 표시한다.

조건4) 초기 값은 0으로 한다.

첫 번째 버튼, 두 번째 버튼, 결과 값을 표시하는 TextView를 화면에 배치한다.

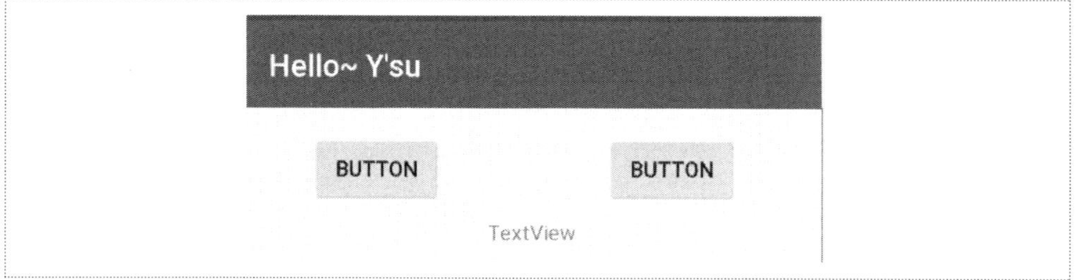

배치된 버튼의 캡션을 '+'와 '-'로 변경하고 결과 값을 표시하는 TextView의 결과 값을 0으로 변경한다. 각각의 버튼과 TextView를 선택해서 text 속성 값을 조건대로 변경한다.

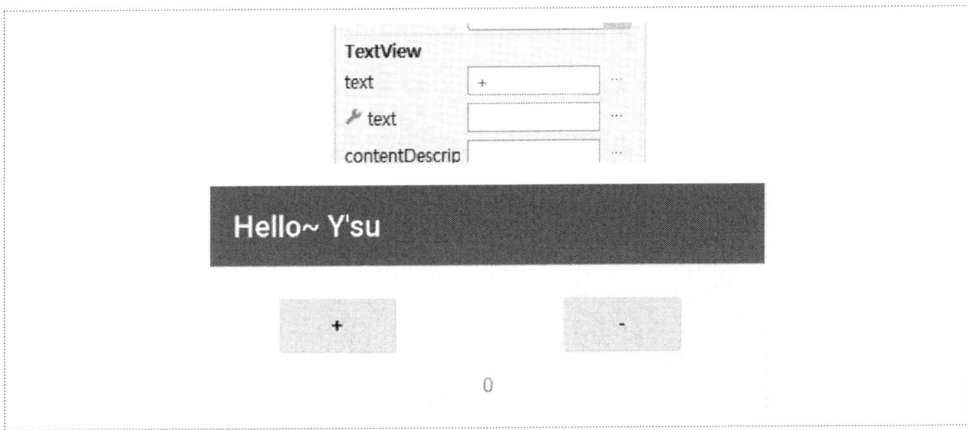

다음 단계는 각 버튼에 대한 클릭 이벤트를 추가한다.

```
public class MainActivity extends AppCompatActivity {

    @Override
    protected void onCreate(Bundle savedInstanceState) {
        super.onCreate(savedInstanceState);
        setContentView(R.layout.activity_main);

        Button b1 = (Button) findViewById(R.id.button);
        b1.setOnClickListener(new View.OnClickListener() {
            @Override
            public void onClick(View view) {

            }
        });
        Button b2 = (Button) findViewById(R.id.button2);
        b2.setOnClickListener(new View.OnClickListener() {
            @Override
            public void onClick(View view) {

            }
        });
    }
}
```

다음 단계는 '+' 버튼과 '-' 버튼을 선택하면 +1씩 증가, -1씩 감소시키는 것을 만들어본다. 정수 0 값을 sum이라는 변수에 초기화를 한다. sum이라는 변수에 버튼을 선택할 때마다 +1씩 증가, -1씩 감소시킨다.

```
public class MainActivity extends AppCompatActivity {
    int sum = 0;

    @Override
    protected void onCreate(Bundle savedInstanceState) {
        super.onCreate(savedInstanceState);
        setContentView(R.layout.activity_main);

        Button b1 = (Button) findViewById(R.id.button);
        b1.setOnClickListener(new View.OnClickListener() {
            @Override
            public void onClick(View view) {
                sum = sum + 1;
            }
        });
        Button b2 = (Button) findViewById(R.id.button2);
        b2.setOnClickListener(new View.OnClickListener() {
            @Override
            public void onClick(View view) {
                sum = sum - 1;
            }
        });
    }
}
```

다음 단계는 sum 값을 TextView에 표시한다.

sum 값은 정수(Integer)만 저장할 수 있는 저장소(변수)이다. Integer.toString()은 정수를 문자열로 변경하는 기능을 가진 함수이다. TextView에 표시되는 문장은 모두 문자열이기 때문에 Integer.toString(sum) 함수를 통해 TextView에 표시될 수 있는 문자열로 변경해야 한다.

```
public class MainActivity extends AppCompatActivity {
    int sum = 0;

    @Override
    protected void onCreate(Bundle savedInstanceState) {
        super.onCreate(savedInstanceState);
        setContentView(R.layout.activity_main);

        final TextView tv = (TextView) findViewById(R.id.textView6);

        Button b1 = (Button) findViewById(R.id.button);
        b1.setOnClickListener(new View.OnClickListener() {
            @Override
            public void onClick(View view) {
                sum = sum + 1;
                tv.setText(Integer.toString(sum));
            }
        });
        Button b2 = (Button) findViewById(R.id.button2);
        b2.setOnClickListener(new View.OnClickListener() {
            @Override
            public void onClick(View view) {
                sum = sum - 1;
                tv.setText(Integer.toString(sum));
            }
        });
    }
}
```

실행결과

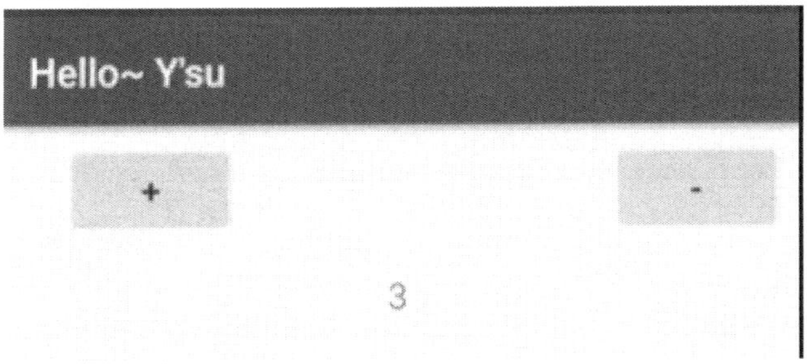

Hello~ Y'su

+ -

3

참·고·자·료

[1] 안드로이드 레이아웃(Layout)의 정의,
"https://developer.android.com/guide/topics/ ui/declaring-layout.htm"

[2] 안드로이드 TextView 속성 정의,
"https://developer.android.com/reference/ android/widget/TextView.html"

[3] 색상 선택 사이트, "https://www.rapidtables.com/web/color/RGB_Color.html",
"http://htmlcolorcodes.com/"

[4] 안드로이드 단위(sp, dp) 참고 사이트, http://angrytools.com/android/pixelcalc/

[5] Button 위젯 상속도, https://developer.android.com/reference/android/widget/Button.html

[6] 안드로이드 입력 이벤트 참고 사이트,
https://developer.android.com/guide/topics/ui/ui-events.html,
https://developer.android.com/guide/topics/ui/controls/ button.html?hl=ko

EditText 위젯 사용해보기

4

이번 장에서는 EditText 위젯을 사용해 보고, 지금까지 배운 위젯으로 응용프로그램을 만들어본다.

4.1 EditText 위젯 사용해보기

학습목표

EditText 위젯을 사용할 수 있다.

EditText 위젯은 키보드 입력을 사용하여 임의의 정보를 입력할 때 그 입력을 처리해주는 위젯이다.

EditText

```
public class EditText
extends TextView
```

java.lang.Object
　↳ android.view.View
　　↳ android.widget.TextView
　　　↳ android.widget.EditText

[그림 4-1] 버튼 상속도

[그림 4-1]은 EditText의 상속도를 보여준다[1]. EditText의 부모 클래스는 TextView이다. TextView의 텍스트를 출력하는 기능을 기본적으로 제공하고 EditText는 추가로 입력 기능까지 제공한다.

먼저 EditText를 간단히 사용해보자.

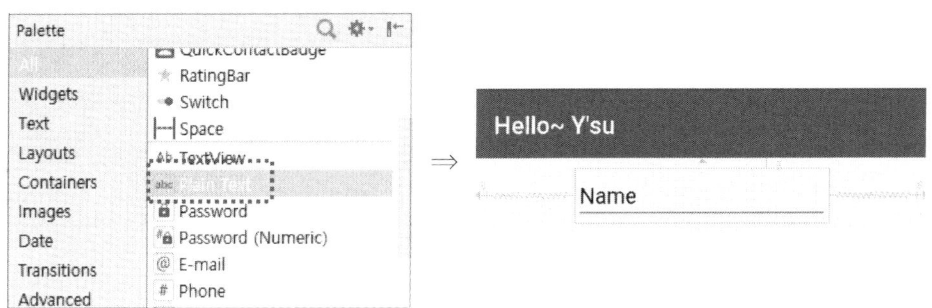

[그림 4-2] Plain Text (EditText) 선택　　　**[그림 4-3]** 화면에 드래그하여 배치하기

[그림 4-2]에서 EditText 위젯의 대표인 Plain Text를 선택하여 [그림 4-3]처럼 드래그(drag)하여 배치한다. 앱이 처음 실행될 때, EditText의 첫 글자를 “Y’su Fighting. This is Edit Text”로 표시해보자.

[그림 4-4]처럼 text 속성(attribute)에 “Y’su Fighting. This is Edit Text”를 입력 후 ‘Enter’ 키를 입력한다. [그림 4-5]는 실행 결과이다.

```
<EditText
        android:id="@+id/editText2"
        android:layout_width="wrap_content"
        android:layout_height="wrap_content"
        android:layout_marginEnd="8dp"
        android:layout_marginStart="8dp"
        android:layout_marginTop="8dp"
        android:ems="10"
        android:inputType="textPersonName"
        android:text="Y'su Fighting. This is Edit Text"
        app:layout_constraintEnd_toEndOf="parent"
        app:layout_constraintStart_toStartOf="parent"
        app:layout_constraintTop_toTopOf="parent"
/>
```

[그림 4-4] text 속성 변경

⇒

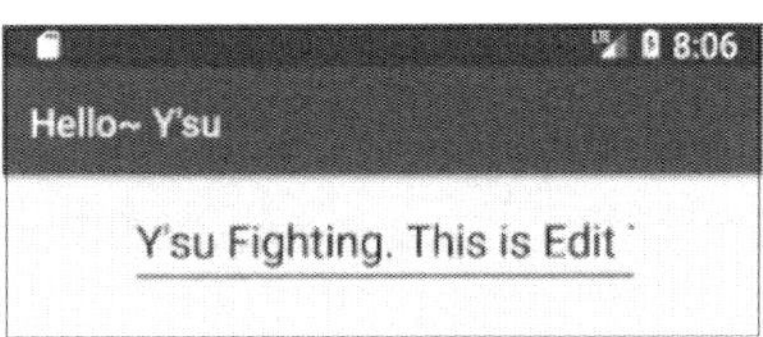

[그림 4-5] 실행 결과

4.2 EditText 위젯의 Text를 변경하기

[그림 4-4]에서처럼 android:text 속성을 통해 변경할 수 있다. 또 다른 방법으로 JAVA code에서도 변경할 수 있다.

4-1절에서 EditText의 id는 “editText2”로 설정되어 있다. findViewById() 함수를 통해 Layout 리소스에 저장된 정보를 읽어올 수 있다.

findViewById()에 의해 얻은 참조 변수 et를 사용하여 setText()함수를 사용하여 텍스트를 수정할 수 있다. setText()함수는 android:text와 같은 의미이다.

```
public class MainActivity extends AppCompatActivity {
    int sum = 0;

    @Override
    protected void onCreate(Bundle savedInstanceState) {
        super.onCreate(savedInstanceState);
        setContentView(R.layout.activity_main);

        EditText et = (EditText) findViewById(R.id.editText2);
        et.setText("영산대학교 컴퓨터공학부");
    }
```

[실행 결과]

8:40

Hello~ Y'su

영산대학교 컴퓨터공학부

4.3 EditText의 내용을 읽은 뒤, 수정하기

EditText를 사용하기 위해 반드시 익혀야 하는 기능은 입력된 텍스트를 읽어 들이고 그 내용을 수정할 수 있는 기능이다. 이 기능을 사용하기 위해, 두 개의 EditText를 만들고, 첫 번째 EditText에서 읽어 들인 내용을 두 번째 EditText에 입력하는 기능을 프로그램 한다. 먼저 EditText 내용을 프로그램에서 아무것도 없는 “” 문자열로 설정하기 위해 setText(“”) 함수를 사용한다.

```
EditText et1 = (EditText) findViewById(R.id.editText2);
et1.setText("");
EditText et2 = (EditText) findViewById(R.id.editText3);
et2.setText("");
```

이번에는 첫 번째 EditText에서 입력된 결과를 읽어들인 결과를 두 번째 EditText에 설정을 해보자. 입력된 결과를 읽을 때 getText() 함수를 사용한다. getText() 함수의 경우에는 Editable 인터페이스 타입을 리턴한다. Editable 인터페이스로 리턴된 값은 스트링(String) 값으로 변환해야만 setText(String) 함수에서 사용할 수 있다. toString() 함수를 사용하여 변환한다.

```
EditText et1 = (EditText) findViewById(R.id.editText2);
et1.setText("영산대학교");

EditText et2 = (EditText) findViewById(R.id.editText3);

String firstText = et1.getText().toString();
et2.setText(firstText);
```

4.4 EditText의 입력 변화 이벤트 받기 (addTextChangedListener)

addTextChangedListener는 EditText에 사용자가 텍스트를 입력할 때 유용하게 사용된다. 입력되는 텍스트가 바뀔 때마다 리스너 이벤트가 작동된다.

addTextChangedListener는 세 가지 함수를 기본적으로 사용한다.

- beforeTextChanged(CharSequence charSequence, int i, int i1, int i2)
  i(start) 지점에서 시작되는 i1(before) 개수만큼의 글자들이 i2(count) 개수만큼의 글자들로 대치되었을 때 호출된다.

- onTextChanged(CharSequence charSequence, int i, int i1, int i2)
  i(start) 지점에서 시작되는 i1(count) 개수만큼의 글자들이 i2(after) 길이만큼의 글자로 대치되려고 할 때 호출된다.

- afterTextChanged(Editable editable)
  EditText의 텍스트가 변경되면 호출된다.

```
EditText et1 = (EditText) findViewById(R.id.editText2);
et1.setText("");

et1.addTextChangedListener(new TextWatcher() {
@Override
   public void beforeTextChanged(CharSequence charSequence, int i, int i1, int
   i2) {
            //입력 전
   }

   @Override
   public void onTextChanged(CharSequence charSequence, int i, int i1, int i2)
{
           //입력되는 텍스트가 변경될 때
   }

   @Override
   public void afterTextChanged(Editable editable) {
          // 입력하기 전
   }
});
```

응용프로그램 만들어보기 I

지금까지 배운 EditText, Button, TextView를 사용하여, 사용하면 안되는 단어(금지어)를 체크하는 프로그램을 만들어보자.

먼저, setHint() 함수를 사용하여 사용자에게 안내 멘트를 EditText에 출력하자.

```
EditText et1 = (EditText) findViewById(R.id.editText2);
et1.setText("");
et1.setHint("단어를 입력하세요!");

[실행 결과]
```

Hello~ Y'su

단어를 입력하세요!

4-4절에서 설명한 addTextChangedListener 코드를 추가한다.

```
EditText et1 = (EditText) findViewById(R.id.editText2);
et1.setText("");
et1.setHint("단어를 입력하세요!");

et1.addTextChangedListener(new TextWatcher() {
  @Override
  public void beforeTextChanged(CharSequence charSequence, int i, int i1, int
  i2) {
     //입력 전
  }
```

```
  @Override
  public void onTextChanged(CharSequence charSequence, int i, int i1, int i2)
{
     //입력되는 텍스트가 변경될 때
  }
  @Override
  public void afterTextChanged(Editable editable) {
     // 입력 후
  }
});
```

금지어가 나오면 경고가 표시될 TextView를 만든다.

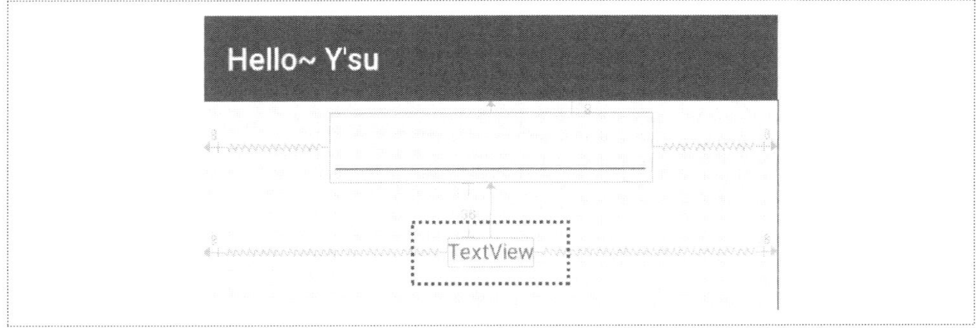

금지어로 사용될 단어를 정의한다. JAVA 언어의 배열[2]을 사용한다.

```
String []stopWord = {
            "dislike",
            "bad",
            "xxx"
    };
```

금지어가 결정되었으면, 입력할 때마다 금지어인지 아닌지 검사(Check)를 한다. 금지어일 경우에 "경고 : 단어"가 나오고 금지어가 아닐 경우에는 "좋은 단어"라고 출력되게 한다.

```
public void afterTextChanged(Editable editable) {
     int i;
     for(i=0;i<stopWord.length;i++) {
        if (editable.toString().equals(stopWord[i])) {
           tv.setTextColor(Color.RED);
           tv.setText("경고 : " +  stopWord[i]);
        }
     else {
          tv.setTextColor(Color.BLACK);
          tv.setText("좋은 단어");
       }
    }
}
```

이제 완성된 코드를 살펴보자.

```
public class MainActivity extends AppCompatActivity {
    String []stopWord = {
            "dislike",
            "bad",
            "xxx"
    };
    @Override
    protected void onCreate(Bundle savedInstanceState) {
        super.onCreate(savedInstanceState);
        setContentView(R.layout.activity_main);

        EditText et1 = (EditText) findViewById(R.id.editText2);
        et1.setText("");
        et1.setHint("단어를 입력하세요!");

        final TextView tv = (TextView) findViewById(R.id.textView7);
        tv.setTextSize(20);
        tv.setTextColor(Color.RED);
        tv.setText("");
```

```
        et1.addTextChangedListener(new TextWatcher() {
            @Override
            public void beforeTextChanged(CharSequence charSequence, int i,
int i1, int i2) {
                //입력 전
            }

            @Override
            public void onTextChanged(CharSequence charSequence, int i, int
i1, int i2) {
                //입력되는 텍스트가 변경될 때
            }

            @Override
            public void afterTextChanged(Editable editable) {
                // 입력후
                int i;
                for(i=0;i<stopWord.length;i++) {
                    if (editable.toString().equals(stopWord[i])) {
                        tv.setTextColor(Color.RED);
                        tv.setText("경고 : " +  stopWord[i]);
                        break;
                    }
                    else {
                        tv.setTextColor(Color.BLACK);
                        tv.setText("좋은 단어");
                    }
                }
            }
        });

    }
}
```

[실행 결과]

11:19
Hello~ Y'su
단어를 입력하세요!
⇒ 첫 화면

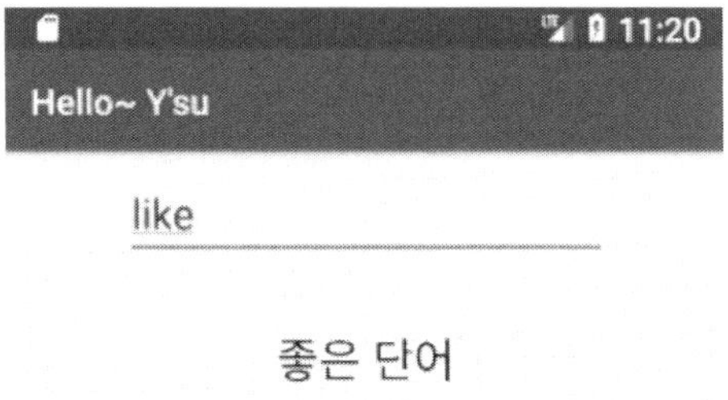

11:20
Hello~ Y'su
like
좋은 단어
⇒ 금지어가 아닌 문자열 입력

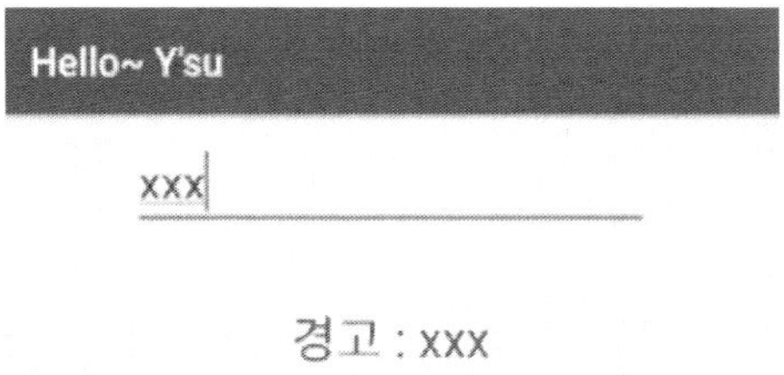

Hello~ Y'su
xxx
경고 : xxx
⇒ 금지어 입력

4.6 응용프로그램 만들어보기 II

지금까지 배운 EditText, Button, TextView를 사용하여, 특정 단어("전화", "네이버", "영산대 컴퓨터공학부"가 입력되면 해당 화면으로 가는 프로그램을 만들어보자.

아래의 화면처럼 EditText 1개와 TextView 1개를 배치하자.
TextView에 나타나는 단어는 "phone", "naver", "ysucomputer"를 사용한다. phone은 전화번호를 실행하는 화면을 실행한다. "naver"는 웹브라우저를 실해하여 m.naver.com에 접속하는 화면을 실행한다. "ysucomuter"는 영산대학교 컴퓨터공학부 홈페이지(ce.ysu.ac.kr)에 접속하는 화면을 실행한다.

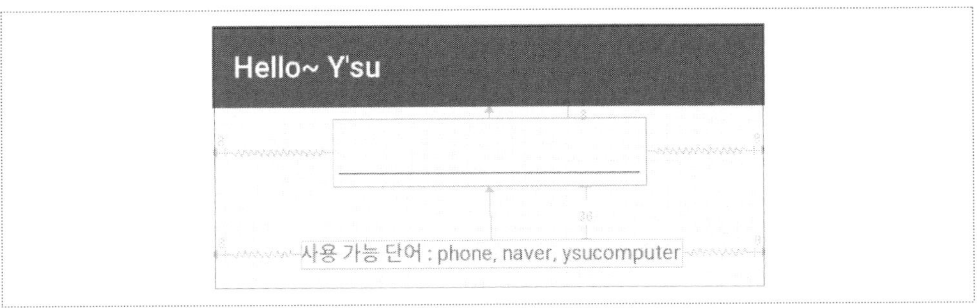

안드로이드 앱은 네 가지 기본 구성요소 "Activity", "Service", "Broadcast Receiver", "Content Provider"가 있다. 구체적인 사항은 본 교재의 2권에서 살펴보도록 한다. 이 예제에서는 네 가지 구성요소 간의 정보를 전달할 수 있는 인텐트(Intent)를 사용한다. 안드로이드 내의 기본 앱인 전화, 카메라, 연락처, 문자 등을 인텐트를 이용하여 호출한다.

인텐트를 호출하기 위해서는 AndroidManifest.xml에서 사용자 권한인 permission 설정을 해야 한다.

전화를 걸거나 전화 다이얼 번호를 표시해주는 화면을 이용하기 위해서는 다음과 같은 퍼미션을 사용한다.

Android
app
manifests
AndroidManifest.xml
java

```
<?xml version="1.0" encoding="utf-8"?>
<manifest xmlns:android="http://schemas.android.com/apk/res/android"
    package="com.example.minpo.helloysu">

    <uses-permission android:name="android.permission.CALL_PHONE" />

    <application
        android:allowBackup="true"
        android:icon="@mipmap/ic_launcher"
        android:label="@string/app_name"
        android:roundIcon="@mipmap/ic_launcher_round"
        android:supportsRtl="true"
        android:theme="@style/AppTheme">
        <activity android:name=".MainActivity">
            <intent-filter>
                <action android:name="android.intent.action.MAIN" />

                <category android:name="android.intent.category.LAUNCHER" />
            </intent-filter>
        </activity>
    </application>

</manifest>
```

Intent를 사용하여 전화번호를 실행할 수 있는 코드는 다음과 같다. 전화번호를 같이 실행하기 위해서는 Intent in = new Intent(Intent.ACTION_VIEW, Uri.parse("tel:"));에서 Intent in = new Intent(Intent.ACTION_VIEW, Uri.parse("tel:123-4568-1234"));를 입력한다.

```
public class MainActivity extends AppCompatActivity {
    @Override
    protected void onCreate(Bundle savedInstanceState) {
        super.onCreate(savedInstanceState);
        setContentView(R.layout.activity_main);

        EditText et1 = (EditText) findViewById(R.id.editText2);
        et1.setText("");
        et1.setHint("하고자하는 명령입력 바람!");

        et1.addTextChangedListener(new TextWatcher() {
            @Override
            public void beforeTextChanged(CharSequence charSequence, int i,
            int i1, int i2) {
                //입력 전
            }
            @Override
            public void onTextChanged(CharSequence charSequence, int i, int
            i1, int i2) {
                //입력되는 텍스트가 변경될 때
            }
            @Override
            public void afterTextChanged(Editable editable) {
                // 입력후
                if(editable.toString().equals("phone")) {
                    Intent in = new Intent(Intent.ACTION_VIEW,
                    Uri.parse("tel:"));
                    startActivity(in);
                    editable.clear();

                } else if(editable.toString().equals("naver")) {
```

```
                } else if(editable.toString().equals("ysucomputer")) {

                }
            }
        });
    }
}
```

naver 사이트와 영산대 컴퓨터공학부 모바일 브라우저로 접속하기 위해 다음과 같은 코드를 입력한다.

```
public class MainActivity extends AppCompatActivity {
    @Override
    protected void onCreate(Bundle savedInstanceState) {
        super.onCreate(savedInstanceState);
        setContentView(R.layout.activity_main);

        EditText et1 = (EditText) findViewById(R.id.editText2);
        et1.setText("");
        et1.setHint("하고자하는 명령입력 바람!");

        et1.addTextChangedListener(new TextWatcher() {
            @Override
            public  void  beforeTextChanged(CharSequence  charSequence,  int  i,
            int i1, int i2) {
                //입력 전
            }
            @Override
            public  void  onTextChanged(CharSequence  charSequence,  int  i,  int
            i1, int i2) {
                //입력되는 텍스트가 변경될 때
            }
            @Override
            public void afterTextChanged(Editable editable) {
                // 입력후
                if(editable.toString().equals("phone")) {
                    Intent    in    =    new    Intent(Intent.ACTION_VIEW,
```

```
                    Uri.parse("tel:"));
                    startActivity(in);
                    editable.clear();

                } else if(editable.toString().equals("naver")) {
                    Intent    in    =    new    Intent(Intent.ACTION_VIEW,
                    Uri.parse("http://m.naver.com"));
                    startActivity(in);
                    editable.clear();
                } else if(editable.toString().equals("ysucomputer")) {
                    Intent in = new Intent(Intent.ACTION_VIEW,
                                    Uri.parse("http://ce.ysu.ac.kr"));
                    startActivity(in);
                    editable.clear();
                }
            }
        });
    }
}
```

[실행 결과]

- phone 입력

- naver 입력

- ysucomputer 입력

다음 코드는 다양한 인텐트 호출 예제이다.

```
// 임의의 웹페이지 실행하기
Uri uri = Uri.parse("http://www.google.com");
Intent in  = new Intent(Intent.ACTION_VIEW, uri);
startActivity(in);

//영산대학교 위도, 경도:35.4287887,129.14594999999997
// 구글지도 실행하기
Uri uri = Uri.parse("geo:35.4287887,129.14594999999997");
Intent it = new Intent(Intent.ACTION_VIEW,uri);
startActivity(it);

// 전화 걸기 실행하기
Uri uri = Uri.parse("tel:123-1234-1234");
Intent in = new Intent(Intent.ACTION_DIAL, uri);
startActivity(in);

// SMS/MMS 발송
Intent in = new Intent(Intent.ACTION_SENDTO, Uri.parse("smsto:" +
            "01028050969"));
in.putExtra("sms_body", "message 보냅니다.");
startActivity(in);

<uses-permission android:name="android.permission.RECEIVE_SMS" />
<uses-permission android:name="android.permission.INTERNET" />
<uses-permission android:name="android.permission.RECEIVE_MMS" />
<uses-permission android:name="android.permission.READ_SMS" />
<uses-permission android:name="android.permission.RECEIVE_WAP_PUSH" />
<uses-permission android:name="android.permission.WRITE_SMS" />
<uses-permission android:name="android.permission.SEND_SMS" />

// MMS 발송
Uri uri = Uri.parse("content://media/external/images/media/23");
Intent in = new Intent(Intent.ACTION_SEND);
in.putExtra("sms_body", "some text");
in.putExtra(Intent.EXTRA_STREAM, uri);
in.setType("image/png");
```

```
startActivity(in);

// 이메일 발송
Uri uri = Uri.parse("mailto:minpo@ysu.ac.kr");
Intent in = new Intent(Intent.ACTION_SENDTO, uri);
startActivity(in);

// 이메일 발송
Intent in = new Intent(Intent.ACTION_SEND);
in.putExtra(Intent.EXTRA_EMAIL, "minpo@ysu.ac.kr");
in.putExtra(Intent.EXTRA_TEXT, "The email body text!! Good Morning");
in.setType("text/plain");
startActivity(Intent.createChooser(in, "Choose Email Client"));

// 이메일 발송
Intent in = new Intent(Intent.ACTION_SEND);
String[] tos = {"minpo@ysu.ac.kr"};
String[] ccs = {"minpo@naver.com"};
in.putExtra(Intent.EXTRA_EMAIL, tos);
in.putExtra(Intent.EXTRA_CC, ccs);
in.putExtra(Intent.EXTRA_TEXT, "The email body text");
in.putExtra(Intent.EXTRA_SUBJECT, "The email subject text");
in.setType("message/rfc822");
startActivity(Intent.createChooser(in, "Choose Email Client"));

// extra 추가하기
Intent in = new Intent(Intent.ACTION_SEND);
in.putExtra(Intent.EXTRA_SUBJECT, "The email subject text");
in.putExtra(Intent.EXTRA_STREAM, "file:///sdcard/song.mp3");
in.setType("audio/mp3");
startActivity(Intent.createChooser(in, "Choose Email Client"));

// 구글 검색
Intent in = new Intent();
in.setAction(Intent.ACTION_WEB_SEARCH);
in.putExtra(SearchManager.QUERY,"영산대학교 컴퓨터공학부를 찾아라");
startActivity(in);
```

4.7 응용프로그램 만들어보기 III

지금까지 배운 EditText, Button, TextView를 사용하여, 계산기 프로그램 만들어보자. 첫 번째 수와 두 번째 수를 입력 받기 위한 EditText 2개, 사칙 연산을 연산하기 위한 4개의 버튼, 결산 결과를 바로 보여주는 TextView 1개를 아래의 [그림 4-6]처럼 디자인한다.

[그림 4-6] 실계산기 실행 화면 디자인

프로그램의 조건은 다음과 같다.

1) +, -, *, / 버튼을 선택하면, 선택된 연산으로 계속 계산한다.

2) 선택된 버튼은 background color를 YELLOW로 설정한다.

3) 0으로 나누어지거나 숫자가 아닌 정보가 들어오면 오류 메시지를 결과 값에 출력한다.

구현된 코드는 아래와 같다.

```
public class MainActivity extends AppCompatActivity {
    float first = 0f;
    float second = 0f;
    float result = 0f;
    int defaultStatus = 0; //0 : plus, 1:minus, 2: multiply, 3: divide

    @Override
    protected void onCreate(Bundle savedInstanceState) {
        super.onCreate(savedInstanceState);
        setContentView(R.layout.activity_main);

        final EditText et1 = (EditText) findViewById(R.id.editText5);
        et1.setText("");
        et1.setHint("첫 번째 수를 입력하세요.");

        final EditText et2 = (EditText) findViewById(R.id.editText6);
        et2.setText("");
        et2.setHint("두 번째 수를 입력하세요.");

        final TextView tv = (TextView) findViewById(R.id.textView10);
        tv.setText("");
        tv.setTextSize(20);
        tv.setTextColor(Color.RED);

        final Button plus = (Button) findViewById(R.id.button3);
        plus.setBackgroundColor(Color.YELLOW);
        defaultStatus = 0; //plus
        final Button minus = (Button) findViewById(R.id.button4);
        final Button multiiply = (Button) findViewById(R.id.button5);
        final Button devide = (Button) findViewById(R.id.button6);

        plus.setOnClickListener(new View.OnClickListener() {
            @Override
            public void onClick(View view) {
                defaultStatus = 0;
                plus.setBackgroundColor(Color.YELLOW);
                minus.setBackgroundColor(Color.WHITE);
```

```
        multiiply.setBackgroundColor(Color.WHITE);
        devide.setBackgroundColor(Color.WHITE);
        try {
            first = Float.parseFloat(et1.getText().toString());
            second = Float.parseFloat(et2.getText().toString());

            if(defaultStatus == 0) {
                tv.setText((first + second) + "");
            } else if(defaultStatus == 1) {
                tv.setText((first - second) + "");
            } else if(defaultStatus == 2) {
                tv.setText((first * second) + "");
            } else {
                tv.setText((first / second) + "");
            }
        } catch (NumberFormatException nfe) {
            tv.setText("수식이 완성되지 안았습니다.");
        }
    }
});
minus.setOnClickListener(new View.OnClickListener() {
    @Override
    public void onClick(View view) {
        defaultStatus = 1;
        plus.setBackgroundColor(Color.WHITE);
        minus.setBackgroundColor(Color.YELLOW);
        multiiply.setBackgroundColor(Color.WHITE);
        devide.setBackgroundColor(Color.WHITE);
        try {
            first = Float.parseFloat(et1.getText().toString());
            second = Float.parseFloat(et2.getText().toString());

            if(defaultStatus == 0) {
                tv.setText((first + second) + "");
            } else if(defaultStatus == 1) {
                tv.setText((first - second) + "");
            } else if(defaultStatus == 2) {
                tv.setText((first * second) + "");
```

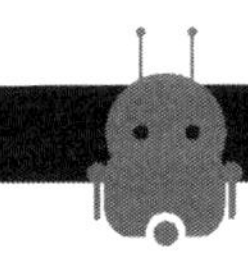


```
                } else {
                    tv.setText((first / second) + "");
                }
            } catch (NumberFormatException nfe) {
                tv.setText("수식이 완성되지 안았습니다.");
            }
        }
    });
    multiiply.setOnClickListener(new View.OnClickListener() {
        @Override
        public void onClick(View view) {
            defaultStatus = 2;
            plus.setBackgroundColor(Color.WHITE);
            minus.setBackgroundColor(Color.WHITE);
            multiiply.setBackgroundColor(Color.YELLOW);
            devide.setBackgroundColor(Color.WHITE);
            try {
                first = Float.parseFloat(et1.getText().toString());
                second = Float.parseFloat(et2.getText().toString());

                if(defaultStatus == 0) {
                    tv.setText((first + second) + "");
                } else if(defaultStatus == 1) {
                    tv.setText((first - second) + "");
                } else if(defaultStatus == 2) {
                    tv.setText((first * second) + "");
                } else {
                    tv.setText((first / second) + "");
                }
            } catch (NumberFormatException nfe) {
                tv.setText("수식이 완성되지 안았습니다.");
            }
        }
    });
    devide.setOnClickListener(new View.OnClickListener() {
        @Override
        public void onClick(View view) {
```

```
                defaultStatus = 3;
                plus.setBackgroundColor(Color.WHITE);
                minus.setBackgroundColor(Color.WHITE);
                multiiply.setBackgroundColor(Color.WHITE);
                devide.setBackgroundColor(Color.YELLOW);
                try {
                    first = Float.parseFloat(et1.getText().toString());
                    second = Float.parseFloat(et2.getText().toString());

                    if(defaultStatus == 0) {
                        tv.setText((first + second) + "");
                    } else if(defaultStatus == 1) {
                        tv.setText((first - second) + "");
                    } else if(defaultStatus == 2) {
                        tv.setText((first * second) + "");
                    } else {
                        tv.setText((first / second) + "");
                    }
                } catch (NumberFormatException nfe) {
                    tv.setText("수식이 완성되지 안았습니다.");
                }
            }
        });

        et1.addTextChangedListener(new TextWatcher() {
            @Override
            public void beforeTextChanged(CharSequence charSequence, int i,
int i1, int i2) {
                //입력 전
            }

            @Override
            public void onTextChanged(CharSequence charSequence, int i, int
i1, int i2) {
                //입력되는 텍스트가 변경될 때
            }
```

```
            @Override
            public void afterTextChanged(Editable editable) {
                // 입력후

                try {
                    first = Float.parseFloat(editable.toString());
                    second = Float.parseFloat(et2.getText().toString());

                    if(defaultStatus == 0) {
                        tv.setText((first + second) + "");
                    } else if(defaultStatus == 1) {
                        tv.setText((first - second) + "");
                    } else if(defaultStatus == 2) {
                        tv.setText((first * second) + "");
                    } else {
                        tv.setText((first / second) + "");
                    }
                } catch (NumberFormatException nfe) {
                    tv.setText("수식이 완성되지 않았습니다.");
                }

            }
        });

        et2.addTextChangedListener(new TextWatcher() {
            @Override
            public void beforeTextChanged(CharSequence charSequence, int i,
int i1, int i2) {
                //입력 전
            }

            @Override
            public void onTextChanged(CharSequence charSequence, int i, int
i1, int i2) {
                //입력되는 텍스트가 변경될 때
            }

            @Override
            public void afterTextChanged(Editable editable) {
                // 입력후
```

```
                try {
                    first = Float.parseFloat(et1.getText().toString());
                    second = Float.parseFloat(editable.toString());

                    if(defaultStatus == 0) {
                        tv.setText((first + second) + "");
                    } else if(defaultStatus == 1) {
                        tv.setText((first - second) + "");
                    } else if(defaultStatus == 2) {
                        tv.setText((first * second) + "");
                    } else {
                        tv.setText((first / second) + "");
                    }
                } catch (NumberFormatException nfe) {
                    tv.setText("수식이 완성되지 않았습니다.");
                }
            }
        });

    }
}
```

[실행 결과]

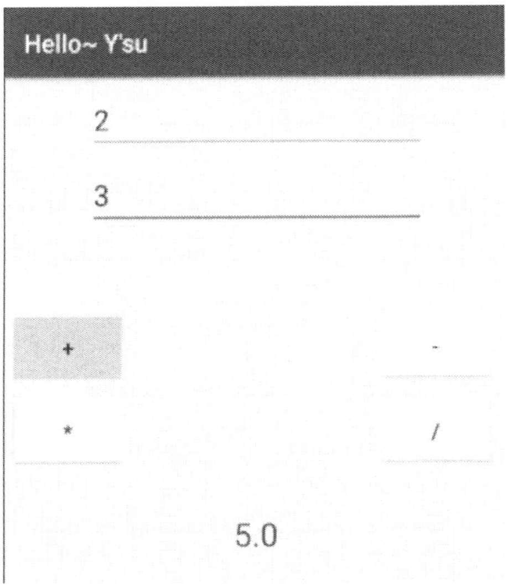

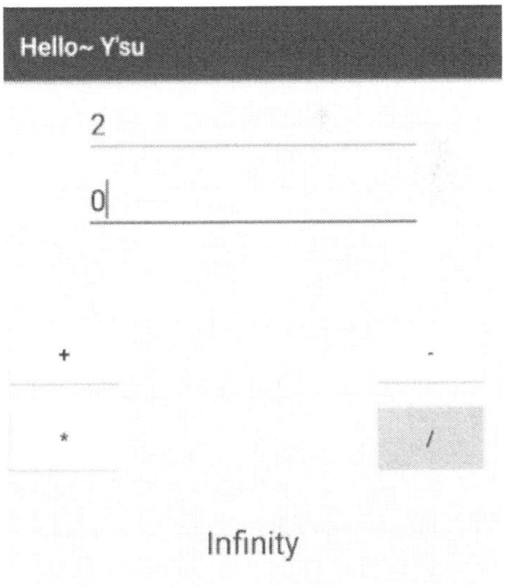

Hello~ Y'su	Hello~ Y'su
2	2
3	0
+ -	+ -
* /	* /
5.0	Infinity

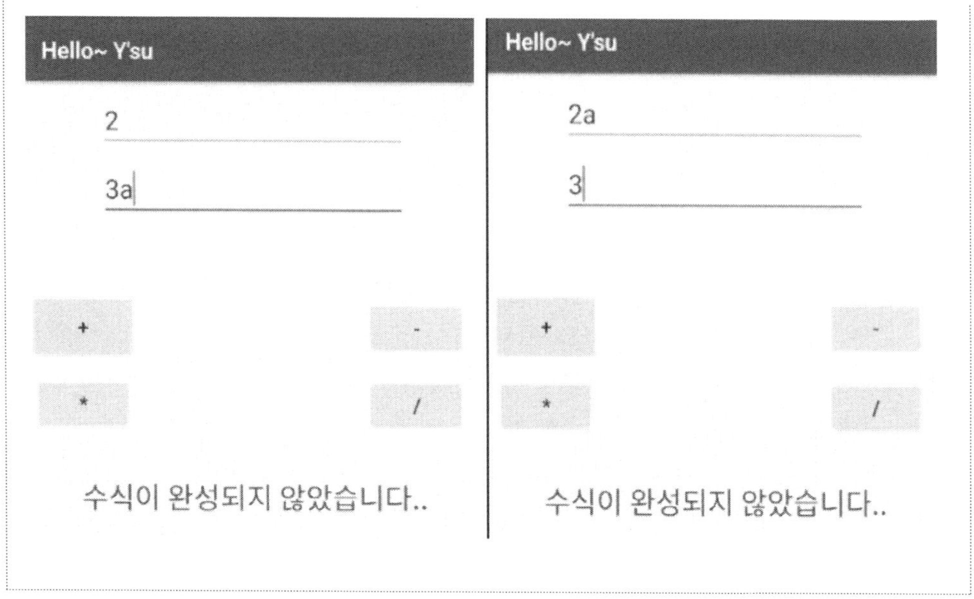

Hello~ Y'su

2

3a

\+ -

* /

수식이 완성되지 않았습니다..

Hello~ Y'su

2a

3

\+ -

* /

수식이 완성되지 않았습니다..

참·고·자·료

[1] Button 위젯 상속도,

https://developer.android.com/reference/android/widget/ EditText.html

[2] JAVA 배열(Array),

https://docs.oracle.com/javase/tutorial/java/nutsandbolts/ arrays.html

화면 해상도 이해하기 5

이번 장에서는 화면 해상도와 dpi, px, dp, dip, sp의 개념을 이해하고 실습한다.

5.1 dpi, px, dp, dip, sp의 이해

학습목표

dpi, px, dp, dip, sp를 이해한다.

dpi는 Dot Per Inch의 약어이다. 1 인치(inch)에 포함된 픽셀(pixel) 수를 의미한다. 1 인치는 2.54cm이다.

dp 또는 dip는 Density Independent Pixels의 약어이다. 크기가 다른 dpi의 단말기에서도 1 dp는 동일한 크기를 의미한다. dp는 160dpi(mdpi)를 기준으로 어떤 dpi에서도 동일한 크기와 위치를 표현할 수 있다. 기준은 mdpi이고 1dp가 1px이다. 예를 들어, mdpi를 기준으로 하여 100px 높이가 설정되었다면 100dp를 사용하면 된다.
mdpi는 구형 단말기에서 사용하기 때문에 요즘은 xhdpi를 많이 사용한다. xhdpi는 mdpi의 2배밀도이기 때문에 10px는 5dp로 사용된다.

[표 5-1] dpi의 종류에 따른 dpi

dpi	밀도	pixel	device[2]
ldpi (Low)	120dpi	0.75px	-
mdpi (Medium)	160dpi	1px	Galaxy Tab 10, Surface
hdpi (High)	240dpi	1.5px	Android One, Surface Pro 3
xhdpi (Extra)	320dpi	2px	Dell Venue 8, Surface Pro 4
xxhdpi (Extra Extra)	480dpi	3px	Google Pixel, LG G3
xxxhdpi (Extra Extra Extra)	640dpi	4px	Google Pixel XL, S7, S7 Edge, S8, S8+

[표 5-2] Android SDK의 에뮬레이터 스킨에서 사용 가능한 다양한 화면구성과 기타 대표 해상도

	저밀도(120), *ldpi*	중간 밀도(160), *mdpi*	고밀도(240), *hdpi*	초고밀도(320), *xhdpi*
소형 화면	**QVGA (240x320)**		480x640	
보통 화면	**WQVGA400 (240x400)** **WQVGA432 (240x432)**	**HVGA (320x480)**	**WVGA800 (480x800)** **WVGA854 (480x854)** 600x1024	640x960
대형 화면	**WVGA800** (480x800)** **WVGA854** (480x854)**	**WVGA800* (480x800)** **WVGA854* (480x854)** 600x1024		
초대형 화면	1024x600	**WXGA (1280x800)**[†] 1024x768 1280x768	1536x1152 1920x1152 1920x1200	2048x1536 2560x1536 2560x1600

sp는 Scale Independent Pixels의 약어이다. sp는 dp와 유사하지만 디바이스의 Font 크기설정에 따라 크기가 변경된다. 일반적으로 sp는 글꼴크기를 지정할 때 사용하는 것이 바람직하다.

dp와 px간의 변환 공식은 다음과 같다.

```
px = dp * (160/dpi) = dp * density
dp = px / (160/dpi) = px / density

ldpi의 density(pixel) = dp/density = 120/160(mdpi) = 0.75px
mdpi의 density(pixel) = dp/density = 160/160(mdpi) = 1.0px 로 구할 수 있다.
```

dpi와 density 구하는 방법

```
DisplayMetrics outMetrics = new DisplayMetrics();
getWindowManager().getDefaultDisplay().getMetrics(outMetrics);
int dpi = outMetrics.densityDpi;
float density =  outMetrics.density;
```

java 코드에서 dp를 px로 바꾸는 방법

```
public int dpToPixel(int dp){
   int   px   =   TypedValue.applyDimension(TypedValue.COMPLEX_UNIT_DIP,   DP,
context.getResources().getDisplayMetrics());
}
```

일반적으로, 레이아웃 등의 UI에는 dp(dip)를 사용하는 것이 바람직하고, 글자 크기에는 sp를 사용하는 것이 바람직하다. px 단위는 사용하지 않는 것이 좋다.

5.2 실행되는 디바이스에 대한 크기를 pixel, DPI, Inch로 표현하는 프로그램을 작성

```
public class MainActivity extends AppCompatActivity {
    @Override
    protected void onCreate(Bundle savedInstanceState) {
        super.onCreate(savedInstanceState);
        setContentView(R.layout.activity_main);

        DisplayMetrics displayMetrics = new DisplayMetrics();
        getWindowManager().getDefaultDisplay().getMetrics(displayMetrics);

        // pixel 화면 가로 크기
        float widthPixels = displayMetrics.widthPixels;
        float heightPixels = displayMetrics.heightPixels;

        DecimalFormat df = new DecimalFormat("#,###");

        TextView pix = (TextView) findViewById(R.id.textView11);
        pix.setText("Pixel :" + df.format(widthPixels) + " X " + df.format(heightPixels));

        // DPI 화면 가로 크기
        float widthDPI  = displayMetrics.xdpi;
        float heightDPI = displayMetrics.ydpi;

        TextView dpi = (TextView) findViewById(R.id.textView12);
        dpi.setText("DPI :" + df.format(widthDPI) + " X " + df.format(heightDPI));

        // Inch 화면 가로 크기
        float widthInch  = displayMetrics.widthPixels / displayMetrics.xdpi;
        float heightInch = displayMetrics.heightPixels / displayMetrics.ydpi;

        TextView inch = (TextView) findViewById(R.id.textView13);
```

```
        inch.setText("Inch :" + df.format(widthInch) + " X " + df.format(heightInch));
    }
}
```

[실행 결과 : Pixel_XL_API_27]

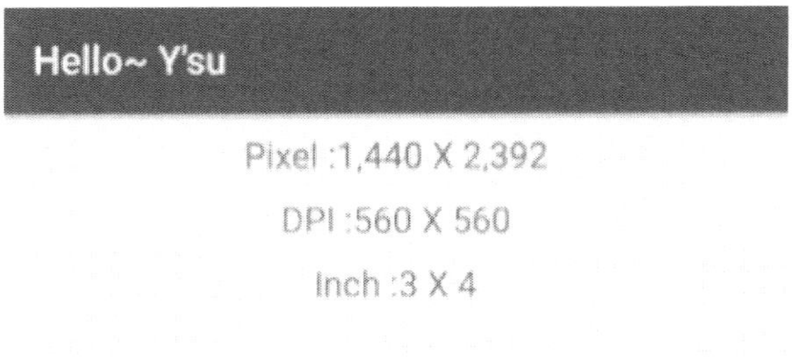

Hello~ Y'su

Pixel :1,440 X 2,392

DPI :560 X 560

Inch :3 X 4

[실행 결과 : Nexus_5X_API_27]

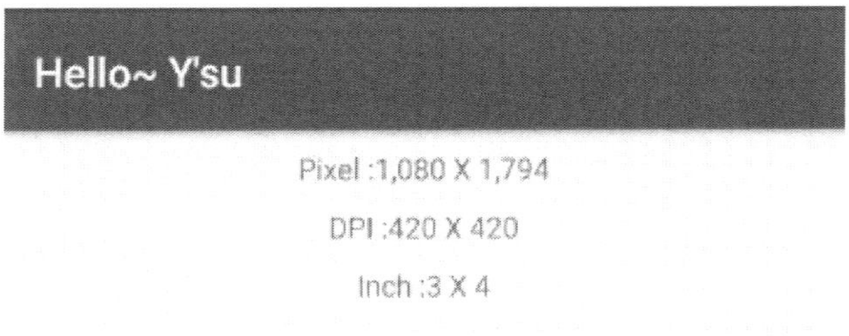

Hello~ Y'su

Pixel :1,080 X 1,794

DPI :420 X 420

Inch :3 X 4

[실행 결과 : Nexus_4_API_25]

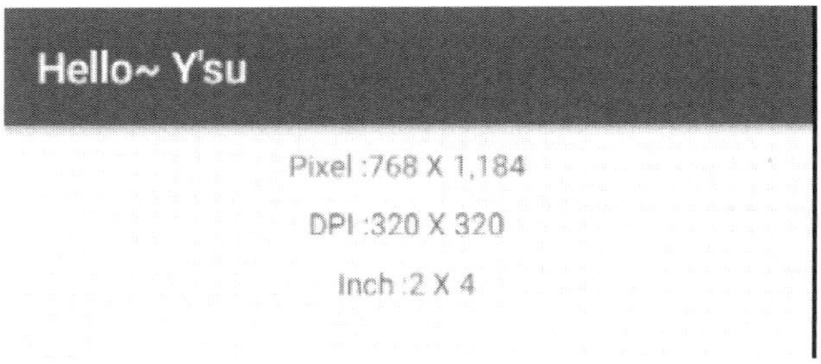

Hello~ Y'su

Pixel :768 X 1,184

DPI :320 X 320

Inch :2 X 4

참·고·자·료

[1] mdpi, hdpi, xhdpi, xxhdpi, xxxhdpi 개념, https://developer.android.com/guide/practices/screens_support.html?hl=ko

[2] 안드로이드 해상도별 지원 기기 정보, https://material.io/devices/

ImageViewer 위젯 사용해보기

6

이번 장에서는 이미지를 보여주는 ImageViewer 위젯을 이해하고 실습한다.

6.1 ImageViewe 위젯 사용

학습목표

ImageViewer 사용법을 익힌다.

안드로이드 앱의 대부분은 텍스트와 이미지로 구성되어 있다. 이미지를 표시하기 위해 ImageView 위젯을 사용한다. [그림 6-1]처럼 ImageView는 android.view.View 클래스에서 상속되었기 때문에, View 클래스에서 사용되는 기능을 그대로 사용할 수 있다.

ImageView

```
public class ImageView
extends View
```

java.lang.Object
　↳ android.view.View
　　　↳ android.widget.ImageView

[그림 6-1] ImageView 상속도

ImageView 위젯을 사용하기 위해, 먼저 이미지(Image)를 /res/Drawable에 이미지를 추가한다. 이미지를 추가할 때 주의할 점이 있다.

- 이미지 이름은 한글이 오면 안 된다. (한글.jpg)
- 숫자가 맨 앞에 오면 안 된다. (2abc.jpg)
- 이름 사이에 공백이 오면 안 된다. (a b c.jpg)

- 이름에 대문자가 들어가면 안 된다. (ABc.jpg)
- 이미지의 크기를 조정하여 메모리에 최적화 시켜야 오류가 적다.

/res/Drawable에 com.jpg 이미지를 추가하는 과정은 다음과 같다. 원본 파일인 com.jpg 파일이 위치한 곳에서 "복사하기"를 선택하여 [그림 6-2]처럼 /res/Drawable 위치에서 "붙여넣기(Paste)"를 한다.

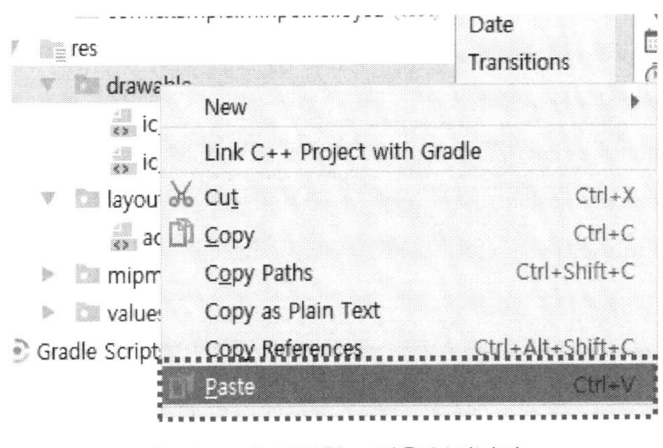

[그림 6-2] 복사한 그림을 붙여넣기

[그림 6-3]에서 그림을 복사하기 전에 복사될 이름을 먼저 묻고 있다. 이름에 오류가 없는지 한 번 더 확인해야 한다.

[그림 6-3] 그림 이름 확인하기

[그림 6-4]에서 /res/drawable에 com.png가 복사된 것을 확인할 수 있다.

[그림 6-4] /res/drawable에 복사

다음 단계는 [그림 6-5]처럼 ImageView 위젯을 끌어와서 배치시킨다.

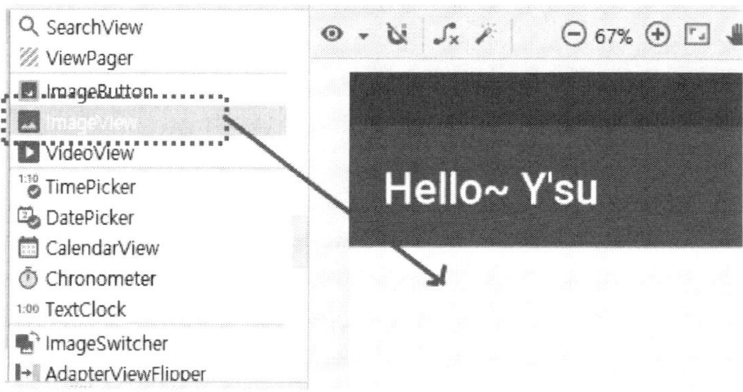

[그림 6-5] ImageView 위젯 끌어다놓기(drag)

ImageView를 배치시키면 자동으로 [그림 6-6]과 같은 화면이 팝업(pop-up) 된다.

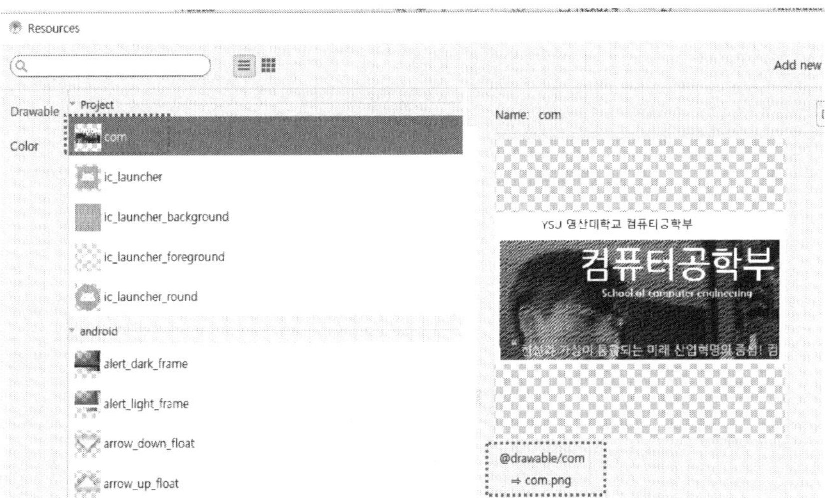

[그림 6-6] 리소스(Resource) 선택 화면

그림을 선택한 후, 배치된 결과는 [그림 6-7]과 같다.

[그림 6-7] 이미지 배치 결과

[그림 6-7]을 배치한 activity_main.xml의 결과는 다음과 같다.

```
<ImageView
        android:id="@+id/imageView"
        android:layout_width="384dp"
        android:layout_height="315dp"
        app:srcCompat="@drawable/com"
        tools:layout_editor_absoluteX="0dp"
        tools:layout_editor_absoluteY="0dp"
/>
```

6.2 코드에서 Image를 변경해보기

ImageView에 표시되는 이미지를 코드에서 변경하는 절차를 살펴보자. 먼저 findViewById() 함수를 사용하여 ImageView에 대한 참조(reference)를 얻는다. 얻어온 참조를 사용하여 setImageResource()를 호출하여 이미지를 변경한다.

findViewById()에서 사용하는 R.id.imageView 값은 이미지를 포함하고 있는 틀(holder, 액자)의 ID 값을 의미한다. 그 틀에 배치할 이미지는 "com.jpg"를 의미하는 R.drawable.com 값이 된다.

```
public class MainActivity extends AppCompatActivity {
    @Override
    protected void onCreate(Bundle savedInstanceState) {
        super.onCreate(savedInstanceState);
        setContentView(R.layout.activity_main);

        ImageView iv = (ImageView) findViewById(R.id.imageView);
        iv.setImageResource(R.drawable.com);
    }
}
```

6.3 모바일 액자 앱 구현하기

모바일 액자 앱의 기능은 여러 장의 사진을 다음(Next) 버튼을 눌러 다음 사진을 보여주고 이전(Prev) 버튼을 사용하여 이전 사진을 보여준다. 사진 5장을 준비하자. 항상 저작권에 주의하고 직접 촬영한 사진을 사용하는 것을 추천한다. 알씨(AlSee) 도구를 사용하여 이미지 크기를 동일하게 500×400 크기로 재조정하자.

사진 5장의 이름을 "com.png "second.png", "third.png", "fourth.png", "fifth.png"로 설정한다. 파일의 확장자는 jpg, png 모두 사용될 수 있다. 주의할 점은 사진의 용량이 너무 크면 에뮬레이터 실행 시, 메모리 부족으로 오류가 발생한다. 또한 이미지 파일의 이름을 지정할 때, 이름 규칙에 따라 지정해야 한다.

변환된 이미지 파일을 [그림 6-8]처럼 /res/drawable에 복사해 넣자.

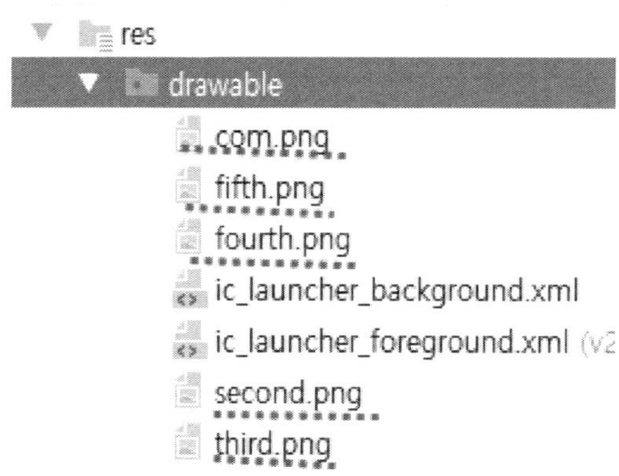

[그림 6-8] /res/drawable에 사진 복사

[그림 6-9]처럼 복사된 그림에서 “com.png” 파일을 첫 번째 파일로 사용하여 ImageView 위젯을 사용하여 배치하자. 다음은 “이전 사진” 버튼과 “다음 사진” 버튼을 배치하자.

[그림 6-9] 첫 화면 배치 (2개의 Button 위젯, 1개의 ImageView 위젯)

다음 단계는 첫 화면에 배치된 “이전 사진” 버튼과 “다음 사진” 버튼에 대한 코드를 추가하자.

```
public class MainActivity extends AppCompatActivity {
    @Override
    protected void onCreate(Bundle savedInstanceState) {
        super.onCreate(savedInstanceState);
        setContentView(R.layout.activity_main);

        //1개의 ImageView에 대한 참조 얻기
        ImageView iv = (ImageView) findViewById(R.id.imageView);
```

```
        //2개의 버튼에 대한 참조 얻기
        Button prev = (Button) findViewById(R.id.button);
        Button next = (Button) findViewById(R.id.button2);

        //2개의 버튼에 대한 이벤트 코드 추가하기
        prev.setOnClickListener(new View.OnClickListener() {
            @Override
            public void onClick(View view) {

            }
        });

        next.setOnClickListener(new View.OnClickListener() {
            @Override
            public void onClick(View view) {

            }
        });
    }
}
```

다음 단계는 "다음 버튼"을 선택하면 현재의 "com.png"에서 "second.png"로 넘어가는 프로그램을 작성해보자.

"다음 버튼"이 선택되면 실행되는 "next.setOnClickListener()"에서 다음 사진을 보여주는 코드를 넣는다. 아래의 코드처럼 "iv.setImageResource(R.drawable.second);"를 추가한다. "R.drawable.second"는 두 번째 사진을 의미한다. 코드를 모두 입력하고 나면, iv 변수에 오류가 발생한다.

```
        ImageView iv = (ImageView) findViewById(R.id.imageView);

        next.setOnClickListener(new View.OnClickListener() {
            @Override
            public void onClick(View view) {
                iv.setImageResource(R.drawable.second);
            }
        });
```

오류가 발생하는 원인은 iv 변수는 onCreate() 함수에서 정의되었는데 onCreate() 함수가 실행 종료가 되면 iv 변수는 메모리에서 사라지게 된다. iv 변수가 사라진 뒤에 "다음 버튼 "이 선택되어 "next.setOnClickListener()"가 호출되면 이미 사라진 iv 변수를 호출하게 된다.

오류를 해결하는 방법은 iv 변수를 선언(declare)할 때, final 키워드를 사용한다. final 키워드가 변수 앞에 있으면 iv 값은 더 이상 변경할 수 없는 "상수"가 된다. 상수가 되면 iv 변수는 프로그램이 종료할 때까지 존재하는 변수로 속성이 된다. 다음과 같이 코드를 변경한다.

```
public class MainActivity extends AppCompatActivity {
    @Override
    protected void onCreate(Bundle savedInstanceState) {
        super.onCreate(savedInstanceState);
        setContentView(R.layout.activity_main);

        final ImageView iv = (ImageView) findViewById(R.id.imageView);

        Button prev = (Button) findViewById(R.id.button);
        Button next = (Button) findViewById(R.id.button2);

        prev.setOnClickListener(new View.OnClickListener() {
            @Override
            public void onClick(View view) {

            }
        });

        next.setOnClickListener(new View.OnClickListener() {
            @Override
            public void onClick(View view) {
                iv.setImageResource(R.drawable.second);

            }
        });
    }
}
```

다음 단계는 “다음 버튼”을 선택하면 차례대로 사진을 보여주는 코드를 추가하자.

[그림 6-10]처럼 실제에서는 com.png -> second.png -> third.png -> fourth.png -> fifth.png 순서로 사진이 보여지길 바란다. 안드로이드에서는 각각의 사진을 하나의 상태로 표현한다. com.png는 상태 ‘0’, second.png는 상태 ‘1’, third.png는 상태 ‘2’, fourth.png는 상태 ‘3’, fifth.png는 상태 ‘4’로 매칭한다. 즉, 안드로이드 프로그래밍에서는 0 -> 1 -> 2 -> 3 -> 4 -> 5 순서로 상태가 변경된다. 이 상태 값을 저장하는 변수를 status로 선언한다. 변수란 컴퓨터 프로그램이 변하는 임시 값을 저장하는 컴퓨터 메모리 장소로 정의된다.

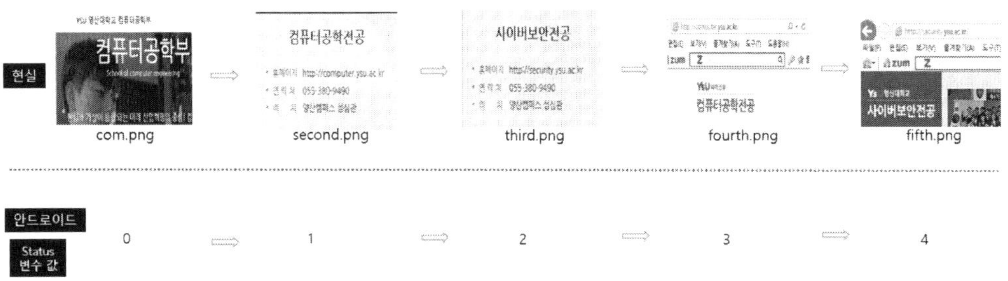

[그림 6-10] 현실 세계의 사진 움직임을 컴퓨터 메모리에서의 사진 움직임으로 정의

“다음 사진”에 대하여 구현된 코드는 다음과 같다.

```
public class MainActivity extends AppCompatActivity {
    int status = 0; //0 : 첫 번째 사진으로 설정

    @Override
    protected void onCreate(Bundle savedInstanceState) {
        super.onCreate(savedInstanceState);
        setContentView(R.layout.activity_main);

        final ImageView iv = (ImageView) findViewById(R.id.imageView);
        Button prev = (Button) findViewById(R.id.button);
        Button next = (Button) findViewById(R.id.button2);

        prev.setOnClickListener(new View.OnClickListener() {
            @Override
```

```
            public void onClick(View view) {

            }
        });

        next.setOnClickListener(new View.OnClickListener() {
            @Override
            public void onClick(View view) {
                status = status + 1;
                if(status == 0) { //첫 번째 사진
                    iv.setImageResource(R.drawable.com);
                } else if(status == 1) { //두 번째 사진
                    iv.setImageResource(R.drawable.second);
                } else if(status == 2) { //세 번째 사진
                    iv.setImageResource(R.drawable.third);
                } else if(status == 3) { //네 번째 사진
                    iv.setImageResource(R.drawable.fourth);
                } else if(status == 4) { //다섯 번째 사진
                    iv.setImageResource(R.drawable.fifth);
                }

            }
        });
    }
}
```

[실행 결과]

첫 번째 사진　　　　두 번째 사진

Hello~ Y'su

사이버보안전공

• 홈페이지 http://security.ysu.ac.kr
• 연 락 처 055-380-9490
• 위 치 양산캠퍼스 성심관

이전 사진 다음 사진 ⇒

세 번째 사진

Hello~ Y'su

http://computer.ysu.ac.kr

YsU 컴퓨터공학전공

이전 사진 다음 사진 ⇒

네 번째 사진

Hello~ Y'su

http://security.ysu.ac.kr/

Ys 영산대학교 사이버보안전공

이전 사진 다음 사진

다섯 번째 사진(마지막사진)

코딩된 프로그램을 실행하면, 사진을 차례대로 볼 수 있다. 하지만, 마지막 사진(다섯 번째 사진)에서 "다음 버튼"을 선택하면 마지막 사진만 계속 보인다. 즉, 0 -> 1 -> 2 -> 3 -> 4 상태에서 '4' 상태에서 다음 상태를 정의하지 않았기 때문이다. 마지막 사진에서 "다음 버튼"을 선택하면 첫 번째 사진으로 갈 수 있게 만들자. 즉, [그림 6-11]처럼 컴퓨터 메모리에서의 상태 변수인 status를 0 -> 1 -> 2 -> 3 -> 4 -> 0 -> 1 -> ... 로 변경한다.

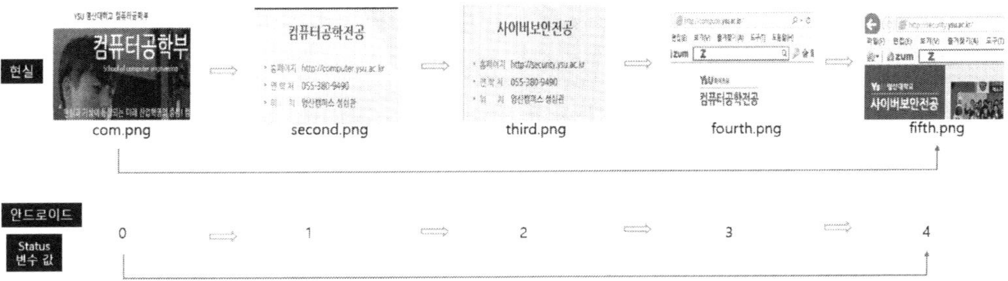

[그림 6-11] 마지막 사진에서 "다음 버튼"을 선택했을 때의 상태변화

```
public class MainActivity extends AppCompatActivity {
    int status = 0; //0 : 첫 번째 사진으로 설정

    @Override
    protected void onCreate(Bundle savedInstanceState) {
        super.onCreate(savedInstanceState);
        setContentView(R.layout.activity_main);

        final ImageView iv = (ImageView) findViewById(R.id.imageView);
        Button prev = (Button) findViewById(R.id.button);
        Button next = (Button) findViewById(R.id.button2);

        prev.setOnClickListener(new View.OnClickListener() {
            @Override
            public void onClick(View view) {

            }
        });

        next.setOnClickListener(new View.OnClickListener() {
            @Override
            public void onClick(View view) {
                status = status + 1;
                if(status == 5) status = 0; //마지막 사진이라면, 첫번째 사진으로

                if(status == 0) { //첫 번째 사진
                    iv.setImageResource(R.drawable.com);
```

```
                } else if(status == 1) { //두 번째 사진
                    iv.setImageResource(R.drawable.second);
                } else if(status == 2) { //세 번째 사진
                    iv.setImageResource(R.drawable.third);
                } else if(status == 3) { //네 번째 사진
                    iv.setImageResource(R.drawable.fourth);
                } else if(status == 4) { //다섯 번째 사진
                    iv.setImageResource(R.drawable.fifth);
                }
            }
        });
    }
}
```

"다음 버튼"과 같은 방식으로 "이전 버튼"을 만들어 보자. "다음 버튼"처럼 상태 코드가 늘어나는 것이 아니라 감소하게 된다. 즉, [그림 6-12]처럼 상태변수인 status가 0 -> 4 -> 3 -> 2 -> 1 -> 0 -> 4 -> ...로 상태가 변경된다.

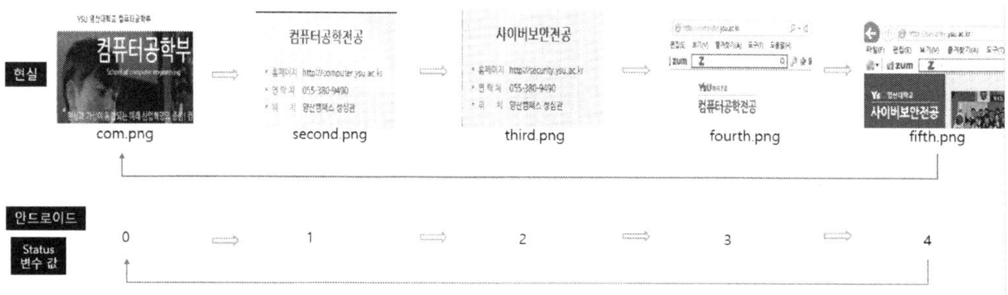

[그림 6-12] 첫 번째 사진에서 "이전 버튼"을 선택했을 때의 상태변화

구현된 코드는 다음과 같다.

```
public class MainActivity extends AppCompatActivity {
    int status = 0; //0 : 첫 번째 사진으로 설정

    @Override
    protected void onCreate(Bundle savedInstanceState) {
```

```
super.onCreate(savedInstanceState);
setContentView(R.layout.activity_main);

final ImageView iv = (ImageView) findViewById(R.id.imageView);
Button prev = (Button) findViewById(R.id.button);
Button next = (Button) findViewById(R.id.button2);

prev.setOnClickListener(new View.OnClickListener() {
    @Override
    public void onClick(View view) {
        status = status - 1;
        if(status == -1) status = 4; //마지막 사진이라면, 첫번째 사진으로

        if(status == 0) { //첫 번째 사진
            iv.setImageResource(R.drawable.com);
        } else if(status == 1) { //두 번째 사진
            iv.setImageResource(R.drawable.second);
        } else if(status == 2) { //세 번째 사진
            iv.setImageResource(R.drawable.third);
        } else if(status == 3) { //네 번째 사진
            iv.setImageResource(R.drawable.fourth);
        } else if(status == 4) { //다섯 번째 사진
            iv.setImageResource(R.drawable.fifth);
        }
    }
});

next.setOnClickListener(new View.OnClickListener() {
    @Override
    public void onClick(View view) {
        status = status + 1;
        if(status == 5) status = 0; //마지막 사진이라면, 첫번째 사진으로

        if(status == 0) { //첫 번째 사진
            iv.setImageResource(R.drawable.com);
        } else if(status == 1) { //두 번째 사진
            iv.setImageResource(R.drawable.second);
```

```
                } else if(status == 2) { //세 번째 사진
                    iv.setImageResource(R.drawable.third);
                } else if(status == 3) { //네 번째 사진
                    iv.setImageResource(R.drawable.fourth);
                } else if(status == 4) { //다섯 번째 사진
                    iv.setImageResource(R.drawable.fifth);
                }
            }
        });
    }
}
```

참·고·자·료

[1] 안드로이드 ImageView 상속도,
https://developer.android.com/reference/android/ widget/ImageView.html

안드로이드 사운드 응용해보기

7

이번 장에서는 안드로이드에서의 사운드를 이해하고 응용 프로그램을 만든다.

안드로이드 디바이스에서 사운드(소리)를 재생하고 관리하는 방법은 두 가지가 있다. 첫 번째는 MediaPlayer를 클래스를 사용하는 방법이다. 두 번째는 SoundPool 클래스를 이용하는 방법이다.

7.1 MediaPlayer로 안드로이드 사운드 프로그램 만들기

학습목표

안드로이드 MediaPlayer 클래스를 이해한다.

MediaPlayer는 [그림 7-1]과 같이 많은 다양한 상태 (Idle, Initialized, Prepared, Preparing, Started, Stopped, Paused, PlaybackCompleted)를 가지고 있다[1]. 즉, 여러분이 안드로이드 디바이스에서 소리를 나오게 하면 [그림 7-1]의 다양한 상태를 바꾸어 가면서 관리를 하게 된다. 상태에 맞지 않는 함수(Method)를 호출하게 되면 IllegalState Exception이 발생된다.

MediaPlayer는 다루는 미디어 파일들이 용량이 크기 때문에, 미디어 파일을 메모리에서 관리하는 버퍼 관련 콜백(Callback)들이 많다.

MediaPlayer를 사용하여 외부 URL에서 사운드를 스트리밍(Streaming) 하거나 재생 중에 화면이 어두워지거나 끄지는 것을 막기 위해 두 가지 권한을 AndroidManifest.xml에 추가한다.

```
<uses-permission android:name=" android.permission.INTERNET " />
<uses-permission android:name=" android.permission.WAKE_LOCK " />
```

MediaPlayer를 이용하여 소리를 재생하는 프로그램을 작성해보자.
먼저, 재생할 소리를 /res/raw 폴더에 MP3 파일을 복사해 넣자. image와 마찬가지로 파일의 이름에 주의해야 한다.

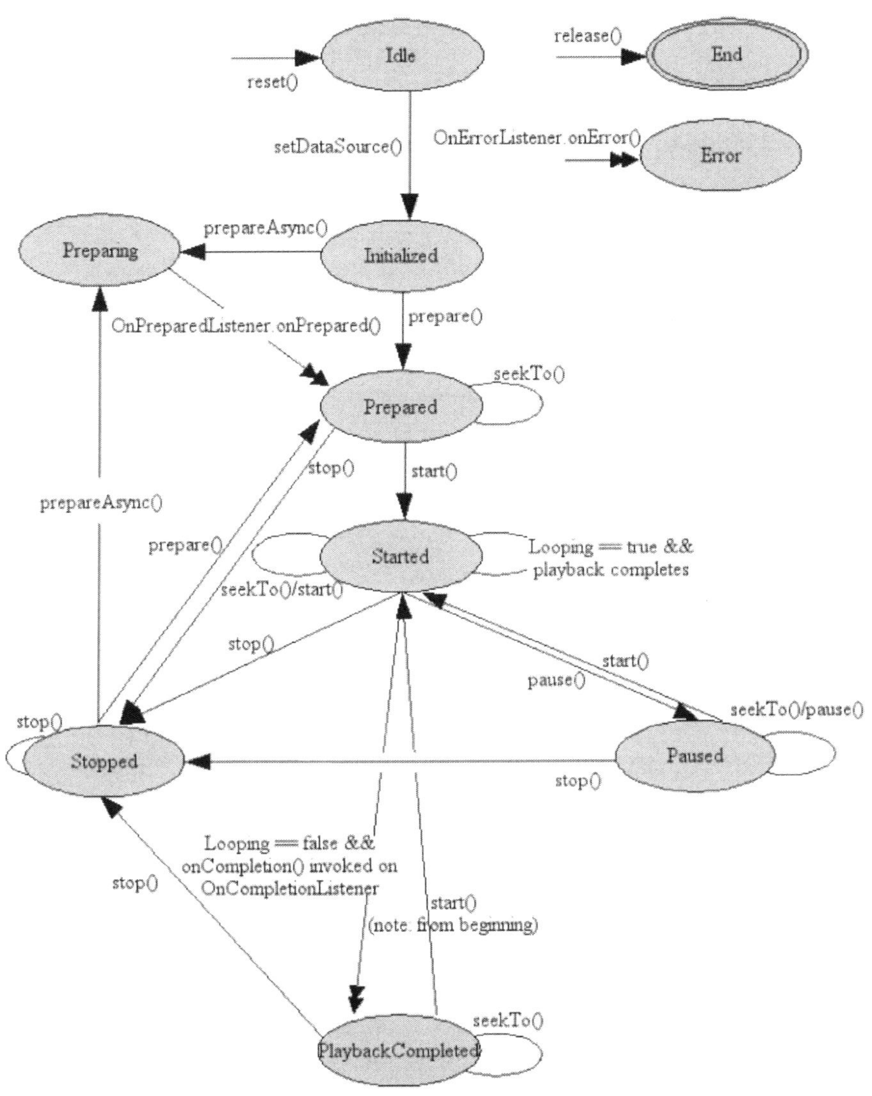

[그림 7-1] MediaPlayer 상태 전이도

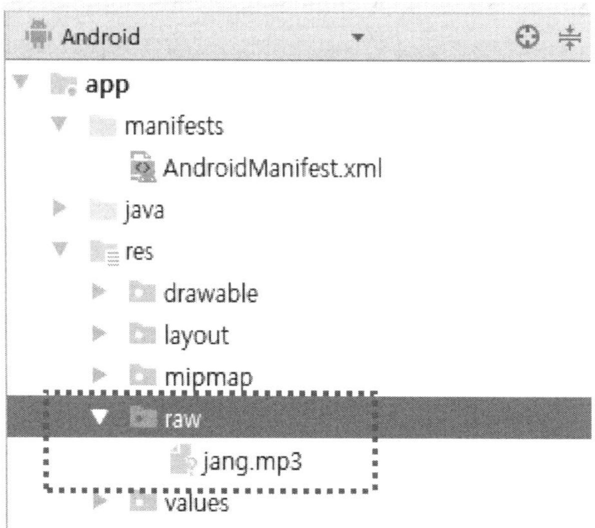

[그림 7-2] mp3 파일을 /res/raw에 복사하기

복사한 "jang.mp3" 파일을 재생하기 위해서 MediaPlayer 클래스를 사용한다. MediaPlayer 객체를 생성하고 /res/raw 폴더에 있는 파일의 resource id를 인수로 지정한다.

다음 단계는 [그림 7-3]처럼 3개의 버튼을 생성한다. 각각의 버튼 이름은 "Play", "Pause", "Stop"이다.

[그림 7-3] 3개의 버튼 생성

"Play" 버튼의 id는 button9, "Pause" 버튼의 id는 button10, "Stop" 버튼의 id는 button11이다. 각 버튼의 이벤트 리스너를 등록하자.

```
protected void onCreate(Bundle savedInstanceState) {
        super.onCreate(savedInstanceState);
        setContentView(R.layout.activity_main);

        Button play = (Button) findViewById(R.id.button9);
        Button pause = (Button) findViewById(R.id.button10);
        Button stop = (Button) findViewById(R.id.button11);

        play.setOnClickListener(new View.OnClickListener() {
            @Override
            public void onClick(View view) {

            }
        });

        pause.setOnClickListener(new View.OnClickListener() {
            @Override
            public void onClick(View view) {

            }
        });

        stop.setOnClickListener(new View.OnClickListener() {
            @Override
            public void onClick(View view) {

            }
        });
```

다음 단계는 mp3를 재생하기 위한 MediaPlayer를 생성한다.

```
mp = MediaPlayer.create(MainActivity.this, R.raw.jang);
```

MediaPlay 객체를 생성 후에 [그림 7-1]처럼 "Idle" 상태와 "Initialize" 상태를 통과하고 "stopped" 상태로 바로 가기위해, stop() 함수를 create() 함수 호출 후에 사용한다.

```
mp = MediaPlayer.create(MainActivity.this, R.raw.jang);
mp.stop();
```

[그림 7-1]처럼 “stopped” 상태에서 “Prepared” 상태로 가기 위해서 prepare() 함수를 사용한다. 다음의 예는 “stopped” 상태에서 “Prepared” 상태로 가서 “Started”에서 음악이 재생되는 코드이다. 아래의 코드는 버튼 상태와는 상관없이 재생된다.

```
MediaPlayer mp3;

    @Override
    protected void onCreate(Bundle savedInstanceState) {
        super.onCreate(savedInstanceState);
        setContentView(R.layout.activity_main);


        mp3 = MediaPlayer.create(MainActivity.this, R.raw.jang);
        mp3.stop();
        try {
            mp3.prepare();
        } catch (IOException e) {

        }
        mp3.start();


        Button play = (Button) findViewById(R.id.button9);
        Button pause = (Button) findViewById(R.id.button10);
        Button stop = (Button) findViewById(R.id.button11);

        play.setOnClickListener(new View.OnClickListener() {
            @Override
            public void onClick(View view) {

            }
        });
```

```
        pause.setOnClickListener(new View.OnClickListener() {
            @Override
            public void onClick(View view) {

            }
        });

        stop.setOnClickListener(new View.OnClickListener() {
            @Override
            public void onClick(View view) {

            }
        });
```

다음 단계는 "Stopped" 상태에서 "play" 버튼을 누르면 재생이 되고 "stop" 버튼을 누르면 재생이 멈추게 한다. 다시 "play" 버튼을 누르면 재생이 처음부터 된다.

```
MediaPlayer mp3;

    @Override
    protected void onCreate(Bundle savedInstanceState) {
        super.onCreate(savedInstanceState);
        setContentView(R.layout.activity_main);

        mp3 = MediaPlayer.create(MainActivity.this, R.raw.jang);
        mp3.stop();

        Button play = (Button) findViewById(R.id.button9);
        Button pause = (Button) findViewById(R.id.button10);
        Button stop = (Button) findViewById(R.id.button11);

        play.setOnClickListener(new View.OnClickListener() {
            @Override
            public void onClick(View view) {
                try {
                    mp3.prepare();
```

```
                } catch (IOException e) {

                }
                mp3.start();
            }
        });

        pause.setOnClickListener(new View.OnClickListener() {
            @Override
            public void onClick(View view) {

            }
        });

        stop.setOnClickListener(new View.OnClickListener() {
            @Override
            public void onClick(View view) {
                mp3.stop();
            }
        });
```

현재 단계에서 작성된 코드는 “play” 버튼을 다시 누르면 앱이 죽어버린다. [그림 7-1]에서 보듯이, 현재 mp3가 현재 play 중인 “Started” 상태인데, “Prepared“ 상태를 바로 호출하였기 때문이다. 반드시 ”Stopped“ 상태로 가서 ”Prepared“ 상태로 진입을 해야 한다.
이를 위해 mp3가 현재 음악을 재생 중인 것을 확인하는 “isPlaying()” 함수를 사용한다. 사용자에게 현재 음악이 재생 중이라는 것을 알리기 위해 버튼의 텍스트를 “재생중입니다.”로 변경하고 “setClickable()” 함수를 사용하여 버튼을 click하지 못하게 한다. “stop” 버튼에서는 현재 음악이 재생 중일때만 “stop()” 함수를 실행할 수 있게 한다.

```
MediaPlayer mp3;

    @Override
    protected void onCreate(Bundle savedInstanceState) {
        super.onCreate(savedInstanceState);
        setContentView(R.layout.activity_main);
```

```
mp3 = MediaPlayer.create(MainActivity.this, R.raw.jang);
mp3.stop();

final Button play = (Button) findViewById(R.id.button9);
Button pause = (Button) findViewById(R.id.button10);
final Button stop = (Button) findViewById(R.id.button11);
stop.setClickable(false);

play.setOnClickListener(new View.OnClickListener() {
    @Override
    public void onClick(View view) {
        if(!mp3.isPlaying()) {
            try {
                mp3.prepare();
            } catch (IOException e) {

            }
            mp3.start();
            play.setText("재생중입니다.");
            play.setClickable(false);
            stop.setClickable(true);
        }
    }
});

pause.setOnClickListener(new View.OnClickListener() {
    @Override
    public void onClick(View view) {

    }
});

stop.setOnClickListener(new View.OnClickListener() {
    @Override
    public void onClick(View view) {
        if(mp3.isPlaying()) {
```

```
                    mp3.stop();
                    play.setText("play");
                    play.setClickable(true);
                    stop.setClickable(false);
                }
            }
        });
```

다음 단계는 "pause" 기능을 구현한다. [그림 7-1]의 상태도에서 pause() 함수를 호출하면 "Started" 상태에서 "Pause" 상태로 전이된다. 다시 "Started" 상태로 전이되기 위해서는 start() 함수를 사용한다. MediaPlayer의 getCurrentPosition() 함수를 이용하여 원하는 위치로 이동하여도 된다. getCurrentPosition() 함수를 사용하지 않아도 재생이 일시 멈춘 위치에서 다시 시작할 수 있다.

```
MediaPlayer mp3;
    int cuPos = 0;
    @Override
    protected void onCreate(Bundle savedInstanceState) {
        super.onCreate(savedInstanceState);
        setContentView(R.layout.activity_main);

        mp3 = MediaPlayer.create(MainActivity.this, R.raw.jang);
        mp3.stop();

        final Button play = (Button) findViewById(R.id.button9);
        final Button pause = (Button) findViewById(R.id.button10);
        final Button stop = (Button) findViewById(R.id.button11);
        stop.setClickable(false);

        play.setOnClickListener(new View.OnClickListener() {
            @Override
            public void onClick(View view) {
                if(!mp3.isPlaying()) {
                    try {
                        mp3.prepare();
```

```
                } catch (IOException e) {

                }
                mp3.start();
                play.setText("playing...");
                play.setClickable(false);
                stop.setClickable(true);
            }
        }
    });

    pause.setOnClickListener(new View.OnClickListener() {
        @Override
        public void onClick(View view) {
            if(mp3.isPlaying()) {
                cuPos = mp3.getCurrentPosition();
                mp3.pause();
                pause.setText("resume");
            } else if(mp3 != null && !mp3.isPlaying()){
                mp3.seekTo(cuPos);
                mp3.start();
                pause.setText("pause");
                Toast.makeText(MainActivity.this, cuPos + "에서 다시 시작
합니다.", Toast.LENGTH_SHORT).show();
            }
        }
    });

    stop.setOnClickListener(new View.OnClickListener() {
        @Override
        public void onClick(View view) {
            //if(mp3.isPlaying()) {
                mp3.stop();
                play.setText("play");
                pause.setText("pause");
                play.setClickable(true);
                stop.setClickable(false);
```

```
                //}
            }
        });
```

[실행 화면]

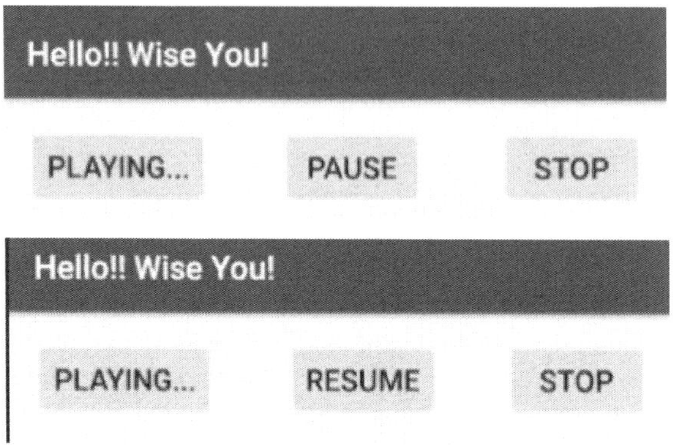

Hello!! Wise You!

PLAYING... PAUSE STOP

Hello!! Wise You!

PLAYING... RESUME STOP

앞의 예제에서 mp3 파일의 재생, 멈춤, 일시 멈춤 기능을 구현해 보았다. 이번 예제에서는 MediaPlayer를 이용하여 인터넷으로 연결하여 동영상을 볼 수 있는 동영상 플레이어를 구현해보자. 오디오 재생과 거의 유사한 방법을 사용합니다. MediaPlayer 클래스보다 향상된 VideoView 클래스를 이용할 수 있다.

MediaPlayer가 Play할 수 있는 프로토콜(형식)은 "RTSP", "HTTP/HTTPS Progressive Streaming", "HTTP/HTTPS Live Streaming(HLS", "MPEG-2 TS", "Protocolversion 3(Android 4.0 & above)", "Protocol version 2(Android 3.X)", "3.0 버전 이하는 지원 안 됨"이다. 오픈소스를 사용하여 좀더 세련되게 만들 수도 있다[2].

동영상을 표시할 스크린이 필요하기 때문에 SurfaceView를 스크린으로 사용한다. SurfaceView가 생성되는데 시간이 필요하기 때문으로 자동으로 동영상 파일을 로딩하려면 이벤트 함수를 사용해야 한다.

SurfaceView의 클래스 계층도는 [그림 7-4]와 같다[3].

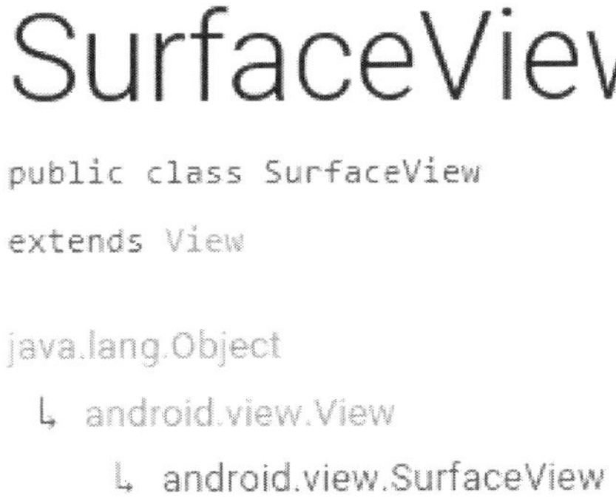

SurfaceView

```
public class SurfaceView
extends View
```

java.lang.Object
  ↳ android.view.View
    ↳ android.view.SurfaceView

[그림 7-4] SurfaceView 계층도

Android 응용프로그램의 View는 GDI(Graphic Device Interface) Thread를 통해 Surface에 그려진다. View에 동영상 또는 카메라 프리뷰와 같이 화면에 그려지는(drawing) 양이 매우 많거나 화면의 변화가 크다면 SurfaceView를 사용해야 한다. SurfaceView는 GDI Thread에 그려지지 않고 다른 Thread에 그려지게 된다. 즉, 현재의 View에 구멍(Punching)을 내서 특정 영역을 보이게 하는 방식이다.

Surface는 그래픽 버퍼(Graphic Buffer)입니다. SurfaceView에 그림을 그리는 작업은 SurfaceHolder라고 불리는 콜백(Callback) 함수가 합니다. 콜백 함수는 사용자는 정의만 하고 그 함수를 호출하는 주체는 운영체제(시스템)이다.

먼저, [그림 7-5]처럼 MediaPlayer에는 화면이 포함되지 않기 때문에 동영상을 화면에 표현하기 위해 SurfaceView 위젯을 레이아웃에 추가하자.

[그림 7-5] Surface Widge 추가

앞의 예제처럼, "play", "pause", "stop" 버튼을 추가하고 3개의 버튼에 대한 이벤트 리스너도 등록하자. SurfaceView의 기본 코드까지 포함한 코드는 다음과 같다.

```
public class MainActivity extends AppCompatActivity implements
SurfaceHolder.Callback{
    SurfaceView sv;
    SurfaceHolder sufaceHolder;
    MediaPlayer mediaPlayer;
    Button start, stop, pause;

    @Override
    protected void onCreate(Bundle savedInstanceState) {
        super.onCreate(savedInstanceState);
        setContentView(R.layout.activity_main);

        if(mediaPlayer == null) {
            mediaPlayer = new MediaPlayer();
        } else {
            mediaPlayer.reset();
```

```
        }

        sv = (SurfaceView) findViewById((R.id.surfaceView));
        sufaceHolder = sv.getHolder();
        sufaceHolder.addCallback(this);


        start = (Button)findViewById(R.id.button);
        start.setText("영상이 없습니다.");
        //start.setClickable(false);

        pause = (Button)findViewById(R.id.button2);
        pause.setText("영상이 없습니다.");
        pause.setClickable(false);

        stop = (Button)findViewById(R.id.button3);
        stop.setText("영상이 없습니다.");
        stop.setClickable(false);

        start.setOnClickListener(new View.OnClickListener() {
            @Override
            public void onClick(View view) {
                start.setText("onclick");
                if(mediaPlayer == null) {
                    mediaPlayer = new MediaPlayer();
                } else {
                    mediaPlayer.reset();
                }
                try {
                    //local에 접근
                    //Uri uri = Uri.parse("android.resource://" +
getPackageName() + "/raw/a");

                    //internet에 접근
                    //영산대 사이버보안 전공 접근
                    //https://www.youtube.com/embed/DEPIQ6rXemY
                    Uri uri =
```

```
Uri.parse("https://www.youtube.com/embed/DEPIQ6rXemY");
                    mediaPlayer.setDataSource(MainActivity.this, uri);
                    mediaPlayer.setDisplay(sufaceHolder); //Surface 화면 호출
                    mediaPlayer.prepare(); //관련 영상 불러오기(Load)
                    mediaPlayer.start();
                } catch (IOException e) {

                }
            }
        });

        pause.setOnClickListener(new View.OnClickListener() {
            @Override
            public void onClick(View view) {

            }
        });

        stop.setOnClickListener(new View.OnClickListener() {
            @Override
            public void onClick(View view) {

            }
        });
        /*Button start = (Button)findViewById(R.id.buttonStart);
        start.setOnClickListener(new View.OnClickListener() {
            @Override
            public void onClick(View view) {
                Intent is = new Intent(MainActivity.this, SubActivity.class);
                startActivity(is);
            }
        });*/
    }

    @Override
    protected void onDestroy() {
        super.onDestroy();
```

```
        if(mediaPlayer != null) {
            mediaPlayer.release();
        }
    }

    @Override
    public void surfaceCreated(SurfaceHolder surfaceHolder) {
        //Surface가 처음 만들어질 때,

        try {
            //local에 접근
            Uri uri = Uri.parse("android.resource://" + getPackageName() +
"/raw/a");

            //internet에 접근
            //영산대 사이버보안 전공 접근
            //https://www.youtube.com/embed/DEPIQ6rXemY
            //Uri uri =
Uri.parse("https://www.youtube.com/embed/DEPIQ6rXemY");
            mediaPlayer.setDataSource(this, uri);
            mediaPlayer.setDisplay(surfaceHolder); //Surface 화면 호출
            mediaPlayer.prepare(); //관련 영상 불러오기(Load)
            mediaPlayer.start();

            start.setText("suface에서.....");
            mediaPlayer.setOnCompletionListener(new
MediaPlayer.OnCompletionListener() {
                @Override
                public void onCompletion(MediaPlayer mediaPlayer) {
                    start.setText("Play");
                    pause.setText("Pause");
                    stop.setText("Stop");

                    mediaPlayer.start();
                }
            });
        } catch (Exception e) {
```

```
        }
    }

    @Override
    public void surfaceChanged(SurfaceHolder surfaceHolder, int i, int i1, int
i2) {

    }

    @Override
    public void surfaceDestroyed(SurfaceHolder surfaceHolder) {

    }
}
```

[실행 결과]
해당 동영상은 저자의 연구실 천장 부분을 약 4초 정도 촬영한 영상이다.

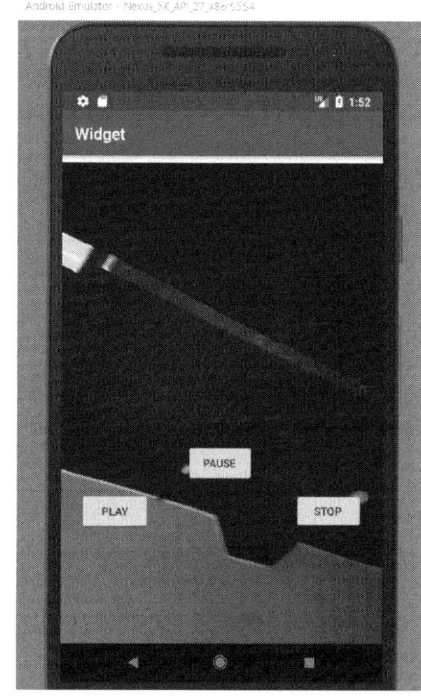

7.2 SoundPool 로 안드로이드 사운드 프로그램 만들기

학습목표

안드로이드 SoundPool 클래스를 이해한다.

SoundPool 클래스를 사용하기 위한 절차는 객체를 먼저 생성하고 리소스(음악파일)를 메모리에 로드해서 실행을 한다.

```
SoundPool pool = new SoundPool(최대 스트림 수, 오디오 스트링 타입, 샘플링 품질);
- 최대 스트림 수 : 동시에 재생이 가능한 최대 스트림 개수
- 오디오 스트링 타입 : STREM_MUSIC이 일반적임
- 샘플링 품질 : 0을 일반적으로 사용함

예) pool = new SoundPool(1, AudioManager.STREAM_MUSIC, 0);
```

AudioManager

```
public class AudioManager
extends Object
```

java.lang.Object
↳ android.media.AudioManager

다음 단계는 load() 함수를 사용하여 실제 리소스(Resource) 파일을 가져온다.

```
int pool = pool.load(Context, Resource ID, Priority);
- Context : 현재 실행 중인 View가 아닌 Activity 값을 넣어줌
- Resource ID : 로드할 Sound ID
- 우선권 : 1을 넣어줌

예) poolhandle = pool.load(this, R.raw.jang, 1);
```

다음 단계는 play() 함수를 사용하여 소리를 재생하는 방법이다.

```
pool.play(실행할 Resource ID, 왼쪽 볼륨, 오른쪽 볼륨, 재생 우선 순위, 반복여
부, 속도);
예)

- Context : 현재 실행 중인 View가 아닌 Activity 값을 넣어줌
- Resource ID : 로드할 Sound ID
- 우선권 : 1을 넣어줌

예)
- 소리 듣기(일반)
  pool.play(poolhandle, 1, 1, 0, 0, 1);

- 볼륨 1/2 줄이기
  pool.play(poolhandle, 0.5f, 0.5f, 0, 0, 1);

- 2배 속도 듣기
  pool.play(poolhandle, 1, 1, 0, 0, 2);

- 1/2배 속도 듣기
   pool.play(poolhandle, 1, 1, 0, 0, 0.5f);

- 오른 쪽 듣기
  pool.play(poolhandle, 0, 1, 0, 0, 1);

- 왼쪽 듣기
  pool.play(poolhandle, 1, 0, 0, 0, 1);
```

SoundPool의 기본 예제를 다음 코드를 참고하여 만들어보자.

```
public class MainActivity extends AppCompatActivity {
    SoundPool pool;
    int poolhandle;

    MediaPlayer mp;

    @Override
    protected void onCreate(Bundle savedInstanceState) {
        super.onCreate(savedInstanceState);
        setContentView(R.layout.activity_main);

        //Media Player
        //mp = new MediaPlayer();
        mp = MediaPlayer.create(MainActivity.this, R.raw.jang);
        mp.stop();

        //재생시간이 짧은 효과음등을 재생할 수 있음 ( 재생시간이 긴 배경음악등은
MediaPlayer을 이용)

        //SoundPool 객체 생성
        pool = new SoundPool(1, AudioManager.STREAM_MUSIC, 0);
        pool.setOnLoadCompleteListener(new  SoundPool.OnLoadCompleteListener()
{
            @Override
            public void onLoadComplete(SoundPool soundPool, int i, int i1) {
               // pool.play(poolhandle, 1, 1, 0, 0, 1);

            }
        });
        //handle 얻기
        poolhandle = pool.load(this, R.raw.jang, 1);

        Button b1 = (Button) findViewById(R.id.button);
        b1.setOnClickListener(new View.OnClickListener() {
            @Override
            public void onClick(View view) { // 소리 듣기(일반)
                pool.play(poolhandle, 1, 1, 0, 0, 1);
            }
```

```
});
Button b2 = (Button) findViewById(R.id.button2);
b2.setOnClickListener(new View.OnClickListener() {
    @Override
    public void onClick(View view) { //볼륨 1/2 줄이기
        pool.play(poolhandle, 0.5f, 0.5f, 0, 0, 1);
    }
});
Button b3 = (Button) findViewById(R.id.button3);
b3.setOnClickListener(new View.OnClickListener() {
    @Override
    public void onClick(View view) { //2배 속도 듣기
        pool.play(poolhandle, 1, 1, 0, 0, 2);
    }
});
Button b4 = (Button) findViewById(R.id.button4);
b4.setOnClickListener(new View.OnClickListener() {
    @Override
    public void onClick(View view) { // 1/2배 속도 듣기
        pool.play(poolhandle, 1, 1, 0, 0, 0.5f);
    }
});

Button b5 = (Button) findViewById(R.id.button5);
b5.setOnClickListener(new View.OnClickListener() {
    @Override
    public void onClick(View view) { //오른 쪽 듣기
        pool.play(poolhandle, 0, 1, 0, 0, 1);
    }
});
Button b6 = (Button) findViewById(R.id.button6);
b6.setOnClickListener(new View.OnClickListener() {
    @Override
    public void onClick(View view) { //왼쪽 듣기
        pool.play(poolhandle, 1, 0, 0, 0, 1);
    }
});

Button b7 = (Button) findViewById(R.id.button7);
b7.setOnClickListener(new View.OnClickListener() {
```

```
            @Override
            public void onClick(View view) { //왼쪽 듣기
                try {
                    mp.prepare();
                } catch (IOException e) {

                }
                mp.setVolume(0, 1);
                mp.start();
            }
        });
        Button b8 = (Button) findViewById(R.id.button8);
        b8.setOnClickListener(new View.OnClickListener() {
            @Override
            public void onClick(View view) { //왼쪽 듣기
                mp.stop();
            }
        });

    }
}
```

[실행 결과]

Hello!! Wise You!

저의 email은 minpo@ysu.ac.kr입

일반 오른쪽 듣기

1/2소리 왼쪽 듣기

2배 1/2배

MEDIA PLAY STOP

참·고·자·료

[1] MediaPlayer Class 작동 방법, https://developer.android.com/reference/android/media/MediaPlayer.html

[2] 좀 더 세련된 Audio, Media 제어를 위한 ExoPlayer, https://developer.android.com/ guide/topics/media/exoplayer.html

[3] Android SurfaceView, https://developer.android.com/reference/android/view/SurfaceView.html

Sub Activity 만들기 8

이번 장에서는 화면 전환을 위한 프로그래밍 기법을 이해하고 화면 전환 응용 프로그램을 만든다. 안드로이드 디바이스에서 화면을 전환하기 위한 가장 기본적인 방법으로 Intent를 사용한다.

8.1 Intent를 활용하여 화면 전환하기

학습목표

안드로이드 화면전환을 하는 기법을 이해한다.

안드로이드의 한 화면에 많은 정보를 표현하는 것은 매우 어려운 일이다. 일반적으로 액티비티(Activity)라고 불리는 다양한 종류의 화면을 구성하여 필요할 때마다 구성된 각각의 화면을 호출한다. 각각의 화면으로 전환하기 위해 사용되는 것이 Intent 이다.

Intent는 액티비티 등의 화면 전환이 필요할 때 사용되고 메시지를 전달할 수 있는 중간 역할을 한다. Intent를 사용하는 대표적인 사례[1]는 다음과 같다.

- 액티비티를 시작하기 위해 사용

Activity는 앱 안의 단말 화면을 나타낸다. Activity의 새 인스턴스(instance)를 시작하기 위해 Intent를 startActivity()로 전달하는 것만으로 코드는 끝난다.
Intent는 시작할 Activity를 설명하고 모든 필수 데이터를 담고 있다.
Activity가 완료되었을 때 결과를 수신하려면, startActivityForResult()를 호출한다. 해당 결과는 onActivityResult() 콜백에서 별도의 Intent 객체로 수신한다.

- 안드로이드 서비스(Service)를 시작하기 위해 사용

안드로이드 Service는 사용자 인터페이스 없이 백그라운드(background)에서 작업을 수행하는 구성 요소이다. 서비스를 시작하여 일회성 작업을 수행하도록 하려면(예: 파일 다운로드) Intent를 startService()에 전달한다. Intent는 시작할 서비스를 설명하고 모든 필수 데이터를 담고 있다.

> 서비스가 클라이언트-서버 인터페이스로 디자인된 경우에는 다른 구성 요소로부터 서비스에 바인드(bind)를 하기 위해 Intent를 bindService()에 전달한다.

- 안드로이드 브로드캐스트(broadcast) 전달을 하기 위해 사용

> 브로드캐스트는 안드로이드 디바이스 내의 모든 앱이 수신할 수 있는 메시지이다. 시스템은 여러 시스템 이벤트에 대해 다양한 브로드캐스트를 전달한다. 예를 들어 시스템이 부팅될 때 또는 기기가 변경되기 시작할 때 등이 해당된다. 다른 여러 앱에 브로드캐스트를 전달하려면 Intent를 sendBroadcast(), sendOrderedBroadcast() 또는 sendStickyBroadcast()에 전달한다.

이 교재에서는 첫 번째 사용 사례인 액티비티를 사용하는 방법에 대해서만 언급된다.

Intent는 두 가지 유형이 있다.
명시적 인텐트는 시작할 구성 요소를 이름으로 지정한다(완전히 정규화된 클래스 이름). 시작하고자 하는 액티비티 또는 서비스의 클래스 이름을 알고 있기 때문에 명시적으로 사용할 수 있다. 명시적 Intent는 전환될 다음 화면 액티비트를 직접 코드에 적는 방법이다. 예를 들어, 사용자 작업에 응답하여 새 액티비티를 시작하거나 백그라운드에서 파일을 다운로드하기 위해 서비스를 시작하는 것 등이 여기에 해당됩니다.

“MainActivity.this”는 현재의 화면을 의미하고 “SubActivity.class”는 전환될 화면을 명시적으로 지정한다. 지정 후에 startActivity() 함수로 화면을 전환한다.

```
Intent intnet = new Intent(MainActivity.this, SubActivity.class);
startActivity(intent);
```

암시적 인텐트는 특정 구성 요소의 이름을 대지 않지만, 그 대신 수행할 일반적일 작업을 선언하여 또 다른 앱의 구성 요소가 이를 처리할 수 있도록 해준다. 예를 들어, 사용자에게 지도에 있는 한 위치를 표시해주고자 하는 경우, 암시적 인텐트를 사용하여 다른, 해당 기능을 갖춘 앱이 지정된 위치를 지도에 표시하도록 요청할 수 있다.

암시적 Intent는 전환될 화면을 직접 지정하지 않고 액션(Action)을 지정하여 사용한다[2].

암시적 인텐트를 생성하면 Android 시스템이 시작시킬 적절한 구성 요소를 찾는다. 이때 인텐트의 내용을 기기에 있는 다른 여러 앱의 매니페스트 파일에서 선언된 인텐트 필터와 비교하는 방법을 사용한다. 해당 인텐트와 일치하는 인텐트 필터가 있으면 시스템이 해당 구성 요소를 시작하고 이에 Intent 객체를 전달한다. 호환되는 인텐트 필터가 여러 개인 경우, 시스템은 대화상자를 표시하여 사용자가 어느 앱을 사용할지 직접 선택할 수 있게 한다.

인텐트 필터란 앱의 매니페스트 파일에 들어 있는 표현으로, 해당 구성 요소가 수신하고자 하는 인텐트의 유형을 나타낸 것이다. 예를 들어 액티비티에 대한 인텐트 필터를 선언하면 다른 여러 앱이 특정한 종류의 인텐트를 가지고 여러분의 액티비티를 직접 시작할 수 있다. 이와 마찬가지로, 액티비티에 대한 인텐트 필터를 전혀 선언하지 않으면 명시적 인텐트로만 시작할 수 있다.

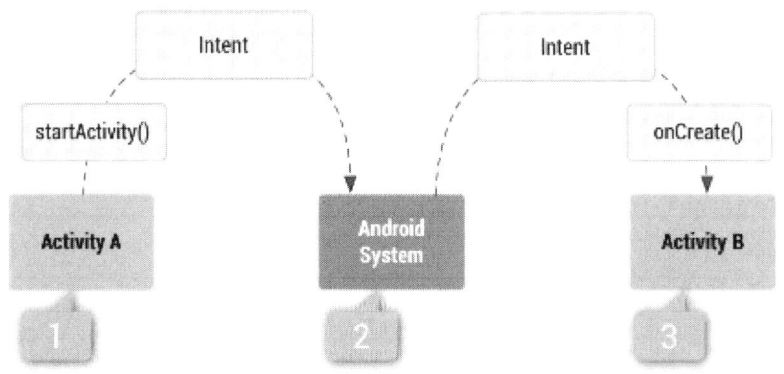

[그림 8-1] 암시적 인텐트로 액티비티 호출 방법[2]

[그림 8-1]은 암시적 인텐트로 액티비티를 호출하는 방법이다. “1”에서 액티비티 A가 작업 설명이 있는 Intent를 생성하여 이를 startActivity()에 전달한다. “2”에서 Android 시스템이 해당 인텐트와 일치하는 인텐트 필터를 찾아 모든 앱을 검색한다. 일치하는 항목을 찾

으면, "3"에서 시스템이 일치하는 액티비티(액티비티 B)를 시작하기 위해 그 액티비티의 onCreate() 메서드를 호출하여 이를 Intent에 전달한다.

암시적 인텐트 예는 다음과 같다. startActivity()가 호출되면 시스템이 설치된 앱을 모두 살펴보고 이런 종류의 인텐트를 처리할 수 있는 앱이 어느 것인지 알아본다 (ACTION_SEND 작업을 포함하고 "text/plain" 데이터를 전달하는 인텐트). 이것을 처리할 수 있는 앱이 하나뿐이면, 해당 앱이 즉시 열리고 이 앱에 인텐트가 주어진다. 인텐트를 허용하는 액티비티가 여러 개인 경우, 시스템은 대화상자를 표시하여 사용자가 어느 앱을 사용할지 직접 선택할 수 있게 한다.

```
// Create the text message with a string
Intent sendIntent = new Intent();
sendIntent.setAction(Intent.ACTION_SEND);
sendIntent.putExtra(Intent.EXTRA_TEXT, textMessage);
sendIntent.setType("text/plain");

// Verify that the intent will resolve to an activity
if (sendIntent.resolveActivity(getPackageManager()) != null) {
    startActivity(sendIntent);
}
```

암시적 인텐트를 정상 작동 시키기 위해서는 반드시 AndroidManifest.xml 파일에서 〈intent-filter〉를 정의해야 한다. 다음에서 몇 가지 예를 제시한다.

```
<activity android:name="MainActivity">
    <!-- This activity is the main entry, should appear in app launcher -->
    <intent-filter>
        <action android:name="android.intent.action.MAIN" />
        <category android:name="android.intent.category.LAUNCHER" />
    </intent-filter>
</activity>

<activity android:name="ShareActivity">
    <!-- This activity handles "SEND" actions with text data -->
```

```
    <intent-filter>
        <action android:name="android.intent.action.SEND"/>
        <category android:name="android.intent.category.DEFAULT"/>
        <data android:mimeType="text/plain"/>
    </intent-filter>
    <!-- This activity also handles "SEND" and "SEND_MULTIPLE" with media
data -->
    <intent-filter>
        <action android:name="android.intent.action.SEND"/>
        <action android:name="android.intent.action.SEND_MULTIPLE"/>
        <category android:name="android.intent.category.DEFAULT"/>
        <data android:mimeType="application/vnd.google.panorama360+jpg"/>
        <data android:mimeType="image/*"/>
        <data android:mimeType="video/*"/>
    </intent-filter>
</activity>
```

첫 번째 액티비티인 MainActivity는 앱의 주요 진입 지점이다. 사용자가 시작 관리자 아이콘을 사용하여 앱을 처음 시작할 때 열리는 액티비티이다.
ACTION_MAIN 작업은 주요 진입 지점이며 어느 인텐트 데이터도 나타나지 않는다.
CATEGORY_LAUNCHER 카테고리는 이 액티비티의 아이콘이 시스템의 앱 시작 관리자에 배치되어야 한다는 것을 나타낸다. <activity> 요소가 아이콘을 icon으로 지정하지 않은 경우, 시스템은 <application> 요소로부터 가져온 아이콘을 사용한다. 이들 두 가지가 짝을 이루어야 액티비티가 앱 시작 관리자에 나타날 수 있다.

두 번째 액티비티인 ShareActivity는 텍스트와 미디어 콘텐츠 공유를 용이하게 할 목적으로 만들어졌다. 사용자가 MainActivity에서 이 액티비티로 이동하여 진입할 수도 있지만, 두 가지 인텐트 필터 중 하나와 일치하는 암시적 인텐트를 발생시키는 또 다른 앱에서 ShareActivity에 직접 진입할 수도 있습니다.

참고로 MIME 유형, 즉 application/vnd.google.panorama360+jpg는 파노라마 사진을 지정하는 특수 데이터 유형으로, Google Panorama API로 처리할 수 있다.

8.2 명시적 인텐트를 이용하는 예제를 만들기

이 예제에는 두 가지 타입의 명시적 인테트가 있다. 첫 번째는 인텐트 데이터를 사용하지 않고 화면전환을 하는 것이고 두 번째는 인텐트 데이터를 사용하여 화면전환을 하는 것이다.

사용할 두 가지의 Activity (Sub1, Sub2)를 만들자.
Android Studio에서 새로운 Activity를 쉽게 만드는 메뉴를 제공한다. [그림 8-2]처럼 /java/패키지/에서 마우스 오른쪽 키를 눌러 "New" -> "Activity" -> "Empty Activity"를 선택한다.

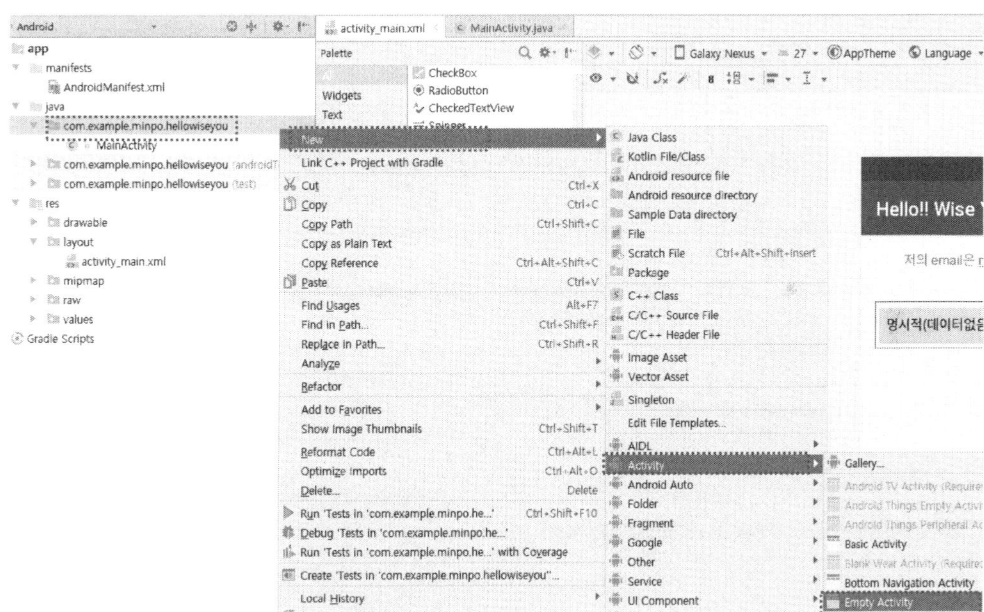

[그림 8-2] 새로운 Activity 선택 메뉴

"Empty Activity" 메뉴를 선택하면 [그림 8-3]과 같은 메뉴가 나온다. 이 메뉴에서 "Sub1 Activity"를 입력하고 "Finish" 버튼을 선택한다.

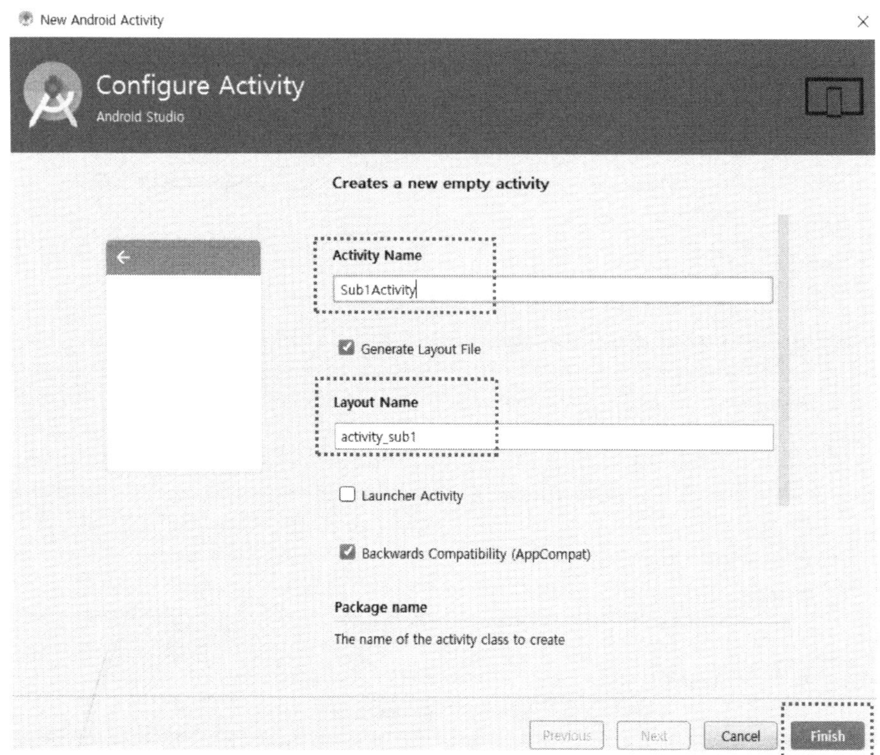

[그림 8-3] Activity 이름 설정

"Finish" 버튼 선택 후에 [그림 8-4]처럼 "Sub1Activity.java", "activity_sub1.xml" 파일이 자동 생성된 것을 확인할 수 있다.

[그림 8-4] 새로운 Activity 생성 (java, xml)

AndroidMainfest.xml 파일에도 Sub1Activity가 추가된 것을 확인할 수 있다.

```
<?xml version="1.0" encoding="utf-8"?>
<manifest xmlns:android="http://schemas.android.com/apk/res/android"
    package="com.example.minpo.hellowiseyou">

    <application
        android:allowBackup="true"
        android:icon="@mipmap/ic_launcher"
        android:label="@string/app_name"
        android:roundIcon="@mipmap/ic_launcher_round"
        android:supportsRtl="true"
        android:theme="@style/AppTheme">
        <activity android:name=".MainActivity">
            <intent-filter>
                <action android:name="android.intent.action.MAIN" />

                <category android:name="android.intent.category.LAUNCHER" />
            </intent-filter>
        </activity>
        <activity android:name=".Sub1Activity"></activity>
    </application>

</manifest>
```

두 번째 Activity도 추가하자.

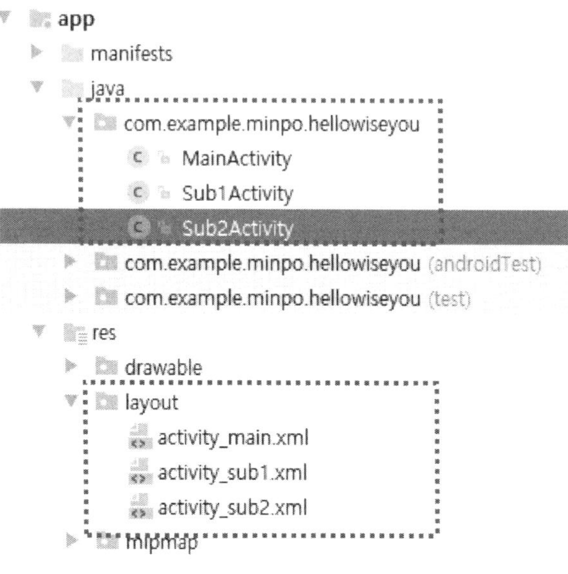

[그림 8-5] Activity 추가

데이터를 포함하지 않고 Sub1Activity를 호출하는 코드를 작성하자.

[MainActivity.java]

```
protected void onCreate(Bundle savedInstanceState) {
        super.onCreate(savedInstanceState);
        setContentView(R.layout.activity_main);

        Button fa = (Button) findViewById(R.id.button9);
        fa.setOnClickListener(new View.OnClickListener() {
            @Override
            public void onClick(View view) {
                Intent in = new Intent(MainActivity.this, Sub1Activity.class);
                startActivity(in);
            }
        });
}
```

[Sub1Activity.java]
```
public class Sub1Activity extends AppCompatActivity {

    @Override
    protected void onCreate(Bundle savedInstanceState) {
        super.onCreate(savedInstanceState);
        setContentView(R.layout.activity_sub1);

        Button fin = (Button) findViewById(R.id.button11);

        fin.setOnClickListener(new View.OnClickListener() {
            @Override
            public void onClick(View view) {
                finish(); //현재 activity 닫기
            }
        });
    }
}
```

[AndroidManifest.xml]
```
<?xml version="1.0" encoding="utf-8"?>
<manifest xmlns:android="http://schemas.android.com/apk/res/android"
    package="com.example.minpo.hellowiseyou">

    <application
        android:allowBackup="true"
        android:icon="@mipmap/ic_launcher"
        android:label="@string/app_name"
        android:roundIcon="@mipmap/ic_launcher_round"
        android:supportsRtl="true"
        android:theme="@style/AppTheme">
        <activity android:name=".MainActivity">
            <intent-filter>
                <action android:name="android.intent.action.MAIN" />

                <category android:name="android.intent.category.LAUNCHER" />
            </intent-filter>
```

```
        </activity>
        <activity android:name=".Sub1Activity" />
        <activity android:name=".Sub2Activity"></activity>
    </application>

</manifest>
```

[실행 결과]

다음은 두 번째 Activity인 Sub2Activity를 호출한다. 이번 호출의 경우에는 화면의 EditText에 입력하는 텍스트를 Sub2Activity의 화면에 출력하자.

[MainActivity.java]에서 putExtra() 함수를 사용하여 전달할 데이터를 지정한다. 문법은 "key:value"의 개념을 "data"라는 key에 전달할 데이터를 연결한다.

```
[MainActivity.java]

protected void onCreate(Bundle savedInstanceState) {
        super.onCreate(savedInstanceState);
```

```
        setContentView(R.layout.activity_main);

        Button fa = (Button) findViewById(R.id.button9);
        fa.setOnClickListener(new View.OnClickListener() {
            @Override
            public void onClick(View view) {
                Intent in = new Intent(MainActivity.this, Sub1Activity.class);
                startActivity(in);
            }
        });

        Button sa = (Button) findViewById(R.id.button10);
        sa.setOnClickListener(new View.OnClickListener() {
            @Override
            public void onClick(View view) {
                Intent in = new Intent(MainActivity.this, Sub2Activity.class);
                EditText et = (EditText) findViewById(R.id.editText);
                String input = et.getText().toString();
                in.putExtra("data", input);
                startActivity(in);
            }
        });
```

[Sub2Activity.java]

```
public class Sub2Activity extends AppCompatActivity {

    @Override
    protected void onCreate(Bundle savedInstanceState) {
        super.onCreate(savedInstanceState);
        setContentView(R.layout.activity_sub2);

        Intent in = new Intent(this.getIntent());
        String receivedData = in.getStringExtra("data");

        TextView tv = (TextView) findViewById(R.id.textView3);
        tv.setText(receivedData);
```

```
        final Button finish = (Button) findViewById(R.id.button12);
        finish.setOnClickListener(new View.OnClickListener() {
            @Override
            public void onClick(View view) {
                finish();
            }
        });

    }
}
```

[AndroidManifest.xml]

```
<?xml version="1.0" encoding="utf-8"?>
<manifest xmlns:android="http://schemas.android.com/apk/res/android"
    package="com.example.minpo.hellowiseyou">

    <application
        android:allowBackup="true"
        android:icon="@mipmap/ic_launcher"
        android:label="@string/app_name"
        android:roundIcon="@mipmap/ic_launcher_round"
        android:supportsRtl="true"
        android:theme="@style/AppTheme">
        <activity android:name=".MainActivity">
            <intent-filter>
                <action android:name="android.intent.action.MAIN" />

                <category android:name="android.intent.category.LAUNCHER" />
            </intent-filter>
        </activity>
        <activity android:name=".Sub1Activity" />
        <activity android:name=".Sub2Activity"></activity>
    </application>

</manifest>
```

[실행 결과]

다음은 세 번째 Activity인 Sub3Activity를 호출한다. 이번 호출의 경우에는 화면의 EditText에 입력하는 텍스트를 Sub3Activity의 화면에 출력하고 입력된 문자열의 길이를 구한다. 문자열의 길이를 호출한 MainActivity로 되돌려 주는 기능을 구현한다.
이 기능을 구현하기 위해, [MainActivity.java]에서 putExtra() 함수를 사용하여 전달할 데이터를 지정한다. startActivity() 함수 대신에 startActivityForResult() 함수를 사용한다. Sub3Activity에서 문자열의 길이를 되돌려 받기 위해 onActivityResult() 함수를 구현해야 한다.

[MainActivity.java]

```
protected void onCreate(Bundle savedInstanceState) {
        super.onCreate(savedInstanceState);
        setContentView(R.layout.activity_main);

        Button returnvaelue = (Button) findViewById(R.id.button14);
        returnvaelue.setOnClickListener(new View.OnClickListener() {
            @Override
            public void onClick(View view) {
                Intent in = new Intent(MainActivity.this, Sub3Activity.class);
                EditText et = (EditText) findViewById(R.id.editText);
                String input = et.getText().toString();
                in.putExtra("data", input);
                startActivityForResult(in, 9999); //9999:임의로 정한 수
            }
        });
}

protected void onActivityResult(int requestCode, int resultcode, Intent data)
{
        switch(requestCode) {
            case 9999 :
                if(resultcode == RESULT_OK) {
                    EditText et = (EditText) findViewById(R.id.editText);
                    String resultData = data.getStringExtra("LENGTH");
                    et.setText(resultData);
                }
        }
}
```

[Sub3Activity.java]

```
public class Sub3Activity extends AppCompatActivity {

    @Override
    protected void onCreate(Bundle savedInstanceState) {
```

```
        super.onCreate(savedInstanceState);
        setContentView(R.layout.activity_sub3);

        Intent in = new Intent(this.getIntent());
        String receivedData = in.getStringExtra("data");

        TextView tv = (TextView) findViewById(R.id.textView6);
        tv.setText(receivedData.length() + " 길이 입니다.");

        Intent out = new Intent();
        out.putExtra("LENGTH", receivedData.length()+"");
        setResult(RESULT_OK, out);

        Button finish = (Button) findViewById(R.id.button13);
        finish.setOnClickListener(new View.OnClickListener() {
            @Override
            public void onClick(View view) {
                finish();
            }
        });
    }
}
```

[AndroidManifest.xml]

```
<?xml version="1.0" encoding="utf-8"?>
<manifest xmlns:android="http://schemas.android.com/apk/res/android"
    package="com.example.minpo.hellowiseyou">

    <application
        android:allowBackup="true"
        android:icon="@mipmap/ic_launcher"
        android:label="@string/app_name"
        android:roundIcon="@mipmap/ic_launcher_round"
        android:supportsRtl="true"
        android:theme="@style/AppTheme">
        <activity android:name=".MainActivity">
```

```
            <intent-filter>
                <action android:name="android.intent.action.MAIN" />

                <category android:name="android.intent.category.LAUNCHER" />
            </intent-filter>
        </activity>
        <activity android:name=".Sub1Activity" />
        <activity android:name=".Sub2Activity" />
        <activity android:name=".Sub3Activity"></activity>
    </application>

</manifest>
```

[실행 결과]

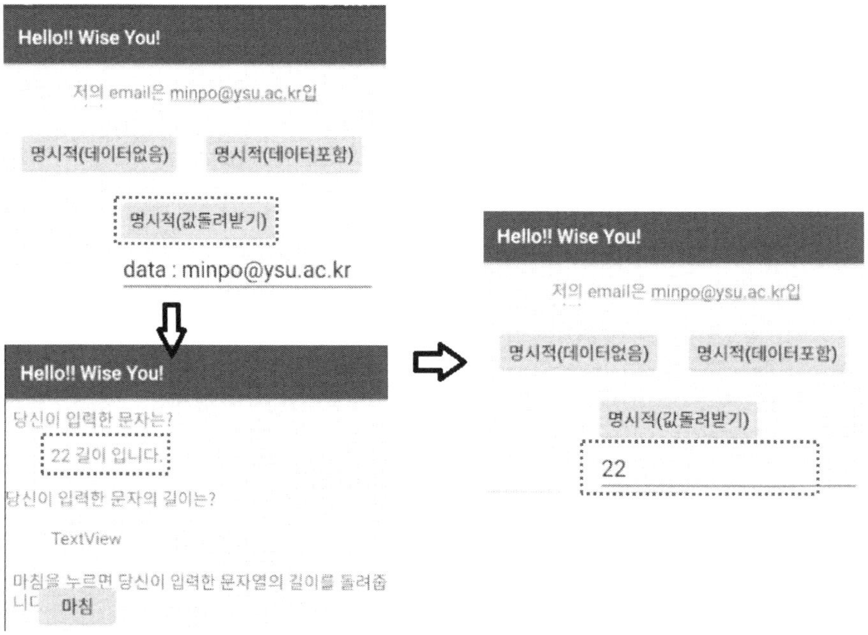

Hello!! Wise You!

저의 email은 minpo@ysu.ac.kr입

명시적(데이터없음) 명시적(데이터포함)

명시적(값돌려받기)

data : minpo@ysu.ac.kr

⇩

Hello!! Wise You!

당신이 입력한 문자는?

22 길이 입니다.

당신이 입력한 문자의 길이는?

TextView

마침을 누르면 당신이 입력한 문자열의 길이를 돌려줍니다

마침

⇨

Hello!! Wise You!

저의 email은 minpo@ysu.ac.kr입

명시적(데이터없음) 명시적(데이터포함)

명시적(값돌려받기)

22

참·고·자·료

[1] Android Intent 및 Intent Filter, https://developer.android.com/guide/topics/manifest/action-element.html

[2] Android Action, https://developer.android.com/guide/topics/manifest/action-element.html

안드로이드 데이터베이스의 이해와 응용

9

이번 장에서는 사용자 데이터를 영구히 보존하는 방법을 살펴본다. 일반적으로 Shared Preferences를 사용하여 설정 정보와 같은 간단한 데이터를 저장하는 방법, 파일을 직접 생성하여 입출력하는 방법, SQL을 이용하여 로컬 데이터베이스에 저장하는 방법 등이 있다. 9장에서는 SQL을 이용하여 로컬 데이터베이스에 저장하고 검색하는 방법을 살펴본다.

9.1 SQLite를 이해하기

학습목표

데이터베이스의 정의와 안드로이드 폰에서 데이터베이스를 사용하는 방법을 이해한다.

SQLite[1]는 MySQL이나 PostgreSQL과 같은 데이터베이스관리 시스템(DBMS)이지만, 서버가 아니라 응용 프로그램에 넣어 사용하는 비교적 가벼운 데이터베이스이다[2]. 영어권에서는 "에스큐엘라이트" 또는 "시퀄라이트"라고 읽는다.

일반적인 RDBMS에 비해 대규모 작업에는 적합하지 않지만, 중소 규모라면 속도에 손색이 없다. 또 API는 단순히 라이브러리를 호출하는 것만 있으며, 데이터를 저장하는 데 하나의 파일만을 사용하는 것이 특징이다. 버전 3.3.8에서는 풀텍스트 검색 기능을 가진 FTS1 모듈이 지원된다. 컬럼을 삭제하거나 변경하는 것 등이 제한된다.

구글 안드로이드 운영 체제에 기본 탑재된 데이터베이스이기도 하다. 안드로이드 디바이스에서 SQLite를 사용하기 위해 단순히 API 함수만 호출하면 데이터베이스를 위한 기능을 사용할 수 있다. 특히, 모든 데이터는 하나의 파일에 저장된다.

SQLite는 관계형 데이터베이스이며 이를 사용하기 위해 테이블(Table)이 기본 단위가 된다. 테이블은 컬럼(Column)과 로우(Row)로 구성된다.

관계형 데이터베이스 내의 데이터를 다루기 위해 SQL(Structured Query Language)라는 표준 언어를 사용한다. SQL로 데이터베이스 스키마 생성 및 수정, 테이블 수정, 삭제, 추가, 조회 등의 기본 작업을 수행할 수 있다.

SQL에 정의된 명령어는 데이터 정의 언어(DDL, Data Definition Language), 데이터 처리 언어(DML, Data Manipulation Language), 데이터 제어 언어(DCL, Data Control Language) 가 있다.

데이터 정의 언어는 CREATE, ALTER, DROP 명령어로 구성되며 데이터베이스 자체를 만들고 변경하고 삭제한다.

데이터 조작어는 INSERT, UPDATE, DELETE, SELECT 명령어 구성되며 테이블에 데이터를 추가, 갱신, 삭제, 조회한다.

데이터 제어 언어는 GRANT, BEGIN, COMMIT, ROLLBACK 명령어로 구성되고 권한 설정, 트랜잭션 시작, 트랜잭션 결과 적용, 트랜잭션 취소한다.

9-2. 안드로이드에서 SQLite를 사용해보기

안드로이드에서 SQLite를 사용하기 위해 "android.data.sqlite" 패키지[3]를 사용한다. SQLite 데이터베이스에 데이터를 추가, 삭제, 수정, 조회하기 위해 SQLiteDatabase 클래스[4]를 사용한다.

SQLiteDatabase

```
public final class SQLiteDatabase
extends SQLiteClosable
```

java.lang.Object
↳ android.database.sqlite.SQLiteClosable
↳ android.database.sqlite.SQLiteDatabase

[그림 9-1] SQLiteDatabase 클래스 상속도

먼저, SQLite 데이터베이스 사용하기 위해 우선적으로 해야 하는 일이 데이터베이스 파일을 열거나 만들어야 한다. 이를 위해 SQLiteDatabase 클래스에서 정의된 "openDatabase()", "openOrCreateDatabase()"를 사용한다. 데이터베이스가 이미 존재하는 경우는 "openDatabase()"를 사용하고 데이터베이스가 없을 수도 있다면 "openOrCreateDatabase()" 함수를 사용한다.

다음의 예는 "openOrCreateDatabase()" 함수를 사용하여 "ysucomputer.db"가 존재하지 않는다면 생성후에 데이터베이스를 열게 되는 예제이다. 만약 데이터베이스를 생성하거나 열수 없다면 "SQLiteExcpeiton" 예외(Exception)이 발생한다.

```
protected void onCreate(Bundle savedInstanceState) {
        super.onCreate(savedInstanceState);
        setContentView(R.layout.activity_main);

        SQLiteDatabase sqLiteDatabase = null;

        try {
            sqLiteDatabase = SQLiteDatabase.openOrCreateDatabase("ysucomputer.db",
                          null);
        } catch (SQLiteAbortException e) {
            e.printStackTrace();
        }
}
```

위의 코드를 안드로이드 디바이스에서 실행하면 "java.lang.RuntimeException: Unable to start activity ComponentInfo{com.example.minpo.hellowiseyou/ com.example.minpo.hellowiseyou.MainActivity}: android.database.sqlite. SQLiteCantOpenDatabaseException: unknown error (code 14): Could not open database"라는 오류가 발생할 수 있다. 이 오류의 원인을 살펴보면 /data/data/0/com.example.minpo.hellowiseyou/databases/ysucomputer.db 파일이 생성할 수 없기 때문에 발생한다.

이 오류를 다음과 같이 수정한다.

```
protected void onCreate(Bundle savedInstanceState) {
        super.onCreate(savedInstanceState);
        setContentView(R.layout.activity_main);

        SQLiteDatabase sqLiteDatabase = null;
        String dbFile = "ysucomputer.db";

        try {
            File databasefile = getDatabasePath(dbFile);
            sqLiteDatabase = SQLiteDatabase.openOrCreateDatabase(databasefile,
null);
        } catch (Exception e) {
            String databasePath = getFilesDir().getPath() + "/" + dbFile;
            File databasefile = new File(databasePath);
            sqLiteDatabase = SQLiteDatabase.openOrCreateDatabase(databasefile,
null);
        }
}
```

다음 단계는 SQLite 데이터베이스 파일을 열 수 있다면 SQLiteDatabase 객체의 참조(reference)를 얻을 수 있다. 이 참조를 이용하여 데이터베이스에 데이터를 추가, 삭제, 조회를 할 수 있다. 데이터베이스의 참조를 얻었다고 해서 바로 데이터를 추가할 수 없다. 아직 관계형 데이터베이스의 테이블이 아직 만들어지지 않았다. 이 테이블은 데이터의 속성과 값의 관계를 표현한다. 아직 만들어지지 않은 테이블을 만들어보자.

```
protected void onCreate(Bundle savedInstanceState) {
        super.onCreate(savedInstanceState);
        setContentView(R.layout.activity_main);

        SQLiteDatabase sqLiteDatabase = null;
        String dbFile = "ysucomputer.db";

        try {
            File databasefile = getDatabasePath(dbFile);
```

```
            sqLiteDatabase = SQLiteDatabase.openOrCreateDatabase(databasefile,
null);
        } catch (Exception e) {
            String databasePath = getFilesDir().getPath() + "/" + dbFile;
            File databasefile = new File(databasePath);
            sqLiteDatabase = SQLiteDatabase.openOrCreateDatabase(databasefile,
null);
        }
}
```

테이블이 안드로이드 앱이 실행될 때마다 만들어지면 안 되기 때문에, 아래와 같이 "If not exit"라는 조건을 넣게 된다.

"Create tabel"에서 사용될 수 있는 데이터 타입[5]은 다음과 같다.

데이터 타입	사용할 수 있는 데이터
text, varchar	문자열
smallint, integer	정수(2 바이트, 4바이트)
real, float, double	소수(4바이트, 8바이트)
boolean	true, false
date,time,timestamp	시간
blob,binary	바이너리

아래의 코드에서 테이블을 생성하는 코드를 보여준다. 테이블명은 order_t이고 정수(integer) 타입의 no 변수와 text 타입의 name 변수를 선언한다.

```
Button dbTableCreate = (Button) findViewById(R.id.button16);
        dbTableCreate.setOnClickListener(new View.OnClickListener() {
            @Override
            public void onClick(View view) {
                String sqlCreateTable = "Create table if not exists order_t(no
integer, name text)";
                sqLiteDatabase.execSQL(sqlCreateTable);
            }
        });
}
```

다음 단계는 SQL 명령어인 INSERT를 사용하여 데이터를 삽입하는 방법을 볼 수 있다. 앞의 테이블 구조에서 정의한대로, 나이를 저장하는 no 변수, 이름을 저장하는 name 변수를 사용한다.

```
Button insertData = (Button) findViewById(R.id.button17);
        insertData.setOnClickListener(new View.OnClickListener() {
            @Override
            public void onClick(View view) {
                String sqlInsert = "Insert into order_t(no, name) values (47,
                                    'minpo jung')";
                sqLiteDatabase.execSQL(sqlInsert);
            }
        });
}
```

다음 단계는 SQL 조회 명령어인 "select"를 사용하여 입력된 데이터를 조회하는 기능이다. "select * from order_t"는 order_t 테이블에 있는 모든 데이터를 조회하라는 의미이다. 조회된 데이터는 조회된 데이터의 위치 정보를 나타내는 "커서(Cursor)"를 이용하여 데이터를 찾아간다. 첫 번째 칼럼은 정수 타입의 나이를 의미하고 두 번째 칼럼은 문자열 타입의 이름을 의미한다. 데이터베이스에서 찾은 데이터를 텍스트뷰에 보여준다.

```
Button selectData = (Button) findViewById(R.id.button18);
        selectData.setOnClickListener(new View.OnClickListener() {
            @Override
            public void onClick(View view) {
                TextView t = (TextView) findViewById(R.id.textView10);
                String sqlSelect = "select * from order_t";
                Cursor c = null;
                c = sqLiteDatabase.rawQuery(sqlSelect, null);
                while(c.moveToNext()) {
                    int old = c.getInt(0);
                    String name = c.getString(1);
                    t.setText("old: " + old + ", name: " + name);
                }

            }
        });
}
```

다음 단계는 SQL 명령어 UPDATE를 사용하여 입력된 데이터 중에 특정 조건을 만족하는 데이터의 값을 수정한다. 예제에서는 이름이 'minpo jung'인 데이터를 찾아 나이를 50으로 변경한다.

```
Button updateData = (Button) findViewById(R.id.button);
        updateData.setOnClickListener(new View.OnClickListener() {
            @Override
            public void onClick(View view) {
                String sqlUpdate = "update order_t set no=50, name='minpo
                                     jung' where name='minpo jung'";
                sqLiteDatabase.execSQL(sqlUpdate);
            }
        });
```

다음 단계는 SQL 명령어 DELETE를 사용하여 데이터를 포함하고 있는 테이블(Table)의 데이터를 모두 삭제한다. 이 명령어는 모든 데이터를 삭제하니 주의하여 사용해야 한다.

```
Button deleteTable = (Button) findViewById(R.id.button2);
        deleteTable.setOnClickListener(new View.OnClickListener() {
            @Override
            public void onClick(View view) {
                String sqlDelete = "Delete from order_t";
                sqLiteDatabase.execSQL(sqlDelete);
            }
        });
```

다음 단계는 SQL 명령어 DROP을 사용하여 테이블(Table) 자체를 삭제한다. 이 명령어는 데이터뿐만 아니라 데이터의 구조를 표현하는 테이블까지 삭제하기 때문에 주의하여 사용해야 한다.

```
Button dropTable = (Button) findViewById(R.id.button3);
        dropTable.setOnClickListener(new View.OnClickListener() {
            @Override
            public void onClick(View view) {
                String sqlDrop = "Drop table order_t";
                sqLiteDatabase.execSQL(sqlDrop);
            }
        });
```

이제 앞에서 설명한 모든 코드를 이용하여 예제를 작성하자.

```
public class MainActivity extends AppCompatActivity {
    SQLiteDatabase sqLiteDatabase = null;
    String dbFile = "ysucomputer.db";

    @Override
    protected void onCreate(Bundle savedInstanceState) {
        super.onCreate(savedInstanceState);
        setContentView(R.layout.activity_main);

        Button dbCreate = (Button) findViewById(R.id.button15);
        dbCreate.setOnClickListener(new View.OnClickListener() {
            @Override
            public void onClick(View view) {
                try {
                    File databasefile = getDatabasePath(dbFile);
                    sqLiteDatabase                                          =
SQLiteDatabase.openOrCreateDatabase(databasefile,  null);
                } catch (Exception e) {
                    String databasePath = getFilesDir().getPath() + "/" + dbFile;
                    File databasefile = new File(databasePath);
                    sqLiteDatabase                                          =
SQLiteDatabase.openOrCreateDatabase(databasefile, null);
                }
            }
        });

        Button dbTableCreate = (Button) findViewById(R.id.button16);
        dbTableCreate.setOnClickListener(new View.OnClickListener() {
            @Override
            public void onClick(View view) {
                String sqlCreateTable = "Create table if not exists order_t(no
integer, name text)";
                sqLiteDatabase.execSQL(sqlCreateTable);
            }
        });

        Button insertData = (Button) findViewById(R.id.button17);
        insertData.setOnClickListener(new View.OnClickListener() {
```

```
            @Override
            public void onClick(View view) {
                String sqlInsert = "Insert into order_t(no, name) values (47,
'minpo jung')";
                sqLiteDatabase.execSQL(sqlInsert);
            }
        });

        Button selectData = (Button) findViewById(R.id.button18);
        selectData.setOnClickListener(new View.OnClickListener() {
            @Override
            public void onClick(View view) {
                TextView t = (TextView) findViewById(R.id.textView10);
                String sqlSelect = "select * from order_t";
                Cursor c = null;
                c = sqLiteDatabase.rawQuery(sqlSelect, null);
                while(c.moveToNext()) {
                    int old = c.getInt(0);
                    String name = c.getString(1);
                    t.setText("old: " + old + ", name: " + name);
                }

            }
        });

        Button updateData = (Button) findViewById(R.id.button);
        updateData.setOnClickListener(new View.OnClickListener() {
            @Override
            public void onClick(View view) {
                String sqlUpdate = "update order_t set no=50, name='minpo
jung' where name='minpo jung'";
                sqLiteDatabase.execSQL(sqlUpdate);
            }
        });

        Button deleteData = (Button) findViewById(R.id.button2);
        deleteData.setOnClickListener(new View.OnClickListener() {
            @Override
            public void onClick(View view) {
                String sqlDelete = "Delete from order_t";
```

```
                sqLiteDatabase.execSQL(sqlDelete);
            }
        });

        Button dropTable = (Button) findViewById(R.id.button3);
        dropTable.setOnClickListener(new View.OnClickListener() {
            @Override
            public void onClick(View view) {
                String sqlDrop = "Drop table order_t";
                sqLiteDatabase.execSQL(sqlDrop);
            }
        });
    }
}
```

[실행 결과]
앱을 처음 실행하면 (1) 데이터베이스만들기, (2) 테이블 만들기, (3) 테이블 데이터 모두 삭제하기, (4) 테이블에 데이터 추가하기, (5) 테이블 삭제하기, (6) 조회하기, (7) 업데이트 버튼이 나타난다.

처음에 (1)번 버튼은 항상 눌러야 한다. 데이터베이스가 있다면 생성하지 않고, 없다면 데이터베이스를 생성한다.
(2)번 버튼을 눌러 데이터의 구조를 정의하는 테이블을 생성한다. 같은 이름의 테이블이 있다면 생성하지 않는다.
(4)번 버튼을 눌러 생성된 테이블에 데이터를 추가한다. 누를 때마다 데이터가 추가된다.
(6)번 버튼을 눌러 현재 입력된 데이터를 TextView에서 확인할 수 있다.
(7)번 버튼을 눌러 현재 입력된 데이터를 업데이트 할 수 있다.
(3)번 버튼을 눌러 입력된 모든 데이터를 삭제할 수 있다.
(5)번 버튼을 눌러 생성된 테이블을 없앨 수 있다.

참·고·자·료

[1] SQLite 정보, http://www.sqlite.org

[2] SQLite 위키정보, https://ko.wikipedia.org/wiki/SQLite

[3] android.data.sqlite 패키지 정보, https://developer.android.com/reference/android/database/sqlite/package-summary.html?hl=ko

[4] SQLiteDatabase 클래스 정보, https://developer.android.com/reference/android/database/sqlite/SQLiteDatabase.html

비동기 타스크(AsyncTask) 10

10.1 비동기 타스크(AsyncTask)의 기본기능

AsyncTask

```
public abstract class AsyncTask
extends Object
```

java.lang.Object
  ↳ android.os.AsyncTask<Params, Progress, Result>

[그림 10-1] AsyncTask의 상속도

안드로이드 앱에서는 하나의 Activity가 동작하는 상황에서 일정한 시간이 소요되거나(수초간) 스마트폰의 자원을 많이 사용해야 하는 작업은 동작중인 앱에 부정적인 영향을 미칠 수 있어 직접적으로 사용을 할 수 없도록 하고 있다. 따라서 일정시간이 소요되어 Activity가 작업을 못하고 대기해야 하는 상황이 발생할 경우, Activity에 상관없이 별도의 작업을 동작하도록 해 주는 요소가 필요하며, 이러한 요소를 비동기 타스크로 처리한다. 특별히 인터넷을 접근하는 동작은 Activity에서 직접적으로 처리를 허용하고 있지 않기 때문에 인터넷을 접근하는 동작은 반드시 비동기 타스크를 활용하여 구현하여야 한다.

동기타스크는 먼저 실행된 타스크가 반드시 종료된 후에 실행할 수 있는 타스크를 의미한다. [그림 10-1]의 클래스 상속관계를 가지는 비동기타스크(Async Task)는 먼저 실행된 타스크(Task)가 종료되기를 기다리지 않고 동작할 수 있는 타스크를 의미한다. 따라서 비동기타스크는 여러 개의 타스크가 실행의 종료를 기다리지 않고 자유롭게 실행할 수 있는 일종의 단위작업이라 할 수 있다. 즉 하나의 Activity에 대하여 실행의 종료와 무관하게 자유롭게 실행하고, Activity의 다른 동작에도 영향을 주지 않는 실행 단위로 생각할 수 있다.

비동기타스크(AsyncTask)는 하나의 Activity에서 생성 된 후에 실행되며, Activity에서 처리시간이 오래 걸리는 작업을 백그라운드로 처리 할 수 있도록 하고, 계속 Activity의 작업을 진행하기 위해 사용된다. 비동기태스크는 백그라운드로 별도의 작업을 수행하기 때문에 비동기타스크를 실행시켜 놓고 Activity의 다른 작업을 바로 할 수 있다.

그러나 수 초정도의 짧은 시간이 걸리는 작업에 대해서만 비동기타스크를 사용하도록 권장하고 있으며 그 이상 시간이 걸리는 작업에 대해서는 java.util.concurrent에 포함되어 있는 Executor, ThreadPoolExecutor, FutureTask 등을 사용하도록 하는데 다음과 같은 이유가 있다.[1]

문제 1. 메모리 릭

비동기타스크를 생성했던 Activity가 먼저 없어지게 되는 경우 메모리 릭이 발생할 수 있다. 왜냐면 Activity가 없어지게 된다고 해서 비동기타스크도 같이 없어지지 않기 때문이다. doInBackground() 메소드가 완료될 때까지 비동기타스크는 실행 중 상태를 유지하게 된다. 완료 후, cancel 메소드가 호출된 적이 있다면 onCancelled() 메소드가 실행되고 그렇지 않으면 onPostExecute 메소드가 호출된다.

이미 자신을 실행시켰던 Activity가 존재하지 않는데 비동기타스크가 Activity에 어떤 처리를 요구하면 메모리상에 존재하지 않는 것을 참조하게 되어 메모리릭이 발생한다. 따라서 반드시 Activity 종료 전에 비동기타스크를 cancel 해주어 백그라운드에서 처리하던 작업이 종료되도록 해야 한다.

문제 2. 디바이스의 화면 회전(orientation)

Activity에서 비동기타스크를 실행하고 난 후 사용자가 디바이스의 화면을 회전시키면 기존의 Activity를 없애고(onDestroy) 새로운 Activity를 생성하여 화면을 회전하여 보여주게 된다(onCreate). 이때 Activity의 모든 정보는 새로 생성된다.

Activity의 상태가 변할 때, 비동기타스크에 대한 처리를 자동으로 해주지 않기 때문에, 비동기타스크는 백그라운드에서 작업을 하고 있는 상태로 남아있게 된다. 작업이 완료될 때까지 비동기타스크는 종료되지 않는다.

문제는 비동기타스크가 작업을 완료하고 Activity의 정보를 업데이트 하려 할 때, 새로 생성된 Activity가 아닌 이미 없어진 Activity에 접근하기 때문이다. 따라서 예외(IllegalArgumentException)가 발생한다. 또한 기존 없어진 Activity를 계속 참조하고 있기 때문에 garbage collector가 없어진 Activity를 수집할 수 없어 메모리릭이 발생할 수 있다.

10.2 비동기 타스크(AsyncTask)의 사용 형식

비동기 타스크를 정의하는 기본적인 형식은 다음과 같다.

```
private class 타스크이름 extends AsyncTask<Params, Progress, Return>
{
}
```

타스크 이름은 Java의 클래스 이름이므로 반드시 대문자 알파벳으로 시작하고, 의미있는 단어의 첫 번째 글자를 대문자로 하여 만든다. Params는 비동기 타스크를 시작할 때 제공하는 정보의 데이터 타입을 표시한다. Progress는 비동기 타스크가 동작할 때 Activity의 정보를 변경하는 처리과정에 제공하는 정보의 데이터 타입이다. Return은 비동기타스크의 동작인 doInBackground()를 완료하고, doPostExecute()로 넘어갈 때 제공하는 정보의 타입이다.

비동기 타스크의 동작은 [그림 10-2]와 같이 이루어진다.

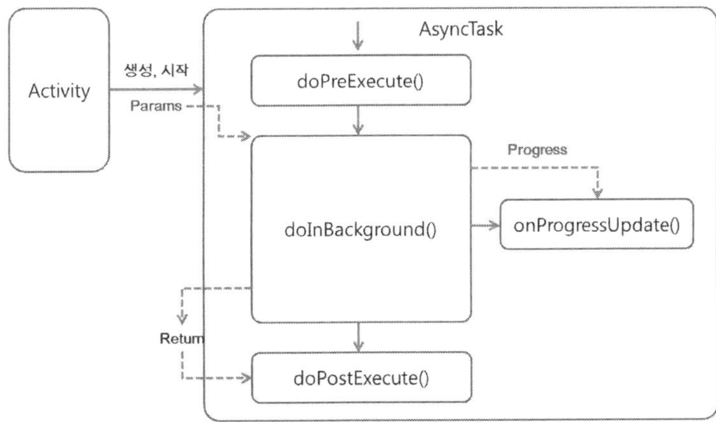

[그림 10-2] AsyncTask의 동작

현재 동작중인 Activity에서 생성하여 시작시킨다. 이때 Params에 해당하는 데이터를 제공한다. 데이터의 개수에는 제한이 없으면 여러 개의 동일 타입의 데이터를 제공할 수 있다. 이때 제공된 데이터는 doPreExecute()에서 추출하여 사용한다. 비동기타스크는 먼저 doPreExecute(), doInBackground(), doPostExecute() 순서로 동작하며, doPreExecute()와 doPostExecute()는 생략이 가능하고 doInBackground()는 반드시 구현하여야 한다.
doInBackground()가 비동기타스크의 주된 처리 내용을 가지고 있어야 하며, 이 처리과정이 완료되면 doPostExecute()으로 이동하게 되는데 이때 doPostExecute(DataType result)의 형식 파라메터로 정의된 result에 비동기 타스크를 정의할 때 표시한 데이터 타입(〈Params, Progress, Return〉)인 Return과 일치하는 데이터를 제공해야 한다. 즉 doPostExecute(String result)로 정의되었다면 비동기 타스크를 정의할 때 표시한 데이터 타입은 〈Params, Progress, String〉 이 되어야 한다.

10.3 비동기 타스크(AsyncTask)의 정의

```
private class DownloadAgent extends AsyncTask<String, Void, String>
{

    protected void onPreExecute()
    {
    }

    protected String doInBackground(String... params)
    {
        String returnData = "";
        return returnData;
    }

    protected void onPostExecute(String result)
    {
    }
}
```

비동기타스크를 정의할 때 AsyncTask〈String, Void, String〉로 정의한 것은 비동기타스크를 시작할 때 String(첫 번째 String)으로 된 자료를 제공한다는 의미이다. 이 데이터는 doInBackground()를 실행할 때 전달되어 활용된다.

```
protected String doInBackground(String... params)
```

두번째 데이터를 Void로 정의한 것은 doProgressUpdate()를 활용하지 않는다는 의미이다. 마지막 데이터를 String으로 정의한 것은 doInBackground()의 처리 결과가 String데이터로 나와서 onPostExecute()로 전달 된다는 의미이다. 그러므로 doInBackground()의 결과 값을 나타내는 데이터 타입(return value)이 String으로 정의되어 있다.

```
protected String doInBackground(String... params) {
     String returnData="";
}
```

그리고 doInBackground()에서 return명령으로 전달하는 데이터가 String으로 되어 있다. doInBackground() 결과는 onPostExecute()의 입력 데이터가 되도록 결정되어 있기 때문에 doInBackground()는 onPostExecute()의 입력 데이터 타입이고, extends AsyncTask〈Param, Progress, Return〉에서 지정한 Return 타입을 return 해야 한다.

또한 onPostExecute()의 입력 데이터가 String으로 정의되어 있다.

```
protected void onPostExecute(String result)
```

결국 AsyncTask를 정의할 때 세 번째 데이터 타입, doInBackground()에서 return하는 데이터 타입, onPostExecute()의 입력 데이터 타입이 동일해야 한다.

```
private class DownloadAgent extends AsyncTask<Param, Progress, Return>
{


}
protected String doInBackground(String... params) {
     return String ;
}

protected void onPostExecute(String result) {

}
```

10.4 비동기 타스크(AsyncTask)의 생성 및 시작

먼저 Java의 new 연산자를 이용하여 비동기타스크인 DownloadAgent를 생성한다. 생성된 비동기타스크를 시작시키는 것은 .execute(Params 데이터) 메소드를 호출하여 시작한다.

```
DownloadAgent  agent = new DownloadAgent();
agent.execute( "http://www.ysu.ac.kr", "Youngsan University" );
```

실제 DownloadAgent 비동기 타스크의 정의에는 execute()라는 메소드가 정의되어 있지 않지만, DownloadAgent agent = new DownloadAgent();를 통하여 생성된 비동기타스크 인스턴스인 agent는 execute() 메소드를 호출할 수 있고, 이를 통하여 비동기타스크를 시작할 수 있다. 사용자의 Async Task 정의에는 없지만 실행을 위한 메소드가 execute()로 정의되어 있기 때문에 execute()를 이용하여 시작한다. Java의 Thread의 경우도 사용자 정의 Thread에 Start() 메소드를 정의하지 않지만 Thread를 시작할 때는 Start() 메소드를 사용하여 시작하는 것과 동일하게 이해하면 좋겠다.
주의해야 하는 것은 execute()를 호출할 때 제공하는 모든 데이터가 동일한 데이터 타입을 가지고 있어야 한다는 것이다. 비동기타스크를 정의할 때 작성한 파라메터인 〈Params, Progress, Return〉의 Params에 String을 적었다면, execute() 메소드를 호출할 때 제공하는 모든 데이터는 String 이어야 한다. 혹시 스트링과 정수를 함께 전달해야 하는 상황이면, 정수를 String으로 전환(간단하게 정수 데이터에 ""을 더하여 만듦)하여 전달하고, doInBackground() 메소드에서 String을 다시 정수로 전환(Integer.parseInt()를 활용)하여 사용해야 한다.

10.5 비동기 타스크(AsyncTask)의 전달 데이터 처리

비동기타스크를 실행시키는 .execute(Params 데이터) 메소드 호출을 통하여 전달된 데이터는 doInBackground( )에서 처리된다. 이때 데이터의 수를 제한하지 않지만 데이터 타입은 반드시 모든 데이터가 동일하야 한다. 전달된 데이터를 처리하는 방법은 [그림 10-3]과 같이 처리한다.

```
DownloadAgent agent = new DownloadAgent();
agent.execute( "http://www.ysu.ac.kr", "Youngsan University" );
```



```
protected String doInBackground(String... params)
{
    String returnData = "";
    return returnData;
}
```

[그림 10-3] Async Task 데이터 전달방법

시작시 제공된 데이터는 (로 부터 순서대로 doInBackground(String... params)에서 정의된 params 배열에 저장되며, 0번부터 순서대로 저장되어 전달되기 때문에 하나씩 추출하여 사용이 가능하다. 호출시 제공된 데이터를 추출하는 작업에서 params[0]은 첫 번째 데이터를 의미하고, params[1]은 두 번째 데이터를 의미한다. 이와 같은 방법으로 여러 개의 입력 데이터를 제공하고 활용할 수 있다. 아래 예의 경우 firstData는 agent. execute() 호출시 제공한 "AAA"가, secondData는 "BBB", thirdData는 "CCC"가 저장된다.

```
// 호출...
DownloadAgent agent = new DownloadAgent();
agent.execute( “ AAA ” , “ BBB ” , “ CCC ” );
...

// 타스크 동작시
protected String doInBackground(String... params)
{
        String firstData = params[0];
        String secondData = params[1];
        String thirdData = params[2];


        ...

}
```

10.6 비동기 타스크(AsyncTask) 예제 만들기

주어진 사이트의 홈페이지 내용을 Download하여 Activity의 TextView에 보여주는 예제 프로그램을 만들어 보자.

① 새로운 프로젝트를 생성(File-> New-> New Project)하여 Application name에 AsyncTaskExample을 입력하고 차례대로 [Next] 한 후에 [Finish]를 선택한다.

② activity_main.xml을 아래 그림과 같이 설계한다.

인터넷에서 홈페이지의 내용을 Download하는 것을 시작하는 Button과 홈페이지의 내용을 화면에 보여주기 위한 TextView로 구성되어 있다. 전체적으로는 앱 화면의 위쪽(Top)을 기준으로 배치했다.

③ activity_main.xml의 text는 다음과 같다. 이 때 TextView의 Id는 tvDownload, Button의 Id는 btnDownload로 설정한다.

- TextView의 설정내용

```
<TextView
    android:id="@+id/tvDownload"
    android:layout_width="350dp"
    android:layout_height="208dp"
    android:text="Hello World!"
```

```
        app:layout_constraintBottom_toBottomOf="parent"
        app:layout_constraintLeft_toLeftOf="parent"
        app:layout_constraintRight_toRightOf="parent"
        app:layout_constraintTop_toTopOf="parent"
        app:layout_constraintVertical_bias="0.095" />
```

– Button에 대한 설정내용

```
    <Button
        android:id="@+id/btnDownLoad"
        android:layout_width="114dp"
        android:layout_height="wrap_content"
        android:layout_marginBottom="8dp"
        android:layout_marginEnd="8dp"
        android:layout_marginLeft="8dp"
        android:layout_marginRight="8dp"
        android:layout_marginStart="8dp"
        android:layout_marginTop="360dp"
        android:text="download"
        app:layout_constraintBottom_toBottomOf="parent"
        app:layout_constraintEnd_toEndOf="parent"
        app:layout_constraintHorizontal_bias="0.877"
        app:layout_constraintStart_toStartOf="parent"
        app:layout_constraintTop_toTopOf="parent"
        app:layout_constraintVertical_bias="0.736" />
```

④ 최초 MainActivity는 다음과 같은 코드로 되어 있다.

```
package com.envoy.jeo.asynctaskexample;
import android.support.v7.app.AppCompatActivity;
import android.os.Bundle;
public class MainActivity extends AppCompatActivity {

    @Override
    protected void onCreate(Bundle savedInstanceState) {
        super.onCreate(savedInstanceState);
        setContentView(R.layout.activity_main);
    }
}
```

⑤ AsyncTask DownloadAgent를 정의한 MainActivity는 다음과 같이 변경된다.

```
public class MainActivity extends AppCompatActivity {
    @Override
    protected void onCreate(Bundle savedInstanceState) {
        super.onCreate(savedInstanceState);
        setContentView(R.layout.activity_main);
    }
    private class DownloadAgent extends AsyncTask<String, Integer, String >
    {
    }
}
```

private class DownloadAgent extends AsyncTask〈String, Integer, String 〉 줄에서 마우스 오른쪽 버턴을 클릭하고, Generate-〉Override Method를 선택하면 다음 그림과 같은 메소드가 나열되고, doPreExecute(), doInBackground(), doPostExecute()를 차례대로 선택하면 다음과 같은 MainActivity 가 만들어 진다. 비동기타스크를 정의할 때 사용된 데이터 타입(AsyncTask〈String, Integer, String 〉)에 따라서 자동으로 각 메소드가 정의 되는 것을 볼 수 있다.

```
public class MainActivity extends AppCompatActivity {

    ...

    private class DownloadAgent extends AsyncTask<String, Integer, String >
    {
        @Override
        protected String doInBackground(String... strings) {
            return null;
        }
        @Override
        protected void onPreExecute() {
            super.onPreExecute();
        }
        @Override
        protected void onPostExecute(String s) {
            super.onPostExecute(s);
        }
    }
}
```

doInBackground() : 인터넷의 특정 홈페이지의 내용을 가져오는 기능을 구현하고 있으며, 통상 인터넷을 통하여 홈페이지를 호출하고 나오는 결과를 받아오는 전형적인 코드이기 때문에 구체적인 설명은 생략한다.

```
@Override
protected String doInBackground(String... strings) {
     String returnHtml="";
     try {
          URL url = new URL( strings[0] );
          HttpURLConnection conn = (HttpURLConnection) url.openConnection();
          conn.setRequestMethod("GET");
          conn.setRequestProperty("Content-type", "application/json");
          BufferedReader rd;
          if (conn.getResponseCode()>=200 && conn.getResponseCode()<=300) {
             rd = new BufferedReader(
                 new InputStreamReader(conn.getInputStream())
             );
          } else {
             rd=new BufferedReader(
                      new InputStreamReader(conn.getErrorStream())
             );
          }
          StringBuilder sb = new StringBuilder();
          String line;
          while ((line = rd.readLine()) != null) {
                    sb.append(line);
          }
          rd.close();
          conn.disconnect();
          returnHtml = sb.toString().trim();
     }catch(Exception e){
         returnHtml="ERROR<BR>" +e.getMessage() +"<BR>";
     }
     return strings[1]+"::"+returnHtml ;
}
```

doInBackground()가 종료하면 자동적으로 onPostExecute()가 실행된다. 이 때 doInBackground()에서 String에 저장된 홈페이지 호출의 결과를 retun하게 되고, return된 String이 onPostExecute()의 입력 데이터로 전달된다. onPostExecute()의 내용은 홈페이지의 결과를 layout_main에 준비된 TextView에 나타나게 한다.

```
@Override
protected void onPostExecute(String s) {
     super.onPostExecute(s);
     mtvDownload.setText( s );
}
```

⑥ MainActivity에서 사용하는 TextView는 별도의 클래스인 DownloadAgent에서 바로 사용할 수 없기 때문에 MainActivity의 멤버변수로 선언하고, 이를 DownloadAgent에서 사용할 수 있다. 따라서 MainActivity의 내용이 다음과 같이 변경되어야 한다.

```
private TextView  mtvDownload = null;
@Override
protected void onCreate(Bundle savedInstanceState) {
   super.onCreate(savedInstanceState);
   setContentView(R.layout.activity_main);
   mtvDownload  = (TextView) findViewById( R.id.tvDownload );
}
```

⑦ Button을 클릭했을 때 AsyncTask를 생성하고 호출하는 부분을 처리하는 리스너를 설정하면 onCreate()가 다음과 같이 변경된다.

```
private TextView  mtvDownload = null;
@Override
protected void onCreate(Bundle savedInstanceState) {
   super.onCreate(savedInstanceState);
   setContentView(R.layout.activity_main);

   Button btnDownload = (Button) findViewById( R.id.btnDownLoad );
```

```
    btnDownload.setOnClickListener(
            new View.OnClickListener() {
                @Override
                public void onClick(View view) {
                    DownloadAgent agent = new DownloadAgent();
                    agent.execute( "http://www.ysu.ac.kr", "Youngsan University"
);
                }
            }
    );
    mtvDownload = (TextView) findViewById( R.id.tvDownload );
}
```

또한 안드로이드 앱에서 인터넷을 활용하여 어떤 처리를 수행하면 일반적으로 아래 그림과 같은 오류가 발생한다. 특히 인터넷과 같은 기능을 사용하기 위해서는 앱에 인터넷 사용에 관한 권한을 부여해야 하는데 이는 AndroidManifest.xml에서 설정한다.

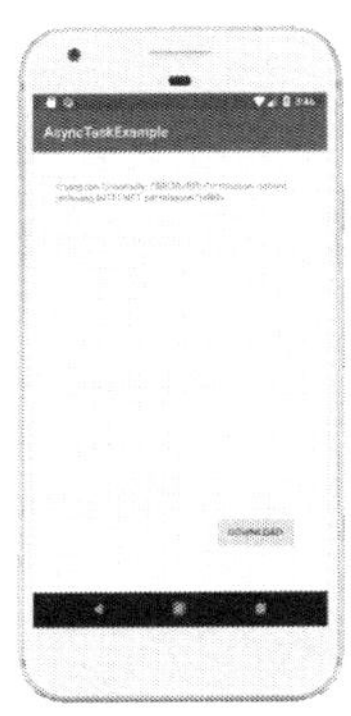

인터넷 사용에 관한 권한 부여 없이 수동했을 때 발생하는 오류를 보여준다. 인터넷 뿐만 아니라 다양한 리소스를 활용하는 앱은 각 리소스의 활용 이전에 사용권한을 부여해여 한다. 각 사용권한 별로 지정되어 있어 필요한 사용권한을 부여해야 한다. 안드로이드 앱에서 모든 사용권한은 uses-permission에 대한 설정을 AndroidManifest.xml 파일에서 지정하여야 한다. 마시멜로(Marshmallow) 버전 이후에는 Manifest에서의 권한 설정과는 별개로 프로그램 코드로 권한 부여를 확인해야 한다.

인터넷 사용에 필요한 권한 설정이 지정된 AndroidManifest.xml

```
<?xml version="1.0" encoding="utf-8"?>
<manifest xmlns:android="http://schemas.android.com/apk/res/android"
    package="com.envoy.jeo.asynctaskexample">
    <uses-permission android:name="android.permission.INTERNET"/>
    <application
        android:allowBackup="true"

            ...

    </application>
</manifest>
```

10.7 인터넷에서 사이트 내용 가져오기 예제

인터넷 사이트의 홈페이지를 가져오는 비동기타스크(AsncTask)를 만드는 앱 프로그램의 전체를 차례대로 정리한다.

1. AndroidManifest.xml

```
<?xml version="1.0" encoding="utf-8"?>
<manifest xmlns:android="http://schemas.android.com/apk/res/android"
    package="com.envoy.jeo.asynctaskexample">
    <uses-permission

android:name="android.permission.INTERNET"></uses-permission>
    <application
        android:allowBackup="true"
        android:icon="@mipmap/ic_launcher"
        android:label="@string/app_name"
        android:roundIcon="@mipmap/ic_launcher_round"
        android:supportsRtl="true"
        android:theme="@style/AppTheme">
        <activity android:name=".MainActivity">
            <intent-filter>
                <action android:name="android.intent.action.MAIN" />

                <category android:name="android.intent.category.LAUNCHER" />
            </intent-filter>
        </activity>
    </application>

</manifest>
```

2. layout/activity_main.xml

```
<?xml version="1.0" encoding="utf-8"?>
<android.support.constraint.ConstraintLayout
 xmlns:android="http://schemas.android.com/apk/res/android"
    xmlns:app="http://schemas.android.com/apk/res-auto"
    xmlns:tools="http://schemas.android.com/tools"
    android:layout_width="match_parent"
    android:layout_height="match_parent"
    tools:context=".MainActivity">

    <TextView
        android:id="@+id/tvDownload"
        android:layout_width="350dp"
        android:layout_height="208dp"
        android:text="Hello World!"
        app:layout_constraintBottom_toBottomOf="parent"
        app:layout_constraintLeft_toLeftOf="parent"
        app:layout_constraintRight_toRightOf="parent"
        app:layout_constraintTop_toTopOf="parent"
        app:layout_constraintVertical_bias="0.095" />

    <Button
        android:id="@+id/btnDownLoad"
        android:layout_width="114dp"
        android:layout_height="wrap_content"
        android:layout_marginBottom="8dp"
        android:layout_marginEnd="8dp"
        android:layout_marginLeft="8dp"
        android:layout_marginRight="8dp"
        android:layout_marginStart="8dp"
        android:layout_marginTop="360dp"
        android:text="download"
        app:layout_constraintBottom_toBottomOf="parent"
        app:layout_constraintEnd_toEndOf="parent"
        app:layout_constraintHorizontal_bias="0.877"
        app:layout_constraintStart_toStartOf="parent"
        app:layout_constraintTop_toTopOf="parent"
        app:layout_constraintVertical_bias="0.736" />

</android.support.constraint.ConstraintLayout>
```

3. MainActivity.java

```
public class MainActivity extends AppCompatActivity {

    private Context mContext = this;
    private TextView  mtvDownload = null;
    @Override
    protected void onCreate(Bundle savedInstanceState) {
        super.onCreate(savedInstanceState);
        setContentView(R.layout.activity_main);

        Button btnDownload = (Button) findViewById( R.id.btnDownLoad );
        btnDownload.setOnClickListener(
                new View.OnClickListener() {
                    @Override
                    public void onClick(View view) {
                        DownloadAgent agent = new DownloadAgent();
                        agent.execute( "http://www.ysu.ac.kr", "Youngsan
University" );
                    }
                }
        );
        mtvDownload  = (TextView) findViewById( R.id.tvDownload );

    }
    private class DownloadAgent extends AsyncTask<String, Integer, String >
    {
        ProgressDialog progressdialog = new ProgressDialog(mContext );
        @Override
        protected String doInBackground(String... strings) {
            String returnHtml="";
            try {
                URL url = new URL( strings[0] );
                HttpURLConnection conn = (HttpURLConnection)
url.openConnection();
                conn.setRequestMethod("GET");
                conn.setRequestProperty("Content-type", "application/json");
                BufferedReader rd;
                if (conn.getResponseCode() >= 200
                        && conn.getResponseCode() <= 300) {
```

```
                rd = new BufferedReader(
                        new InputStreamReader(conn.getInputStream())
                    );
            } else {
                rd = new BufferedReader(
                        new InputStreamReader(conn.getErrorStream())
                    );
            }
            StringBuilder sb = new StringBuilder();
            String line;
            while ((line = rd.readLine()) != null) {
                sb.append(line);
            }
            rd.close();
            conn.disconnect();
            returnHtml = sb.toString().trim();
        }catch(Exception e){
            returnHtml="ERROR<BR>" +e.getMessage() +"<BR>";
        }
        return strings[1]+"::"+returnHtml ;
    }

    @Override
    protected void onPreExecute() {
        super.onPreExecute();
        progressdialog.setProgressStyle( ProgressDialog.STYLE_SPINNER );
        progressdialog.show();
    }

    @Override
    protected void onPostExecute(String s) {
        super.onPostExecute(s);
        progressdialog.dismiss();
        mtvDownload.setText( s );

    }
  }

}
```

4. 실행결과

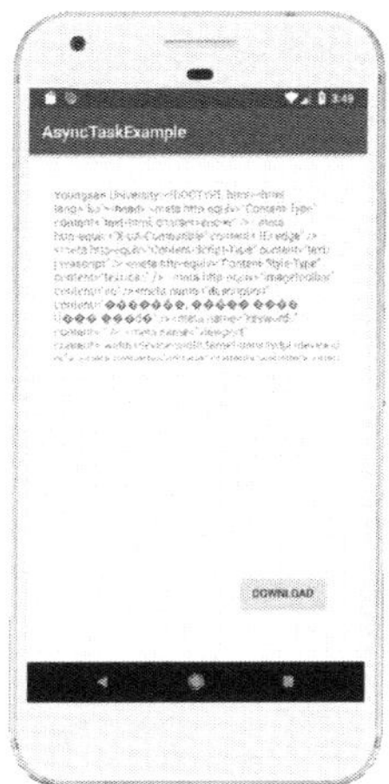

참·고·자·료

[1] https://developer.android.com/reference/android/os/AsyncTask

[2] https://webnautes.tistory.com/1082

[3] http://ismydream.tistory.com/130

[4] http://jo.centis1504.net/?p=966

진행 대화상자 (Progress Dialog)

11

이 장에서는 기본적인 진행 대화상자(ProgressDialog)를 활용하는 예제와 함께 회전하는 Spinner 이미지를 활용하여 사용자가 만들어서 사용하는 진행 대화상자를 화면에 나타내는 앱을 제작해 보려고 한다.

11.1 기본 진행대화상자(ProgressDialog) 활용

이 절에서는 안드로이드에서 제공해주는 진행대화상자를 활용하는 간단한 앱 Application을 만들어 보도록 합니다.

11-1-1. 진행대화상자(Progress Dialog)의 기본기능

ProgressDialog
public class ProgressDialog
extends AlertDialog

java.lang.Object
↳ android.app.Dialog
↳ android.app.AlertDialog
↳ android.app.ProgressDialog

[그림 11-1] Progress Dialog 상속도

[그림 11-1]의 진행 대화상자(ProgressDialog)는 안드로이드 앱에서 어떤 일을 진행할 때 일정시간을 기다려야 하는 경우, 앱이 중지되지 않고 내부적으로 일을 진행하고 있다는 것과 일의 진행 상황을 사용자에게 알려주어 앱의 사용자가 지루해하거나 사용자가 불필요한 동작을 하지 않도록 하는 기능을 제공한다. 특히 인터넷을 활용하여 일을 진행하거나 이미지를 화면에 띄우는 경우 일정 시간의 대기시간이 필요한데, 이때는 일의 진행사항을 알려주어 사용자가 안심하고 기다리도록 해 주어야 한다.

안드로이드에서 제공하는 기본적인 대화상자는 [그림 11-2]의 휠(wheel) 형태(STYLE_SPINNER)와 [그림 11-3]의 바(bar) 형태(STYLE_HORIZONTAL)를 제공하고 있다.

11-1-2. 진행대화상자의 생성

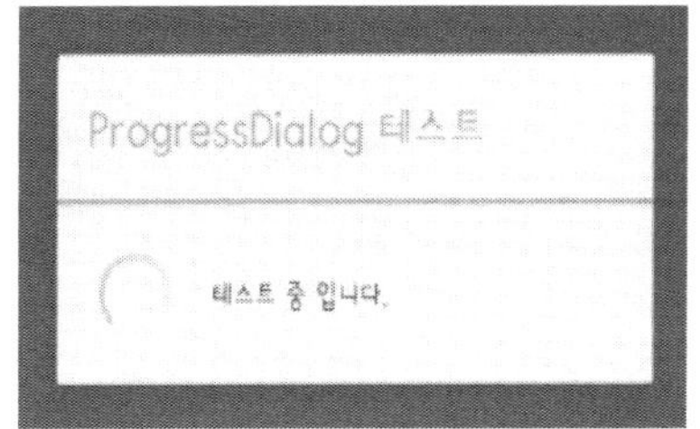

[그림 11-2] 휠모양 진행대화상자

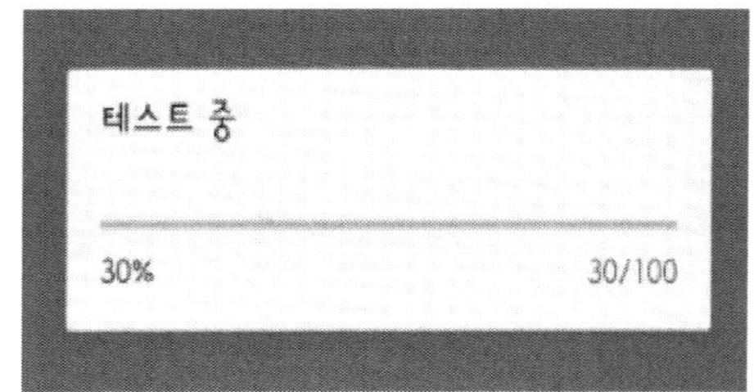

[그림 11-3] 바모양 진행대화상자

진행대화상자(ProgressDialog)를 사용하기 위하여 반드시 새로운 진행대화상자를 생성하여 사용하며, 새로운 진행대화상자를 생성하는 것은 JAVA의 new 연산자를 사용하여 다음과 같이 코딩한다. 진행대화상자는 [그림 11-1]에서 보여지는 상속도를 가지는 안드로이드에서 제공하는 ProgressDialog 클래스를 사용한다.

```
ProgressDialog myProgress = new ProgressDialog( this ) ;
```

이때 반드시 진행대화상자가 나타나게 되는 Activity를 지정해 주어야 하며, 통상 this를 지정하면 현재 화면에 나타난 Activity를 의미하게 된다. ProgressDialog를 사용하게 되면 ProgressDialog를 import해야 하는데 java 파일의 가장 상단에 다음과 같은 import 가 추가되어야 한다.

```
import android.app.ProgressDialog;
```

11-1-3. 진행대화상자의 설정

진행대화상자의 형태 설정를 설정하기 위하여 상수(Constance)를 활용하는데 안드로이드에서 제공하는 상수 STYLE_HORIZONTAL는 바(bar) 형태의 진행 대화상자를 지정할 때 사용한다. 상수 STYLE_SPINNER는 휠(wheel) 형태의 진행 대화상자를 지정할 때 사용한다. 각 형태 설정을 위한 코드는 다음과 같다.

```
myProgress.setProgressStyle( ProgressDialog.STYLE_HORIZONTAL );
myProgress.setProgressStyle( ProgressDialog.STYLE_SPINNER );
```

진행대화상자의 메시지 설정(setMessage())은 진행 대화상자가 나타날 때 진행을 나타내는 형태와 함께 대화상자에 나타나는 글자를 설정하는 명령이다. 반드시 글자를 의미하는 String을 입력데이터로 제공해야 한다. 메시지 설정에 대한 코딩은 다음과 같다.

```
myProgress.setMessage( “ 메시지 ” );
```

진행대화상자는 최소값(=0)과 getMax()값(=100) 사이의 progress 값에 따라서 휠이나 바에 해당 값만큼 표시를 하고, progress값이 getMax()값에 도달하면 작업이 완료됨을 표시한다. 최대값을 나타내는 Max값의 설정은 setMax()을 이용하여 설정하며, 특별한 설정이 없을 경우 100으로 설정한다.

```
myProgress.setMax( 100 );
```

progress 는 현재 진행중인 작업의 정도를 나타내는 값으로 0과 getMax() 사이의 값을 가지는데 이 값의 설정은 setProgress()를 이용한다. 이 setProgress()를 이용하여 값을 변경하면 바나 휠에 표시되는 진행상황이 값만큼 표시되게 된다.

```
myProgress.setProgress( 30 );
```

11-1-4. 진행대화상자를 나타내기

진행 대화상자를 앱 화면에 나타나게 하는 명령은 show()를 이용한다. 위에서 설정한 값에 따라서 진행 대화상자가 화면에 나타나게 된다. 진행 대화상자가 나타나면 기존의 Activity는 사용을 자제하고 기다려 달라는 의미이다. 진행대화상자는 progress값의 변화에 따라서 동작하게 된다. 이렇게 기존 Activity의 동작을 중단하고 대화상자의 동작만 일어나게 하는 방식을 모달(Model) 대화상자라고 부른다. 즉 진행대화상자는 모달 대화상자이다.

```
myProgress.show();
```

11-1-5. 진행대화상자를 종료하기

진행 대화상자를 화면에서 사라지게 하는 명령은 dismiss()를 이용한다. 이 명령으로 화면에서 진행 대화상자가 사라지고, 기존에 동작하던 Activity(하나의 엑티비티는 하나의 화면을 의미한다)가 정상적으로 동작한다.

```
myProgress.dismiss();
```

11-1-6. 기본 진행대화상자 활용한 예제 만들기

① Project 생성

- [File]->[New]->[New Project] 선택
- [Create Android Project]에서 Application name에 ProgressDialogExample을 입력하고 ->[Next] 클릭
- [Target Android Devices]는 기본적으로 제공하는 기능을 그대로 두고 [Next] 클릭
- [Confiogure Activity]는 기본적으로 제공하는 기능을 그대로 두고 [Next] 클릭
- [Add an Activity to Mobile] [Empty Activity]를 클릭하고 [Next] 클릭
- [Confiogure Activity]에서 [Finish]를 클릭하여 프로젝트를 만든다.

② layout 설계 : activity_main.xml

DIALOG START 버턴에 대한 설정 내용

```
<Button
android:id="@+id/btnEnd"
android:layout_width="138dp"
android:layout_height="wrap_content"
android:layout_marginBottom="32dp"
android:layout_marginEnd="8dp"
android:layout_marginLeft="8dp"
android:layout_marginRight="8dp"
android:layout_marginStart="8dp"
android:layout_marginTop="8dp"
android:text="Dialog End"
app:layout_constraintBottom_toBottomOf="parent"
app:layout_constraintEnd_toEndOf="parent"
app:layout_constraintHorizontal_bias="0.104"
app:layout_constraintStart_toStartOf="parent"
app:layout_constraintTop_toTopOf="parent"
app:layout_constraintVertical_bias="0.993" />
```

DIALOG END 버턴에 대한 설정 내용

```
<Button
android:id="@+id/btnStart"
android:layout_width="138dp"
android:layout_height="wrap_content"
android:layout_marginBottom="32dp"
android:layout_marginEnd="8dp"
android:layout_marginLeft="8dp"
android:layout_marginRight="8dp"
android:layout_marginStart="8dp"
android:layout_marginTop="8dp"
android:text="Dialog Start"
app:layout_constraintBottom_toBottomOf="parent"
app:layout_constraintEnd_toEndOf="parent"
app:layout_constraintHorizontal_bias="0.873"
app:layout_constraintStart_toStartOf="parent"
app:layout_constraintTop_toTopOf="parent"
app:layout_constraintVertical_bias="0.993" />
```

③ MainActivity 수정

프로젝트의 생성에서 기본적으로 제공되는 MainActivity에서 앱의 동작에 필요한 여러 가지 요소를 하나씩 코딩하여 MainActivity를 수정한다.

- 기본제공 MainActivity

```
public class MainActivity extends AppCompatActivity {
    // 맴버변수에 대한 정의(다른 요소에서 사용)
    @Override
    protected void onCreate(Bundle savedInstanceState) {
        super.onCreate(savedInstanceState);
        setContentView(R.layout.activity_main);
         // DIALOG START 에 대한 처리
         // DIALOG END에 대한 처리
    }
}
```

- Context, ProgressDialog 맴버변수 선언

```
    ProgressDialog myDialog = null;
    Context context = this;
```

- DIALOG START에 대한 처리 : 버턴에 대한 CLICK 리스너 설정

```
Button btnStart = (Button) findViewById( R.id.btnStart );
btnStart.setOnClickListener(
   new View.OnClickListener() {
      @Override
      public void onClick(View view) {

      }
   }
);
```

- DIALOG START에 대한 처리 : CLICK 했을 때 진행 대화상자 처리

```
Button btnStart = (Button) findViewById( R.id.btnStart );
btnStart.setOnClickListener(
   new View.OnClickListener() {
      @Override
      public void onClick(View view) {
         myDialog = new ProgressDialog( context );
         myDialog.setProgressStyle( ProgressDialog.STYLE_HORIZONTAL );
         myDialog.setMax( 50 );
         myDialog.setMessage( "진행대화상자예제);
         myDialog.setProgressNumberFormat("%1d/%2d");
         myDialog.setProgress( 25 );
         myDialog.show();
      }
   }
);
```

- DIALOG END에 대한 처리 : 버턴에 대한 CLICK 리스너 설정

```
Button btnEnd = (Button) findViewById( R.id.btnEnd );
btnEnd.setOnClickListener(
   new View.OnClickListener() {
      @Override
      public void onClick(View view) {

      }
   }
);
```

- DIALOG END에 대한 처리 : CLICK 했을 때 진행 대화상자 닫기

```
Button btnEnd = (Button) findViewById( R.id.btnEnd );
btnEnd.setOnClickListener(
   new View.OnClickListener() {
      @Override
      public void onClick(View view) {
         myDialog.dismiss();
```

```
        }
    }
);
```

④ 전체프로그램

- AndroidManifest.xml

```
<?xml version="1.0" encoding="utf-8"?>
<manifest xmlns:android="http://schemas.android.com/apk/res/android"
    package="com.envoy.jeo.progressdialogexample">
    <application
        android:allowBackup="true"
        android:icon="@mipmap/ic_launcher"
        android:label="@string/app_name"
        android:roundIcon="@mipmap/ic_launcher_round"
        android:supportsRtl="true"
        android:theme="@style/AppTheme">
        <activity android:name=".MainActivity">
            <intent-filter>
                <action android:name="android.intent.action.MAIN" />
                <category android:name="android.intent.category.LAUNCHER" />
            </intent-filter>
        </activity>
    </application>
</manifest>
```

- layout/activity_main.xml

```
<?xml version="1.0" encoding="utf-8"?>
<android.support.constraint.ConstraintLayout
xmlns:android="http://schemas.android.com/apk/res/android"
    xmlns:app="http://schemas.android.com/apk/res-auto"
    xmlns:tools="http://schemas.android.com/tools"
    android:layout_width="match_parent"
    android:layout_height="match_parent"
```

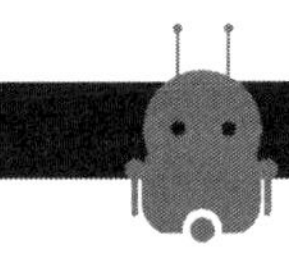


```
    tools:context=".MainActivity">

    <Button
        android:id="@+id/btnEnd"
        android:layout_width="138dp"
        android:layout_height="wrap_content"
        android:layout_marginBottom="32dp"
        android:layout_marginEnd="8dp"
        android:layout_marginLeft="8dp"
        android:layout_marginRight="8dp"
        android:layout_marginStart="8dp"
        android:layout_marginTop="8dp"
        android:text="Dialog End"
        app:layout_constraintBottom_toBottomOf="parent"
        app:layout_constraintEnd_toEndOf="parent"
        app:layout_constraintHorizontal_bias="0.104"
        app:layout_constraintStart_toStartOf="parent"
        app:layout_constraintTop_toTopOf="parent"
        app:layout_constraintVertical_bias="0.993" />
    <Button
        android:id="@+id/btnStart"
        android:layout_width="138dp"
        android:layout_height="wrap_content"
        android:layout_marginBottom="32dp"
        android:layout_marginEnd="8dp"
        android:layout_marginLeft="8dp"
        android:layout_marginRight="8dp"
        android:layout_marginStart="8dp"
        android:layout_marginTop="8dp"
        android:text="Dialog Start"
        app:layout_constraintBottom_toBottomOf="parent"
        app:layout_constraintEnd_toEndOf="parent"
        app:layout_constraintHorizontal_bias="0.873"
        app:layout_constraintStart_toStartOf="parent"
        app:layout_constraintTop_toTopOf="parent"
        app:layout_constraintVertical_bias="0.993" />
</android.support.constraint.ConstraintLayout>
```

- MainActivity.java

```
public class MainActivity extends AppCompatActivity {
    ProgressDialog myDialog = null;
    Context context = this;
    @Override
    protected void onCreate(Bundle savedInstanceState) {
        super.onCreate(savedInstanceState);
        setContentView(R.layout.activity_main);

        Button btnStart = (Button) findViewById( R.id.btnStart );
        btnStart.setOnClickListener(
                new View.OnClickListener() {
                    @Override
                    public void onClick(View view) {
                        myDialog = new ProgressDialog( context );
                        myDialog.setProgressStyle( ProgressDialog.STYLE_SPINNER );
                        myDialog.setMax( 50 );
                        myDialog.setMessage( "진행 대화상자 예제" );
                        myDialog.setProgressNumberFormat("%1d/%2d");
                        myDialog.setProgress( 25 );
                        myDialog.show();
                    }
                }
        );

        Button btnEnd = (Button) findViewById( R.id.btnEnd );
        btnEnd.setOnClickListener(
                new View.OnClickListener() {
                    @Override
                    public void onClick(View view) {
                        myDialog.dismiss();
                    }
                }
        );

    }
}
```

- 실행결과

ProgressDialog.STYLE_HORIZONTAL

ProgressDialog.STYLE_SPINNER

11.2 사용자정의 진행대화상자 활용

비동기타스크를 활용하여 지정된 홈페이지의 내용을 다운 받아, 그 내용을 TextView에 나타내는 앱을 만들어 보자.

11-2-1. 프로젝트의 요소별 작성 방법

① Project 생성

- [File]->[New]->[New Project] 선택
- [Create Android Project]에서 Application name에 CustomProgressDialog을 입력하고 ->[Next] 클릭
- [Target Android Devices]는 기본적으로 제공하는 기능을 그대로 두고 [Next] 클릭
- [Confiogure Activity]는 기본적으로 제공하는 기능을 그대로 두고 [Next] 클릭
- [Add an Activity to Mobile] [Empty Activity]를 클릭하고 [Next] 클릭
- [Confiogure Activity]에서 [Finish]를 클릭하여 프로젝트를 만든다.

② layout 설계 : activity_main.xml

다운로드 받은 홈페이지의 내용을 보여주기 위한 TextView (ID:tvDownload), 다운로드 시작을 지정하기 위한 Button (ID:btnDownLoad), 여러번 시도하기 위하여 다운로드 받은 내용을 지우는 Button(ID:btnClear)으로 구성되어 있다.

- Download 버턴에 대한 layout : ID는 btnDownLoad로 설정한다.

```
<Button
    android:id="@+id/btnDownLoad"
    android:layout_width="114dp"
    android:layout_height="wrap_content"
    android:layout_marginBottom="8dp"
    android:layout_marginEnd="8dp"
    android:layout_marginLeft="8dp"
    android:layout_marginRight="8dp"
    android:layout_marginStart="8dp"
    android:layout_marginTop="360dp"
    android:text="download"
    app:layout_constraintBottom_toBottomOf="parent"
    app:layout_constraintEnd_toEndOf="parent"
    app:layout_constraintHorizontal_bias="0.877"
    app:layout_constraintStart_toStartOf="parent"
    app:layout_constraintTop_toTopOf="parent"
    app:layout_constraintVertical_bias="0.736"
/>
```

- Clear 버턴에 대한 layout:ID는 btnClear로 설정한다.

```
<Button
    android:id="@+id/btnClear"
    android:layout_width="114dp"
    android:layout_height="wrap_content"
    android:layout_marginBottom="8dp"
    android:layout_marginEnd="8dp"
    android:layout_marginLeft="8dp"
    android:layout_marginRight="8dp"
    android:layout_marginStart="8dp"
    android:layout_marginTop="360dp"
    android:text="clear"
    app:layout_constraintBottom_toBottomOf="parent"
    app:layout_constraintEnd_toEndOf="parent"
    app:layout_constraintHorizontal_bias="0.145"
    app:layout_constraintStart_toStartOf="parent"
```

```
        app:layout_constraintTop_toTopOf="parent"
        app:layout_constraintVertical_bias="0.736"
    />
```

- Download된 내용을 나타내는 TextView에 대한 layout:ID는 tvDownload로 설정한다.

```
    <TextView
        android:id="@+id/tvDownload"
        android:layout_width="350dp"
        android:layout_height="391dp"
        android:text="Hello World!"
        app:layout_constraintBottom_toBottomOf="parent"
        app:layout_constraintLeft_toLeftOf="parent"
        app:layout_constraintRight_toRightOf="parent"
        app:layout_constraintTop_toTopOf="parent"
        app:layout_constraintVertical_bias="0.095"
    />
```

③ layout 설계 : custom_progress_dialog.xml

사용자가 정의하는 ProgressDialog를 만드는 layout으로 동작 방법은 아래 그림과 같이 동작한다. 회전은 progress_image.xml의 animated-rotate 기능을 이용하여 구현한다.

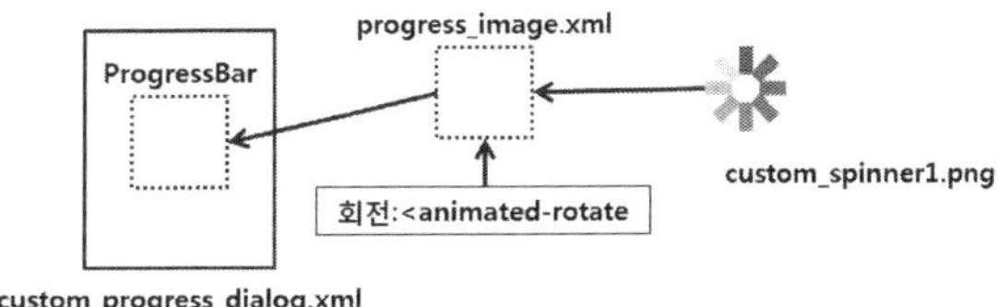

- ProgressDialog 투명 배경에 대한 설정

ProgressBar를 감싸는 LinearLayout에 투명 배경을 지정한다. 투명한 배경의 지정은 @android:color/transparent을 값으로 지정하거나 #00000000를 지정하여 처리한다.

```
<?xml version="1.0" encoding="utf-8"?>
<LinearLayout xmlns:android="http://schemas.android.com/apk/res/android"
    android:orientation="vertical"
    android:layout_width="match_parent"
    android:layout_height="match_parent"
    android:background="@android:color/transparent"
    >
</LinearLayout>
```

- ProgressDialog에 대한 설정

```
    <ProgressBar
        android:layout_width="wrap_content"
        android:layout_height="wrap_content"
        android:layout_centerHorizontal="true"
        android:layout_marginTop="10dp"
        android:indeterminateDrawable="@drawable/progress_image"
    />
```

④ layout 설계 : progress_image.xml

회전축을 50%로 지정한다. 값의 차이에 따라서 회전 축이 달라진다(값에 따라서 어떻게 달라지는지를 각자 확인해 두어야 한다)

```
<?xml version="1.0" encoding="utf-8"?>
<animated-rotate
    xmlns:android="http://schemas.android.com/apk/res/android"
    android:drawable="@drawable/custom_spinner1"
    android:pivotX="50%"
    android:pivotY="50%"
    >
</animated-rotate>
```

- custom_spinner1

- PowerPoint를 이용하여 Spinner 이미지 만드는 방법은 다음과 같다.

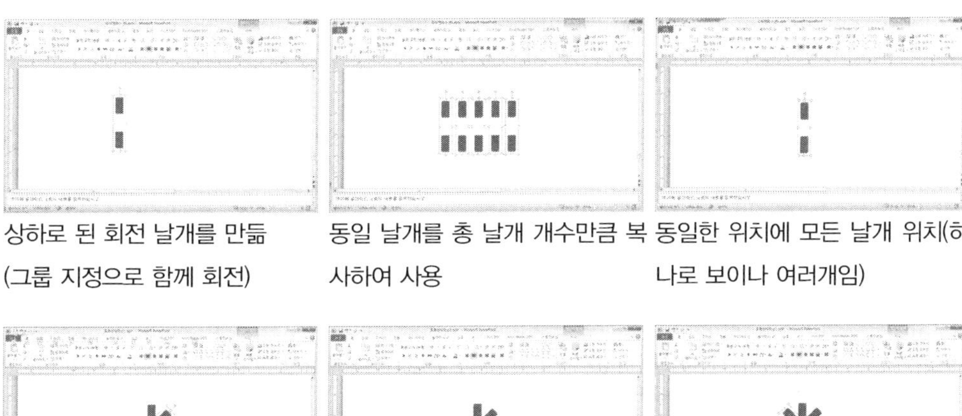

상하로 된 회전 날개를 만듦 (그룹 지정으로 함께 회전)	동일 날개를 총 날개 개수만큼 복사하여 사용	동일한 위치에 모든 날개 위치(하나로 보이나 여러개임)
하나씩 클릭하여 회전(45도) 날개 수에 따라 회전하는 각도가 다름	다음 클릭하여 동일한 방향으로 회전(각도는 첫 회전의 2배)	다음 클릭하여 동일한 방향으로 회전(각도는 첫 회전의 3배)..계속 진행

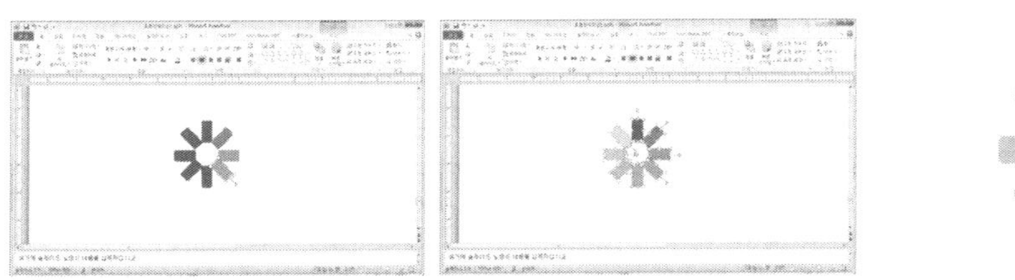

그룹해제 각 날개를 클릭하여 색을 지정(점진적으로 밝게할 것)	전체 택하여 그림으로 저장(png 타입)	완성된 회전 Spinner 이미지

⑤ CustomProgressDialog.java

- R.layout.custom_progress_dialog layout를 지정하여 사용한다.

```
public class CustomProgressDialog extends Dialog {
    public CustomProgressDialog(Context context ){
        super(context);
        this.requestWindowFeature(Window.FEATURE_NO_TITLE);
        this.setContentView( R.layout.custom_progress_dialog );
    }
}
```

⑥ MainActivity.java

- [CLEAR] 버턴에 대한 리스너를 등록하고, TextView에 내용을 삭제하는 기능을 구현하고 있다.

```
mtvDownload  = (TextView) findViewById( R.id.tvDownload );
Button btnClear = (Button) findViewById( R.id.btnClear );
btnClear.setOnClickListener(
    new View.OnClickListener() {
         @Override
         public void onClick(View view) {
             mtvDownload.setText("");
         }
    }
);
```

- [DOWNLOAD] 버턴에 대한 리스너를 등록하고, 비동기타스크를 이용하여 실제 다운로드를 실행하는 기능을 구현한다. 앞장에서 다룬 내용가 동일하게 동작한다.

```
Button btnDownload = (Button) findViewById( R.id.btnDownLoad );
btnDownload.setOnClickListener(
     new View.OnClickListener() {
          @Override
          public void onClick(View view) {
               DownloadAgent agent = new DownloadAgent();
               agent.execute( "http://www.ysu.ac.kr", "Youngsan University" );
          }
     }
);
```

⑦ DownloadAgent extends AsyncTask〈String, Integer, String〉

- onPreExecute( ) : CustomProgressDialog를 시작시킴

```
@Override
protected void onPreExecute() {
    super.onPreExecute();
    customdialog.getWindow().setBackgroundDrawable(
        new ColorDrawable(Color.TRANSPARENT)
    );
    customdialog.show();
}
```

- onPostExecute( ) : CustomProgressDialog를 종료시킴

```
@Override
protected void onPostExecute(String s) {
    super.onPostExecute(s);
    customdialog.dismiss();
    mtvDownload.setText( s );
}
```

11-2-2. 전체 프로그램

- AndroidManifest.xml

```
<?xml version="1.0" encoding="utf-8"?>
<manifest xmlns:android="http://schemas.android.com/apk/res/android"
    package="com.envoy.jeo.customprogreeedialog">
    <uses-permission
android:name="android.permission.INTERNET"></uses-permission>
    <application
        android:allowBackup="true"
        android:icon="@mipmap/ic_launcher"
        android:label="@string/app_name"
        android:roundIcon="@mipmap/ic_launcher_round"
        android:supportsRtl="true"
```

```
        android:theme="@style/AppTheme">
        <activity android:name=".MainActivity">
            <intent-filter>
                <action android:name="android.intent.action.MAIN" />

                <category android:name="android.intent.category.LAUNCHER" />
            </intent-filter>
        </activity>
    </application>

</manifest>
```

- layout/activity_main.xml

```
<?xml version="1.0" encoding="utf-8"?>
<android.support.constraint.ConstraintLayout
xmlns:android="http://schemas.android.com/apk/res/android"
    xmlns:app="http://schemas.android.com/apk/res-auto"
    xmlns:tools="http://schemas.android.com/tools"
    android:layout_width="match_parent"
    android:layout_height="match_parent"
    tools:context=".MainActivity">

    <TextView
        android:id="@+id/tvDownload"
        android:layout_width="350dp"
        android:layout_height="391dp"
        android:text="Hello World!"
        app:layout_constraintBottom_toBottomOf="parent"
        app:layout_constraintLeft_toLeftOf="parent"
        app:layout_constraintRight_toRightOf="parent"
        app:layout_constraintTop_toTopOf="parent"
        app:layout_constraintVertical_bias="0.095" />

    <Button
        android:id="@+id/btnClear"
        android:layout_width="114dp"
```

```
        android:layout_height="wrap_content"
        android:layout_marginBottom="8dp"
        android:layout_marginEnd="8dp"
        android:layout_marginLeft="8dp"
        android:layout_marginRight="8dp"
        android:layout_marginStart="8dp"
        android:layout_marginTop="360dp"
        android:text="clear"
        app:layout_constraintBottom_toBottomOf="parent"
        app:layout_constraintEnd_toEndOf="parent"
        app:layout_constraintHorizontal_bias="0.145"
        app:layout_constraintStart_toStartOf="parent"
        app:layout_constraintTop_toTopOf="parent"
        app:layout_constraintVertical_bias="0.736" />

    <Button
        android:id="@+id/btnDownLoad"
        android:layout_width="114dp"
        android:layout_height="wrap_content"
        android:layout_marginBottom="8dp"
        android:layout_marginEnd="8dp"
        android:layout_marginLeft="8dp"
        android:layout_marginRight="8dp"
        android:layout_marginStart="8dp"
        android:layout_marginTop="360dp"
        android:text="download"
        app:layout_constraintBottom_toBottomOf="parent"
        app:layout_constraintEnd_toEndOf="parent"
        app:layout_constraintHorizontal_bias="0.877"
        app:layout_constraintStart_toStartOf="parent"
        app:layout_constraintTop_toTopOf="parent"
        app:layout_constraintVertical_bias="0.736" />

</android.support.constraint.ConstraintLayout>
```

- layout/custom_progress_dialog.xml

```
<?xml version="1.0" encoding="utf-8"?>
<LinearLayout xmlns:android="http://schemas.android.com/apk/res/android"
    android:orientation="vertical"
    android:layout_width="match_parent"
    android:layout_height="match_parent"
    android:background="@android:color/transparent"
    >
    <ProgressBar
        android:layout_width="wrap_content"
        android:layout_height="wrap_content"
        android:layout_centerHorizontal="true"
        android:layout_marginTop="10dp"
        android:indeterminateDrawable="@drawable/progress_image" />
</LinearLayout>
```

- drawable/progress_image.xml

```
<?xml version="1.0" encoding="utf-8"?>
<animated-rotate
    xmlns:android="http://schemas.android.com/apk/res/android"
    android:drawable="@drawable/custom_spinner1"
    android:pivotX="50%"
    android:pivotY="50%"
    >
</animated-rotate>
```

- drawable/custom_spinner1.png(이미지)

- MainActivity.java

```
public class MainActivity extends AppCompatActivity {
    private Context mContext = this;
    private TextView  mtvDownload = null;

    @Override
    protected void onCreate(Bundle savedInstanceState) {
        super.onCreate(savedInstanceState);
        setContentView(R.layout.activity_main);
        Button btnDownload = (Button) findViewById( R.id.btnDownLoad );
        btnDownload.setOnClickListener(
                new View.OnClickListener() {
                    @Override
                    public void onClick(View view) {
                        DownloadAgent agent = new DownloadAgent();
                        agent.execute( "http://www.ysu.ac.kr", "Youngsan
University" );
                    }
                }
        );
        mtvDownload  = (TextView) findViewById( R.id.tvDownload );
        Button btnClear = (Button) findViewById( R.id.btnClear );
        btnClear.setOnClickListener(
                new View.OnClickListener() {
                    @Override
                    public void onClick(View view) {
                        mtvDownload.setText("");
                    }
                }
        );

    }
    private class DownloadAgent extends AsyncTask<String, Integer, String >
    {
       CustomProgressDialog customdialog=new CustomProgressDialog(
MainActivity.this );
       @Override
       protected String doInBackground(String... strings) {
            String returnHtml="";
```

```
        try {
            URL url = new URL( strings[0] );
            HttpURLConnection       conn        =       (HttpURLConnection)
url.openConnection();
            conn.setRequestMethod("GET");
            conn.setRequestProperty("Content-type", "application/json");
            BufferedReader rd;
            if (conn.getResponseCode()>=200 &&
conn.getResponseCode()<=300) {
                rd = new BufferedReader(
                    new InputStreamReader(conn.getInputStream())
                );
            } else {
                rd = new BufferedReader(
                    new InputStreamReader(conn.getErrorStream())
                );
            }
            StringBuilder sb = new StringBuilder();
            String line;
            while ((line = rd.readLine()) != null) {
                sb.append(line);
            }
            rd.close();
            conn.disconnect();
            returnHtml = sb.toString().trim();
        }catch(Exception e){
            returnHtml="ERROR<BR>" +e.getMessage() +"<BR>";
        }
        return strings[1]+"::"+returnHtml ;
    }

    @Override
    protected void onPreExecute() {
        super.onPreExecute();
        customdialog.getWindow().setBackgroundDrawable(
            new ColorDrawable(Color.TRANSPARENT)
        );
        customdialog.show();
    }
```

```
        @Override
        protected void onPostExecute(String s) {
            super.onPostExecute(s);
            customdialog.dismiss();
            mtvDownload.setText( s );

        }
    }
}
```

- CustomProgressDialog.java

```
public class CustomProgressDialog extends Dialog {
    public CustomProgressDialog(Context context ){
        super(context);
        this.requestWindowFeature(Window.FEATURE_NO_TITLE);
        this.setContentView(R.layout.custom_progress_dialog);
    }
}
```

- 실행결과

처음 실행 시 화면
(다운로드 이전)

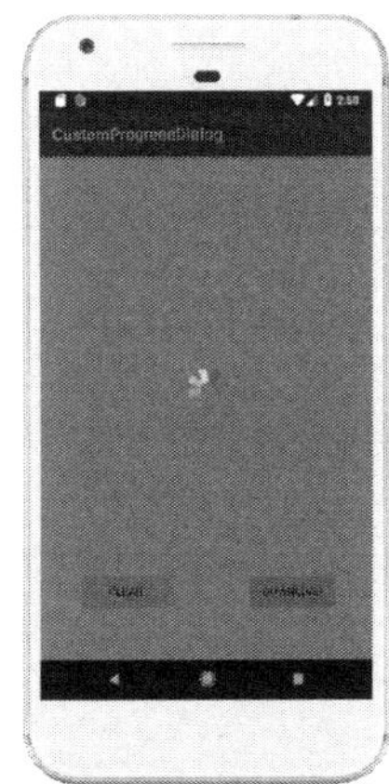

다운로드 실행시 화면
(사용자정의 진행대화상자 가 동작함)

참·고·자·료

[1] http://arabiannight.tistory.com/entry/362

[2] https://developer.android.com/reference/android/app/ProgressDialog

[3] http://mainia.tistory.com/2031

[4] http://tlshenm.tistory.com/39

[5] http://ccdev.tistory.com/13

[6] http://oneday0012.tistory.com/142

리스트뷰 (ListView)

12

이 장에서는 많은 데이터를 안드로이드 앱 화면에 나타내고 이를 선택할 수 있게 하는 기능을 구현하고자 한다. 리스트된 데이터를 클릭한 경우 클릭된 데이터를 활용하여 다음 작업을 진행하는 방식의 일처리를 구현한다. 리스트 될 데이터가 단순한 데이터(이름)인 상황에서 리스트뷰를 활용하는 예제와 리스트 될 데이터가 복합적인 데이터(이름, 전화번호, 사진)인 경우의 리스트뷰를 활용하는 안드로이드 앱 프로젝트를 만들어 보자.

12.1 리스트뷰(ListView)의 기본기능

ListView

```
public class ListView
extends AbsListView
```

java.lang.Object
  ↳ android.view.View
    ↳ android.view.ViewGroup
      ↳ android.widget.AdapterView<android.widget.ListAdapter>
        ↳ android.widget.AbsListView
          ↳ android.widget.ListView

[그림 12-1] 리스트뷰(ListView) 상속도

리스트뷰(ListView)는 안드로이드 앱이 동작할 때 여러 개의 자료(리스트된 자료) 가운데 선택할 수 있는 기능을 제공하기 위하여 사용하는 위젯이다. 단일데이터가 여러개 있을 경우는 가장 단순한 형태이고, 하나의 데이터가 여러개의 복합적인 자료를 포함하고 있는 경우에도 사용할 수 있는 강력한 기능을 제공하는 위젯이다. 다만 이 위젯은 자료를 리스트 할 때 행 단위로 나열하는 특징을 가지고 있다. 일반적인 안드로이드 앱을 구현하는데 가장 많이 사용되는 위젯이기도 한다.

이 위젯은 특징상 여러 개의 데이터가 있어야 한다. 따라서 데이터를 여러 개 보관할 수 있는 데이터 보관소를 사용해야 하는데 Java의 List나 ArrayList를 사용하여 데이터를 보관한다. 또한 하나의 데이터를 앱화면에 보여주기 위한 별도의 layout(item layout)을 정의해야 한다. 이 레이아웃에 하나의 데이터(복합적인 데이터가 1벌인 경우에도 동일하게 동작함) 대응하여 ListView위젯속에 배치하여 보여준다.

스크롤 기능에 따라 사용하는 위젯의 개수는 동일하나 보여주는 데이터가 달라질 수 있어 사용하는 위젯의 재사용성이 강조되고 있다. 이 때문에 Recycle이 되는 리스트뷰의 구현을 최근 많이 사용하고 있다.

12.2 리스트뷰(ListView)의 동작 원리

안드로이드 앱의 구현에 활용되는 리스트뷰(ListView)의 동작에서 가장 중요한 요소는 어댑터(Adapter)로 볼 수 있다. 실제로 데이터를 리스트뷰에 보여주는 동작의 시작은 리스트뷰 위젯에 어댑터를 지정하면서부터 동작이 이루어진다.

① 어댑터(Adapter)를 생성한다(Java의 new 연산자 사용).

② 어댑터에 데이터를 모두 저장한다. 당연히 어댑터에는 여러 개의 데이터를 저장할 수 있는 ArrayList와 같은 저장소가 있어야 한다. 보통 어댑터에는 데이터를 저장할 장소(ArrayList, 배열)와 이 장소에 하나의 데이터를 저장하는 기능(addData())을 구현해 둔다.

③ 리스트뷰 위젯을 layout에서 Activity로 가져온다(finfViewById( ) 이용)

④ 리스트뷰 위젯에 어댑터를 설정하면

어댑터의 동작에 의하여 [그림 12-2]와 같이 저장소에 저장된 하나의 데이터에 하나의 item layout(One-item.xml)을 적용하여 위젯을 만들고, 이를 리스트뷰 위젯에 추가한다.

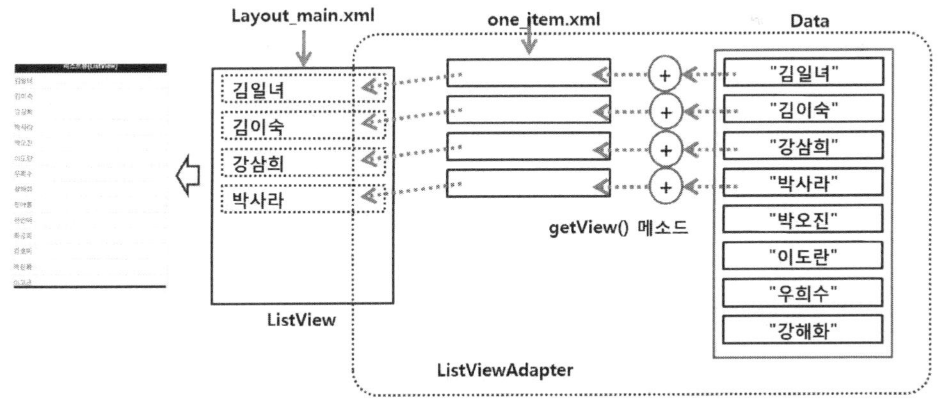

[그림 12-2] 하나의 데이터와 One-item.xml의 결합 과정

다만 앱 화면의 한계 때문에 일정한 개수의 데이터만 보여주기 때문에 스크롤 기능이 구현되어 있고, 스크롤 내용에 따라서 만들어진 위젯(아이템 레이아웃에 속하는)에 스크롤 상 현재 화면의 데이터를 보여주는 기능을 할 수 있도록 한다. 스크롤이 발생할 때마다 아이템 레이아웃 상의 위젯을 계속 생성하는 방식의 코딩도 가능하나, 이는 많은 메모리를 요구하기 때문에 적절하지 않다. 따라서 [그림 12-3]과 같이 한번 만들어진 아이템 레이아웃 상의 위젯을 재사용하기 위하여 ViewHolder를 두고, 기존에 만들어진 아이템 레이아웃상의 위젯이 없는 경우(null)에만 위젯을 만들어 데이터를 보여주는 방식을 이용한다. 이런 방식을 리스트뷰의 재활용 매커니즘이라고 본다.

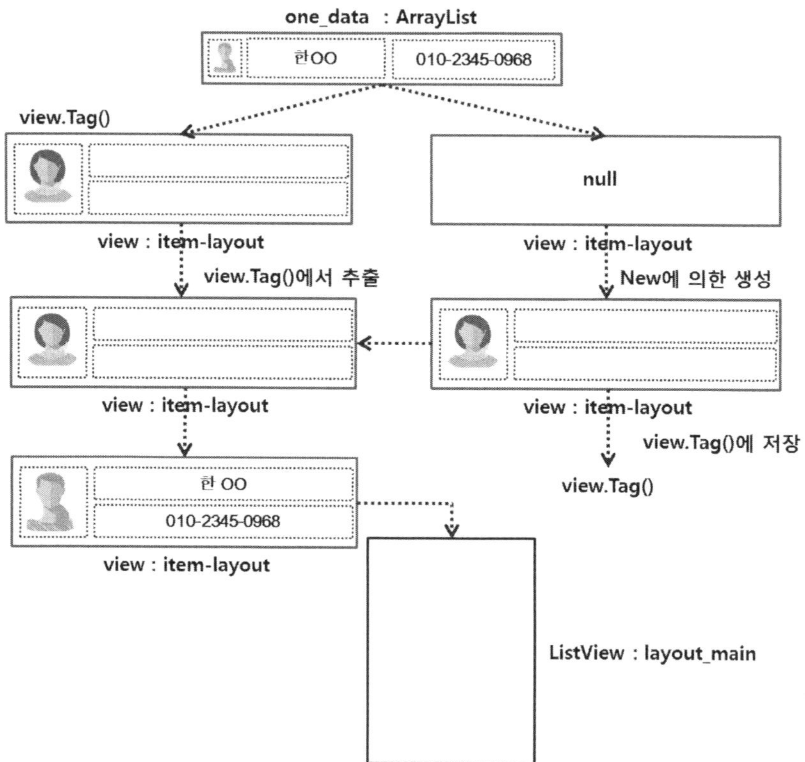

[그림 12-3] 리스트뷰의 재활용(Recycle) 매커니즘

어댑터가 특정 위치에 하나의 데이터를 리스트 하려고 할 때 아이템 레이아웃 상의 view가 기존에 존재했다면(리스트뷰의 위치상의 고정된 view라고 보아도 된다) Tag에 저장된 ViweHolder를 가져와서 아이템 위젯들을 사용한다. 만약 기존에 view가 없으면, 아이템 위젯들을 새로 만들고, 새로 만들어진 위젯들을 ViweHolder에 담아서 view를 Tag에 저장한다. Tag는 하나의 Object만을 저장할 수 있기 때문에 ViewHolder를 만들어 여러가지 위젯을 포함하여 Tag에 저장하도록 한다.

12.3 리스트뷰에 활용되는 데이터 (배열에 저장)

- 데이터를 정의하는 코드 (ConstData 클래스에 정의함)

```
public static String[]  username = {
  "김일녀", "김이숙", "강삼희", "박사라","박오진","이도란","우희수","강해화", "천아홍","전민아",
  "최금희", "강호미", "박전화", "이고은","조금산","정도전","주유성","전진호", "천상병","황종수",
  "강호남", "김수혼", "김희평", "오동후","백상추","황전국","어병하","장정도", "김철평"
};
```

- 정의된 데이터를 어댑터의 데이터 저장소(ArrayList<String>) 에 저장하는 기능
  배열에 정의된 모든 데이터를 하나씩 가져와서 어댑터의 데이터 자장소에 addOneData( ) 메소드를 이용하여 저장하고 있다.

```
private void setData( ListViewAdapter adapter  )
{
        for( String onedata : ConstData.username ){
            adapter.addOneData( onedata );
        }
}
```

12.4 리스트뷰의 어댑터(Adapter)

리스트뷰의 어댑터는 안드로이드에서 제공하는 ArrayAdapter, BaseAdapter를 확장하여 구현한다. 여기서는 다양한 형태에 대응할 수 있는 BaseAdapter를 확장하여 사용한다. 어댑터는 반드시 데이터저장소(listviewData), 저장소에 데이터를 저장하는 기능, 전체 개수를 구하는 기능(getCount( )), 특정 위치의 데이터를 가져오는 기능(getItem(int position)), 특정 데이터를 아이템 레이아웃을 이용하여 리스트뷰에 나타내는 기능(getView())을 반드시 가지고 있어야 한다.[그림 12-4]와 같이 BaseAdapter를 확장하고 이 기능을 구현하지 않으면 오류가 발생한다.

```
package com.envoy.jeo.listviewexample;

import android.widget.BaseAdapter;

public class MyListAdapter extends BaseAdapter {

}
```

[그림 12-4] BaseAdapter 확장 후 오류

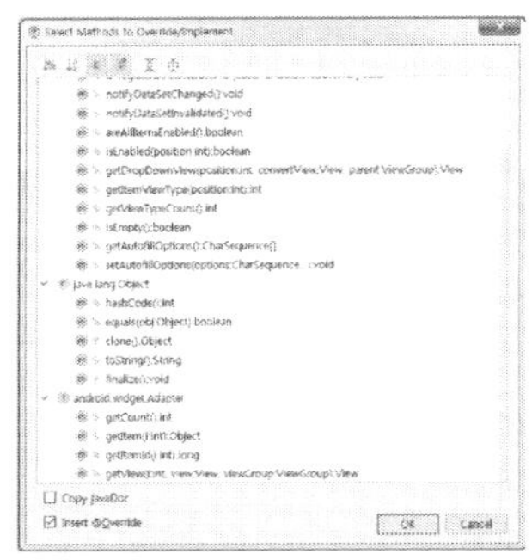

오류가 발생한 MyListAdapter에 대하여 마우스 오른쪽 버턴을 클릭하고, [Generate]->[Override Methods]를 클릭하면 왼쪽 그림처럼 구현할 수 있는 메소드 목록이 나타난다. 목록의 가장 하단에 Override 메소드가 위치되어 있다. Override 메소드를 클릭하고 [OK] 버턴을 클릭하면 메소드가 자동적으로 만들어 진다. 하나씩 모든 메소드에 대하여 자동 생성작업을 한다.

- 자동생성이 완료된 Override 메소드를 포함하는 어댑터(Adapter)의 코드

```
public class ListViewAdapter extends BaseAdapter{

    ArrayList<String>  listviewData = new ArrayList<String>();

    @Override
    public int getCount() {
        return listviewData.size();
    }

    @Override
    public String getItem(int position ) {
        return (String)listviewData.get(position);
    }

    @Override
    public long getItemId(int position ) {
         // 별도 제공
        return 0;
    }

    @Override
    public View getView(int currentPosition, View view, ViewGroup viewGroup) {
        return view ;
    }
}
```

- 데이터 저장소에 저장된 하나의 데이터에 대하여 아이템 레이아웃 상의 위젯에 데이터를 채우고 이를 리스트뷰에 나타나게 하는 getView() 메소드의 세부적인 코드이다. 이 코드에서 ViewHolder를 이용하여 재활용을 구현하였다. 다만 데이터가 String(이름) 하나이기 때문에 ViewHolder에 저장된 위젯이 TextView 한 개다.

```
@Override
public View getView(int currentPosition, View view, ViewGroup viewGroup) {
        Context context = viewGroup.getContext();
        ViewHolder viewHolder = null;
        String oneData = getItem(currentPosition);
```

```
        if( view == null ){
            LayoutInflater inflater = LayoutInflater.from( context );
            view = inflater.inflate(R.layout.one_item, viewGroup, false);

            viewHolder = new ViewHolder();
            viewHolder.tvusername = (TextView)
view.findViewById(R.id.tvusername);
            view.setTag(viewHolder);

        }else {
            viewHolder = (ViewHolder) view.getTag();
        }
        viewHolder.tvusername.setText( oneData );

        return view ;
}
```

- 어댑터의 데이터 저장소에 데이터를 채우는 메소드는 데이터가 String 한 개이기 때문에 하나의 입력 데이터를 가지고 있으며, ArrayList에 String을 저장하는 기능으로 구현되어 있다. 만약 하나의 데이터가 복합적인 데이터인 경우(예를 들어 사진정보, 이름, 전화번호)에는 좀더 복잡한 구조를 가진다.

```
public void addOneData( String tmpUserName ){
        listviewData.add( tmpUserName  );
}
```

- 아이템 위젯들을 저장하는 ViewHolder코드이다. 아이템 레이아웃 상의 위젯이 하나(textView) 이기 때문에 하나의 TextView 만을 가진다.

```
class ViewHolder
{
    public TextView tvusername ;
}
```

12.5 레이아웃 정의

① layout_main.xml 설계

가장 위쪽에 제목을 나타내는 TextView를 두었고, 리스트뷰(ListView)를 나타내도록 설정되어 있다. 아래 리스트뷰(ListView)를 배치하여 레이아웃이 설계되어 있다. 다만 위치의 지정이 용이하도록 두 위젯을 수직으로 정렬되는 LinearLayout 안에 배치하였다

- LinearLayout의 설계

```
<LinearLayout
    android:layout_width="match_parent"
    android:layout_height="match_parent"
    android:orientation="vertical"
    app:layout_constraintBottom_toBottomOf="parent"
    app:layout_constraintEnd_toEndOf="parent"
    app:layout_constraintStart_toStartOf="parent"
    app:layout_constraintTop_toTopOf="parent">

  <!-- TextView 배치 -->

  <!-- ListView 배치 -->

</LinearLayout>
```

- 제목 TextView(ID : tvTitle) 설계

```
<TextView
    android:id="@+id/tvTitle"
    android:layout_width="match_parent"
    android:layout_height="40dp"
    android:background="#000000"
    android:gravity="center"
    android:text="리스트뷰(ListView)"
    android:textColor="#FFFFFF"
    android:textSize="18sp"
    android:textStyle="bold">
</TextView>
```

- ListView (ID : lvData) 설계

```
<ListView
    android:id="@+id/lvData"
    android:layout_width="match_parent"
    android:layout_height="match_parent">
</ListView>
```

② one_item.xml 설계

어댑터의 데이터 저장소(ArrayList)에 저장된 데이터가 하나의 String 데이터이기 때문에 String를 효과적으로 화면에 나타내는 TextView를 아이템 레이아웃에 배치하여 설계하였다.

```
<?xml version="1.0" encoding="utf-8"?>
<LinearLayout xmlns:android="http://schemas.android.com/apk/res/android"
    xmlns:app="http://schemas.android.com/apk/res-auto"
    android:orientation="vertical"
    android:layout_width="match_parent"
    android:layout_height="wrap_content"
```

```
    >

    <TextView
        android:id="@+id/tvusername"
        android:layout_width="match_parent"
        android:layout_height="40dp"
        android:gravity="center_vertical"
        android:textSize="18sp"
        android:textStyle="bold" />
</LinearLayout>
```

12.6 리스트뷰 적용 및 클릭에 대한 리스너 설정

- 리스트뷰에 데이터를 적용하여 Activity에 나타내기위한 프로그램은
  ① 어댑터를 생성한다(ListViewAdapter 클래스를 만들어 사용)
  ② 생성된 어댑터에 준비된 데이터를 채운다(setData() 활용)
  ③ ListView를 Layout에서 가져온다(findViewById() 활용)
  ④ ListView에 어댑터를 적용한다(setAdapter() 활용)
  순서로 동작한다.

```
@Override
protected void onCreate(Bundle savedInstanceState) {
    super.onCreate(savedInstanceState);
    setContentView(R.layout.activity_main);

    ListView lvData = (ListView) findViewById( R.id.lvData) ;
    ListViewAdapter adapter = new ListViewAdapter();
    setData( adapter  );
    lvData.setAdapter( adapter  );

    // 클릭에 대한 리스너 적용..
}
```

- 리스트뷰의 클릭에 대한 리스너 설정을 위하여 Layout으로부터 가져온 리스트뷰에 OnItemClickListener를 설정하며, setOnItemClickListener() 메소드를 이용하여 설정하고, 프로그램 코드는 다음과 같다.

```
lvData.setOnItemClickListener(
        new AdapterView.OnItemClickListener() {
            @Override
            public void onItemClick( AdapterView<?> adapterView,
                                   View view, int clickedno, long l) {

                ListViewAdapter adapter =
(ListViewAdapter)adapterView.getAdapter();
                Toast.makeText(
                         MainActivity.this, "CLICKED :::"+adapter.getItem(
clickedno ),
                         Toast.LENGTH_SHORT
                 ).show();

            }
        }
    );
```

12.7 리스트뷰(ListView)를 활용한 예제 만들기

이름 리스트를 리스트 뷰로 보이고, 하나의 이름을 클릭했을 때 "CLICKED :: 이름"이 Toast되게 프로그램을 작성해 보자

- AndroidManifest.xml

```
<?xml version="1.0" encoding="utf-8"?>
<manifest xmlns:android="http://schemas.android.com/apk/res/android"
    package="com.envoy.jeo.listviewexample">

    <application
        android:allowBackup="true"
        android:icon="@mipmap/ic_launcher"
        android:label="@string/app_name"
        android:roundIcon="@mipmap/ic_launcher_round"
        android:supportsRtl="true"
        android:theme="@style/AppTheme">
        <activity android:name=".MainActivity">
            <intent-filter>
                <action android:name="android.intent.action.MAIN" />

                <category android:name="android.intent.category.LAUNCHER" />
            </intent-filter>
        </activity>
    </application>

</manifest>
```

- layout_main.xml

```
<?xml version="1.0" encoding="utf-8"?>
<android.support.constraint.ConstraintLayout
xmlns:android="http://schemas.android.com/apk/res/android"
    xmlns:app="http://schemas.android.com/apk/res-auto"
    xmlns:tools="http://schemas.android.com/tools"
    android:layout_width="match_parent"
    android:layout_height="match_parent"
    tools:context=".MainActivity">

    <LinearLayout
        android:layout_width="match_parent"
        android:layout_height="match_parent"
        android:orientation="vertical"
        app:layout_constraintBottom_toBottomOf="parent"
        app:layout_constraintEnd_toEndOf="parent"
        app:layout_constraintStart_toStartOf="parent"
        app:layout_constraintTop_toTopOf="parent">

        <TextView
            android:id="@+id/tvTitle"
            android:layout_width="match_parent"
            android:layout_height="40dp"
            android:background="#000000"
            android:gravity="center"
            android:text="리스트뷰(ListView)"
            android:textColor="#FFFFFF"
            android:textSize="18sp"
            android:textStyle="bold">
        </TextView>


        <ListView
            android:id="@+id/lvData"
            android:layout_width="match_parent"
            android:layout_height="match_parent">
        </ListView>

    </LinearLayout>

</android.support.constraint.ConstraintLayout>
```

- one_item.xml

```
<?xml version="1.0" encoding="utf-8"?>
<LinearLayout xmlns:android="http://schemas.android.com/apk/res/android"
    xmlns:app="http://schemas.android.com/apk/res-auto"
    android:orientation="vertical"
    android:layout_width="match_parent"
    android:layout_height="wrap_content"
    >

    <TextView
        android:id="@+id/tvusername"
        android:layout_width="match_parent"
        android:layout_height="40dp"
        android:gravity="center_vertical"
        android:textSize="18sp"
        android:textStyle="bold" />

</LinearLayout>
```

- MainActivity.java

```
public class MainActivity extends AppCompatActivity {

    @Override
    protected void onCreate(Bundle savedInstanceState) {
        super.onCreate(savedInstanceState);
        setContentView(R.layout.activity_main);

        ListView lvData = (ListView) findViewById( R.id.lvData) ;
        ListViewAdapter adapter = new ListViewAdapter();
        setData( adapter  );
        lvData.setAdapter( adapter  );

        lvData.setOnItemClickListener(
                new AdapterView.OnItemClickListener() {
                    @Override
```

```
                    public void onItemClick( AdapterView<?> adapterView,
                                              View view, int clickedno, long l) {
                     ListViewAdapter
adapter=(ListViewAdapter)adapterView.getAdapter();
                     Toast.makeText(MainActivity.this,
                          "CLICKED :::"+adapter.getItem( clickedno ),
                          Toast.LENGTH_SHORT
                     ).show();
                    }
                }
        );
        // End of listerner
    }


    private void setData( ListViewAdapter adapter  )
    {
        for( String onedata : ConstData.username ){
            adapter.addOneData( onedata );
        }
    }
}
```

- ConstData.java

```
public class ConstData {

  public static String[]  username = {
         "김일녀","김이숙","강삼희","박사라","박오진","이도란","우희수","강해화",
         "천아홍","전민아","최금희","강호미","박전화","이고은","조금산","정도전",
         "주유성","전진호","천상병","황종수","강호남","김수혼","김희평","오동후",
         "백상추","황전국","어병하","장정도","김철평"
  };

}
```

- ListViewAdapter.java

```
public class ListViewAdapter extends BaseAdapter{

    ArrayList<String>  listviewData = new ArrayList<String>();


    @Override
    public int getCount() {
        return listviewData.size();
    }

    @Override
    public String getItem(int position ) {
        return (String)listviewData.get(position);
    }

    @Override
    public long getItemId(int position ) {
        return 0;
    }

    @Override
    public View getView(int currentPosition, View view, ViewGroup viewGroup) {
        Context context = viewGroup.getContext();
        ViewHolder viewHolder = null;
        String oneData = getItem(currentPosition);
        if( view == null ){
            LayoutInflater inflater = LayoutInflater.from( context );
            view = inflater.inflate(R.layout.one_item, viewGroup, false);

            viewHolder = new ViewHolder();
            viewHolder.tvusername = (TextView)
view.findViewById(R.id.tvusername);
            view.setTag(viewHolder);

        }else {
            viewHolder = (ViewHolder) view.getTag();
```

```
            }
            viewHolder.tvusername.setText( oneData );

            return view ;
        }

        public void addOneData( String tmpUserName ){
            listviewData.add( tmpUserName  );
        }



        private class ViewHolder
        {
            public TextView tvusername ;
        }

    }
```

- 실행결과

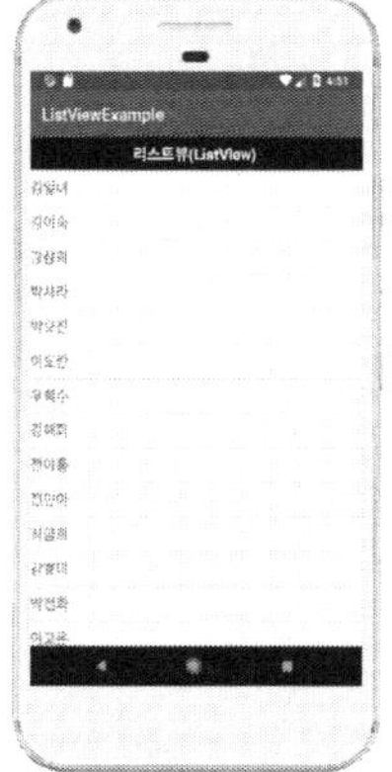

최초실행 화면

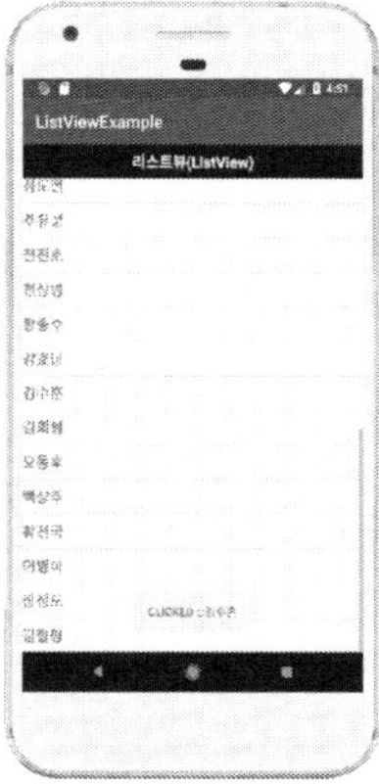

이름을 클릭했을 때 화면

사용자정의 리스트뷰(ListView)를 활용한 예제 만들기

복잡한 형태의 리스트뷰를 만들어보기 위하여 한사람의 사진, 이름, 전화번호를 리스트뷰로 나타내고, 리스트 된 데이터 가운데 클릭하면 해당 사진, 이름, 전화번호를 새로운 화면에 나타내는 앱을 만들어 보자.

12-8-1. 데이터, 어댑터와의 상호작용

준비된 데이터와 어댑터의 데이터저장소, 아이템 레이아웃, ViewHolder, getView()는 상호 밀접한 관계가 있으며, 상호 연계성은 [그림 12-5]와 같다.

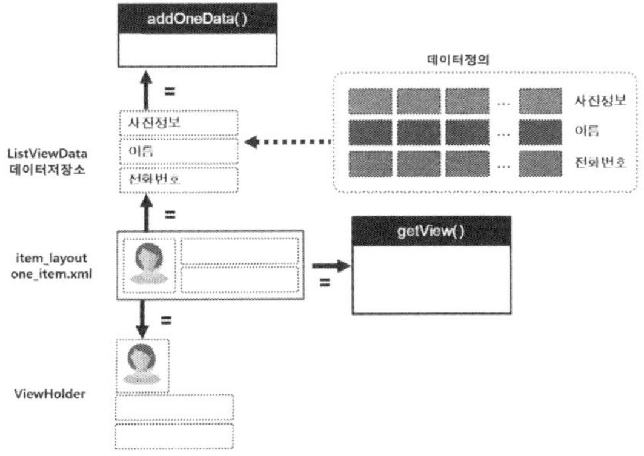

[그림 12-5] 데이터와 어댑터(Adapter)의 연계성

① 데이터는 화면에 나타나게 될 아이템 레이아웃과 일치하여야 한다. 즉 사진정보, 이름, 전화번호가 하나의 세트로 되어 있어야 한다.

② 데이터에 따라서 사진을 나타내는 ImegeView, 이름을 나타내는 TextView, 전화번호를 나타내는 TextView가 아이템 레이아웃에 설계되어 있어야 한다

③ 어댑터의 데이터 저장소는 ArrayList로 되어 있어야 하나, 저장되는 데이터가 단순 String에서 여러 가지 데이터가 하나의 세트로 되어 있어야 한다. 따라서 여러 가지 데이터를 저장할 수 있는 별도의 클래스(ListViewData)를 만들어 사용한다. 이 클래스도 사진정보, 이름 전화번호를 저장할 수 있는 요소로 구성되어 있어야 한다.

④ ViewHolder는 데이터 보다는 아이템 레이아웃의 위젯에 따라 구성된다. 아이템 레이아웃의 위젯이 ImageView, TextView, TextView 이므로 이들 정보를 담을 수 있도록 구성한다.

⑤ 하나의 데이터를 리스트뷰에 보여주는 getView()도 사진, 이름, 전화번호를 나타낼 수 있도록 수정되어야 한다.

12-8-2. layout 설계와 Activity 코드

앞에서 소개한 단순 데이터에 대한 ListView예제에서 복잡한 데이터를 사용하는 예제에서의 다른 부분에 대한 것만 상세하게 소개한다.

① layout 설계 : one_item.xml

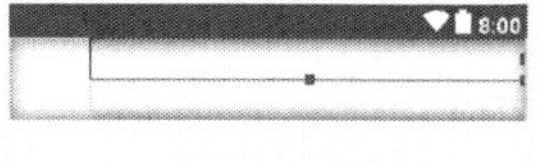

사진, 이름, 전화번호를 나타내는 layout 설계가 되어야 하나의 데이터를 리스트 뷰에 나타낼 수 있다.

- 사진을 나타내는 ImageView
- 이름을 나타내는 TextView
- 전화번호를 나타내는 TextView

로 구성되어 있고, LinearLayout을 세로와 가로에 지정하여 위치 조정을 원활하게 했다

- LinearLayout 설계

```
<LinearLayout
    android:layout_width="match_parent"
    android:layout_height="match_parent"
    android:orientation="horizontal">
          <!-- 사진부분 부분  -->
    <LinearLayout
        android:layout_width="match_parent"
        android:layout_height="match_parent"
        android:orientation="vertical">
          <!-- 이름부분 부분  -->
          <!-- 전화번호 부분  -->

    </LinearLayout>
</LinearLayout>
```

- 사진부분 layout 설계 (ID : ivimage)

```
<ImageView
     android:id="@+id/ivimage"
     android:layout_width="60dp"
     android:layout_height="60dp" />
```

- 이름부분 layout 설계 (ID : tvusername)

```
<TextView
     android:id="@+id/tvusername"
     android:layout_width="match_parent"
     android:layout_height="30dp"
     android:gravity="center_vertical"
     android:textSize="18sp"
     android:textStyle="bold" />
```

- 전화번호부분 layout 설계 (ID : tvphoneno)

```
<TextView
     android:id="@+id/tvphoneno"
     android:layout_width="match_parent"
     android:layout_height="30dp"
     android:gravity="center_vertical"
     android:textSize="18sp"
     android:textStyle="bold" />
```

② layout 설계 : activity_detail.xml

- 사진부분 layout 설계 (ID : ivImage)

```
<ImageView
        android:id="@+id/ivImage"
        android:layout_width="231dp"
        android:layout_height="223dp"
        android:layout_marginBottom="8dp"
        android:layout_marginEnd="8dp"
        android:layout_marginLeft="8dp"
        android:layout_marginRight="8dp"
        android:layout_marginStart="8dp"
        android:layout_marginTop="8dp"
        app:layout_constraintBottom_toBottomOf="parent"
        app:layout_constraintEnd_toEndOf="parent"
        app:layout_constraintHorizontal_bias="0.503"
        app:layout_constraintStart_toStartOf="parent"
        app:layout_constraintTop_toTopOf="parent"
        app:layout_constraintVertical_bias="0.051"
        app:srcCompat="@drawable/faces_1" />
```

- 이름부분 layout 설계 (ID : tvUsername)

```
<TextView
        android:id="@+id/tvUsername"
        android:layout_width="124dp"
        android:layout_height="36dp"
        android:layout_marginBottom="8dp"
        android:layout_marginEnd="8dp"
        android:layout_marginLeft="8dp"
        android:layout_marginRight="8dp"
        android:layout_marginStart="8dp"
        android:layout_marginTop="24dp"
        android:gravity="center"
        android:textSize="18sp"
        android:textStyle="bold"
        app:layout_constraintBottom_toBottomOf="parent"
        app:layout_constraintEnd_toEndOf="parent"
        app:layout_constraintStart_toStartOf="parent"
        app:layout_constraintTop_toBottomOf="@+id/ivImage"
        app:layout_constraintVertical_bias="0.0" />
```

- 전화번호부분 layout 설계 (ID : tvPhoneno)

```
<TextView
        android:id="@+id/tvPhoneno"
        android:layout_width="192dp"
        android:layout_height="37dp"
        android:layout_marginBottom="8dp"
        android:layout_marginEnd="8dp"
        android:layout_marginLeft="8dp"
        android:layout_marginRight="8dp"
        android:layout_marginStart="8dp"
        android:layout_marginTop="8dp"
        android:gravity="center"
        android:textSize="18sp"
        android:textStyle="bold"
        app:layout_constraintBottom_toBottomOf="parent"
        app:layout_constraintEnd_toEndOf="parent"
```

```
        app:layout_constraintStart_toStartOf="parent"
        app:layout_constraintTop_toBottomOf="@+id/tvUsername"
        app:layout_constraintVertical_bias="0.0" />
```

- 돌아가기 버턴 부분 layout 설계 (ID : btnReturn)

```
<Button
        android:id="@+id/btnReturn"
        android:layout_width="wrap_content"
        android:layout_height="35dp"
        android:layout_marginBottom="8dp"
        android:layout_marginEnd="8dp"
        android:layout_marginLeft="8dp"
        android:layout_marginRight="8dp"
        android:layout_marginStart="8dp"
        android:layout_marginTop="8dp"
        android:text="돌아가기"
        app:layout_constraintBottom_toBottomOf="parent"
        app:layout_constraintEnd_toEndOf="parent"
        app:layout_constraintHorizontal_bias="0.925"
        app:layout_constraintStart_toStartOf="parent"
        app:layout_constraintTop_toTopOf="parent"
        app:layout_constraintVertical_bias="0.984" />
```

③ 어댑터 수정 : ListViewAdapter.java

- 데이터 저장소는 ArrayList로 되어 있으나 ListViewData를 저장하도록 하여 복잡한 데이터를 저장할 수 있게 했다.

```
    ArrayList<ListViewData>  listviewData = new ArrayList<ListViewData>();
```

- getView( ) 부분을 ViewHolder, one_item.xml에 맞게 수정되어 있다.

```
    @Override
    public View getView(int currentPosition, View view, ViewGroup viewGroup) {
        Context context = viewGroup.getContext();
        ViewHolder viewHolder = null;
        ListViewData oneData = getItem(currentPosition);
        if( view == null ){
            LayoutInflater inflater = LayoutInflater.from( context );
            view = inflater.inflate(R.layout.one_item, viewGroup, false);

            viewHolder = new ViewHolder();
            viewHolder.tvusername = (TextView)
view.findViewById(R.id.tvusername);
            viewHolder.ivimage = (ImageView) view.findViewById(R.id.ivimage);
            viewHolder.tvphoneno = (TextView)
view.findViewById(R.id.tvphoneno);
            view.setTag(viewHolder);

        }else {
            viewHolder = (ViewHolder) view.getTag();
        }
        viewHolder.tvusername.setText( oneData.getUsername() );
        viewHolder.ivimage.setImageResource( oneData.getImageid());
        viewHolder.tvphoneno.setText( oneData.getPhoneno() );

        return view ;
    }
```

- addOneData( ) 부분 : ListViewData 클래스를 생성하여 데이터를 저장하고, 데이터 저장소에는 ListViewData를 저장하고 있다.

```
    public void addOneData( String tmpUserName, int tmpImageid, String
tmpPhoneno ){
        ListViewData data = new ListViewData();
        data.setUsername(tmpUserName);
        data.setImageid( tmpImageid );
```

```
            data.setPhoneno( tmpPhoneno );
            listviewData.add( data  );
        }
```

- ViewHolder 부분 : 3개의 위젯을 저장하도록 구성하였다(ImageView, TextView, TextView). 각 요소가 one_item.xml에 설계된 위젯임을 알 수 있다.

```
    private class ViewHolder
    {
        public TextView tvusername ;
        public ImageView ivimage;
        public TextView tvphoneno;
    }
```

④ 데이터 저장소에 대한 데이터 세트 정의 : ListViewData.java

```
public class ListViewData {
    private String username="";
    private int imageid=0;
    private String phoneno="";

    public String getUsername() { return username; }
    public void setUsername(String username) { this.username = username; }
    public int getImageid() { return imageid; }
    public void setImageid(int imageid) { this.imageid = imageid; }
    public String getPhoneno() { return phoneno; }
    public void setPhoneno(String phoneno) { this.phoneno = phoneno; }
}
```

⑤ 클릭 후 정보를 보여주는 Activity : DetailActivity.java

intent로부터 정보를 추출하여 처리하도록 코딩되어 있다. 따라서 MainActivity의 리스트뷰 리스너에서 DetailActivity호출하기 전에 intent에 정보를 putExtra()하여 처리한다.

```
public class DetailActivity extends AppCompatActivity {

    @Override
    protected void onCreate(Bundle savedInstanceState) {
        super.onCreate(savedInstanceState);
        setContentView(R.layout.activity_detail);

        Intent intent = this.getIntent();
        int iCurrentPosition = intent.getIntExtra("IMAGEID", 0) ;
        String sCurrentUserName = intent.getStringExtra("USERNAME") ;
        String sCurrentPhoneno = intent.getStringExtra("PHONENO") ;

        TextView tvUsername = (TextView) findViewById( R.id.tvUsername);
        tvUsername.setText( sCurrentUserName );
        TextView tvPhoneno = (TextView) findViewById( R.id.tvPhoneno);
        tvPhoneno.setText(sCurrentPhoneno);
        ImageView ivImage = (ImageView) findViewById( R.id.ivImage );
        ivImage.setImageResource( iCurrentPosition );

        Button btnReturn = (Button) findViewById( R.id.btnReturn );
        btnReturn.setOnClickListener(
                new View.OnClickListener() {
                    @Override
                    public void onClick(View view) {
                        finish();
                    }
                }
        );
    }
}
```

⑥ 클릭 리스너 : MainActivity.java

```
lvData.setOnItemClickListener(
        new AdapterView.OnItemClickListener() {
             @Override
             public void onItemClick( AdapterView<?> adapterView, View view,
                                     int clickedno, long l) {
                  ListViewAdapter adapter =
(ListViewAdapter)adapterView.getAdapter();
                  ListViewData data = adapter.getItem( clickedno );
                  Intent  nextActivity  =  new  Intent(  MainActivity.this,
DetailActivity.class );
                  nextActivity.putExtra( "IMAGEID", data.getImageid() );
                  nextActivity.putExtra("USERNAME", data.getUsername() );
                  nextActivity.putExtra("PHONENO", data.getPhoneno() );
                  startActivity( nextActivity );
             }
        }
);
```

12-8-3. 사용자정의 리스트뷰(ListView)를 활용한 예제 만들기

사진, 이름 전화번호와 같은 복합 정보를 나열해주는 리스트뷰를 활용하는 예제프로그램의 전체 프로그램을 정리한다.

- AndroidManifest.xml

```
<?xml version="1.0" encoding="utf-8"?>
<manifest xmlns:android="http://schemas.android.com/apk/res/android"
    package="com.envoy.jeo.listviewexample">

    <application
        android:allowBackup="true"
        android:icon="@mipmap/ic_launcher"
        android:label="@string/app_name"
        android:roundIcon="@mipmap/ic_launcher_round"
```

```
        android:supportsRtl="true"
        android:theme="@style/AppTheme">
        <activity android:name=".MainActivity">
            <intent-filter>
                <action android:name="android.intent.action.MAIN" />

                <category android:name="android.intent.category.LAUNCHER" />
            </intent-filter>
        </activity>
        <activity android:name=".DetailActivity"></activity>
    </application>

</manifest>
```

- layout/activity_main.xml

```
<?xml version="1.0" encoding="utf-8"?>
<android.support.constraint.ConstraintLayout
xmlns:android="http://schemas.android.com/apk/res/android"
    xmlns:app="http://schemas.android.com/apk/res-auto"
    xmlns:tools="http://schemas.android.com/tools"
    android:layout_width="match_parent"
    android:layout_height="match_parent"
    tools:context=".MainActivity">

    <LinearLayout
        android:layout_width="match_parent"
        android:layout_height="match_parent"
        android:orientation="vertical"
        app:layout_constraintBottom_toBottomOf="parent"
        app:layout_constraintEnd_toEndOf="parent"
        app:layout_constraintStart_toStartOf="parent"
        app:layout_constraintTop_toTopOf="parent"
>

        <TextView
```

```
            android:id="@+id/tvTitle"
            android:layout_width="match_parent"
            android:layout_height="40dp"
            android:background="#000000"
            android:gravity="center"
            android:text="복잡한 리스트뷰(ListView)"
            android:textColor="#FFFFFF"
            android:textSize="18sp"
            android:textStyle="bold"></TextView>

        <ListView
            android:id="@+id/lvData"
            android:layout_width="match_parent"
            android:layout_height="match_parent">
        </ListView>
    </LinearLayout>

</android.support.constraint.ConstraintLayout>
```

- layout/ome_item.xml

```
<?xml version="1.0" encoding="utf-8"?>
<LinearLayout xmlns:android="http://schemas.android.com/apk/res/android"
    xmlns:app="http://schemas.android.com/apk/res-auto"
    android:orientation="vertical"
    android:layout_width="match_parent"
    android:layout_height="wrap_content"
    >

    <LinearLayout
        android:layout_width="match_parent"
        android:layout_height="match_parent"
        android:orientation="horizontal">
        <ImageView
            android:id="@+id/ivimage"
            android:layout_width="60dp"
```

```
            android:layout_height="60dp" />
        <LinearLayout
            android:layout_width="match_parent"
            android:layout_height="match_parent"
            android:orientation="vertical">
            <TextView
                android:id="@+id/tvusername"
                android:layout_width="match_parent"
                android:layout_height="30dp"
                android:gravity="center_vertical"
                android:textSize="18sp"
                android:textStyle="bold" />
            <TextView
                android:id="@+id/tvphoneno"
                android:layout_width="match_parent"
                android:layout_height="30dp"
                android:gravity="center_vertical"
                android:textSize="18sp"
                android:textStyle="bold" />

        </LinearLayout>
    </LinearLayout>

</LinearLayout>
```

- activity_detail.xml

```
<?xml version="1.0" encoding="utf-8"?>
<android.support.constraint.ConstraintLayout
xmlns:android="http://schemas.android.com/apk/res/android"
    xmlns:app="http://schemas.android.com/apk/res-auto"
    xmlns:tools="http://schemas.android.com/tools"
    android:layout_width="match_parent"
    android:layout_height="match_parent"
    tools:context=".DetailActivity">

```

```
<ImageView
    android:id="@+id/ivImage"
    android:layout_width="231dp"
    android:layout_height="223dp"
    android:layout_marginBottom="8dp"
    android:layout_marginEnd="8dp"
    android:layout_marginLeft="8dp"
    android:layout_marginRight="8dp"
    android:layout_marginStart="8dp"
    android:layout_marginTop="8dp"
    app:layout_constraintBottom_toBottomOf="parent"
    app:layout_constraintEnd_toEndOf="parent"
    app:layout_constraintHorizontal_bias="0.503"
    app:layout_constraintStart_toStartOf="parent"
    app:layout_constraintTop_toTopOf="parent"
    app:layout_constraintVertical_bias="0.051"
    app:srcCompat="@drawable/faces_1" />

<TextView
    android:id="@+id/tvUsername"
    android:layout_width="124dp"
    android:layout_height="36dp"
    android:layout_marginBottom="8dp"
    android:layout_marginEnd="8dp"
    android:layout_marginLeft="8dp"
    android:layout_marginRight="8dp"
    android:layout_marginStart="8dp"
    android:layout_marginTop="24dp"
    android:gravity="center"
    android:textSize="18sp"
    android:textStyle="bold"
    app:layout_constraintBottom_toBottomOf="parent"
    app:layout_constraintEnd_toEndOf="parent"
    app:layout_constraintStart_toStartOf="parent"
    app:layout_constraintTop_toBottomOf="@+id/ivImage"
    app:layout_constraintVertical_bias="0.0" />
```

```
    <TextView
        android:id="@+id/tvPhoneno"
        android:layout_width="192dp"
        android:layout_height="37dp"
        android:layout_marginBottom="8dp"
        android:layout_marginEnd="8dp"
        android:layout_marginLeft="8dp"
        android:layout_marginRight="8dp"
        android:layout_marginStart="8dp"
        android:layout_marginTop="8dp"
        android:gravity="center"
        android:textSize="18sp"
        android:textStyle="bold"
        app:layout_constraintBottom_toBottomOf="parent"
        app:layout_constraintEnd_toEndOf="parent"
        app:layout_constraintStart_toStartOf="parent"
        app:layout_constraintTop_toBottomOf="@+id/tvUsername"
        app:layout_constraintVertical_bias="0.0" />

    <Button
        android:id="@+id/btnReturn"
        android:layout_width="wrap_content"
        android:layout_height="35dp"
        android:layout_marginBottom="8dp"
        android:layout_marginEnd="8dp"
        android:layout_marginLeft="8dp"
        android:layout_marginRight="8dp"
        android:layout_marginStart="8dp"
        android:layout_marginTop="8dp"
        android:text="돌아가기"
        app:layout_constraintBottom_toBottomOf="parent"
        app:layout_constraintEnd_toEndOf="parent"
        app:layout_constraintHorizontal_bias="0.925"
        app:layout_constraintStart_toStartOf="parent"
        app:layout_constraintTop_toTopOf="parent"
        app:layout_constraintVertical_bias="0.984" />

</android.support.constraint.ConstraintLayout>
```

- drawable/ 각 이미지

- MainActivity.java

```
public class MainActivity extends AppCompatActivity {

    @Override
    protected void onCreate(Bundle savedInstanceState) {
        super.onCreate(savedInstanceState);
        setContentView(R.layout.activity_main);

        ListView lvData = (ListView) findViewById( R.id.lvData) ;
        ListViewAdapter adapter = new ListViewAdapter();
        setData( adapter  );
        lvData.setAdapter( adapter  );

        lvData.setOnItemClickListener(
            new AdapterView.OnItemClickListener() {
                @Override
```

```
                public void onItemClick( AdapterView<?> adapterView, View view,
                                         int clickedno, long l) {
                    ListViewAdapter adapter = (ListViewAdapter)adapterView.getAdapter();
                    ListViewData data = adapter.getItem( clickedno );
                    Intent nextActivity = new Intent( MainActivity.this, DetailActivity.class );
                    nextActivity.putExtra( "IMAGEID", data.getImageid() );
                    nextActivity.putExtra("USERNAME", data.getUsername() );
                    nextActivity.putExtra("PHONENO", data.getPhoneno() );
                    startActivity( nextActivity );
                }
            }
        );
    }


    private void setData( ListViewAdapter adapter  )
    {
        for( int i=0; i<ConstData.username.length; i++){
            adapter.addOneData( ConstData.username[i], ConstData.imageid[i],
                                ConstData.phoneno[i] );
        }
    }
}
```

- ConstData.java

```
public class ConstData {
   public static String[]  username = {
    "김일녀","김이숙","강삼희","박사라","박오진","이도란","우희수","강해화","천아홍","전민아",
    "최금희","강호미","박전화","이고은","조금산","정도전","주유성","전진호","천상병","황종수",
    "강호남","김수혼","김희평","오동후","백상추","황전국","어병하","장정도","김철평"
   };
   public static int[]  imageid= {

R.drawable.faces_1,R.drawable.faces_2,R.drawable.faces_3,R.drawable.faces_4,
```

```
R.drawable.faces_5,R.drawable.faces_6,R.drawable.faces_7,R.drawable.faces_8,
     R.drawable.faces_9,R.drawable.faces_10, R.drawable.faces_11,R.drawable.faces_12,

R.drawable.faces_13,R.drawable.faces_14,R.drawable.faces_15,R.drawable.faces_16,

R.drawable.faces_17,R.drawable.faces_18,R.drawable.faces_19,R.drawable.faces_20,

R.drawable.faces_21,R.drawable.faces_22,R.drawable.faces_23,R.drawable.faces_24,

R.drawable.faces_25,R.drawable.faces_26,R.drawable.faces_27,R.drawable.faces_28,
     R.drawable.faces_29
    };
    public static String[] phoneno={

"010-1234-5678","010-2345-5689","010-3456-5011","010-4567-5012","010-5678-5013",

"010-6789-5014","010-7890-5015","010-8901-5016","010-9012-5017","010-0123-5018",

"010-0234-2098","010-1034-2097","010-2013-2095","010-2034-2093","010-2045-2091",

"010-2056-4012","010-2067-4014","010-2068-4016","010-2079-4017","010-2089-4019",

"010-3012-5210","010-3013-5214","010-3014-5215","010-3016-5217","010-3027-5219",
     "010-3028-5390","010-3029-5392","010-3030-5304","010-3040-5489",
    };
}
```

- DetailActivity.java

```
public class DetailActivity extends AppCompatActivity {

    @Override
    protected void onCreate(Bundle savedInstanceState) {
        super.onCreate(savedInstanceState);
        setContentView(R.layout.activity_detail);

        Intent intent = this.getIntent();
        int iCurrentPosition = intent.getIntExtra("IMAGEID", 0) ;
        String sCurrentUserName = intent.getStringExtra("USERNAME") ;
        String sCurrentPhoneno = intent.getStringExtra("PHONENO") ;

        TextView tvUsername = (TextView) findViewById( R.id.tvUsername);
        tvUsername.setText( sCurrentUserName );
        TextView tvPhoneno = (TextView) findViewById( R.id.tvPhoneno);
        tvPhoneno.setText(sCurrentPhoneno);
        ImageView ivImage = (ImageView) findViewById( R.id.ivImage );
        ivImage.setImageResource( iCurrentPosition );

        Button btnReturn = (Button) findViewById( R.id.btnReturn );
        btnReturn.setOnClickListener(
                new View.OnClickListener() {
                    @Override
                    public void onClick(View view) {
                        finish();
                    }
                }
        );
    }
}
```

- ListViewAdapter.java

```
package com.envoy.jeo.listviewexample;

import android.content.Context;

public class ListViewAdapter extends BaseAdapter{
    ArrayList<ListViewData>  listviewData = new ArrayList<ListViewData>();

    @Override
    public int getCount() {
        return listviewData.size();
    }

    @Override
    public ListViewData getItem(int position ) {
        return (ListViewData)listviewData.get(position);
    }

    @Override
    public long getItemId(int position ) {
        return 0;
    }

    @Override
    public View getView(int currentPosition, View view, ViewGroup viewGroup) {
        Context context = viewGroup.getContext();
        ViewHolder viewHolder = null;
        ListViewData oneData = getItem(currentPosition);
        if( view == null ){
            LayoutInflater inflater = LayoutInflater.from( context );
            view = inflater.inflate(R.layout.one_item, viewGroup, false);

            viewHolder = new ViewHolder();
            viewHolder.tvusername = (TextView)
view.findViewById(R.id.tvusername);
            viewHolder.ivimage = (ImageView) view.findViewById(R.id.ivimage);
            viewHolder.tvphoneno = (TextView)
```

```
view.findViewById(R.id.tvphoneno);
            view.setTag(viewHolder);

        }else {
            viewHolder = (ViewHolder) view.getTag();
        }
        viewHolder.tvusername.setText( oneData.getUsername() );
        viewHolder.ivimage.setImageResource( oneData.getImageid());
        viewHolder.tvphoneno.setText( oneData.getPhoneno() );

        return view ;
    }
    public void addOneData( String tmpUserName, int tmpImageid, String
tmpPhoneno ){
        ListViewData data = new ListViewData();
        data.setUsername(tmpUserName);
        data.setImageid( tmpImageid );
        data.setPhoneno( tmpPhoneno );
        listviewData.add( data  );
    }


    private class ViewHolder
    {
        public TextView tvusername ;
        public ImageView ivimage;
        public TextView tvphoneno;
    }

}
```

- ListViewData.java

```
public class ListViewData {
    private String username="";
    private int imageid=0;
```

```
    private String phoneno="";

    public String getUsername() { return username; }
    public void setUsername(String username) { this.username = username; }
    public int getImageid() { return imageid; }
    public void setImageid(int imageid) { this.imageid = imageid; }
    public String getPhoneno() { return phoneno; }
    public void setPhoneno(String phoneno) { this.phoneno = phoneno; }

}
```

- 실행결과

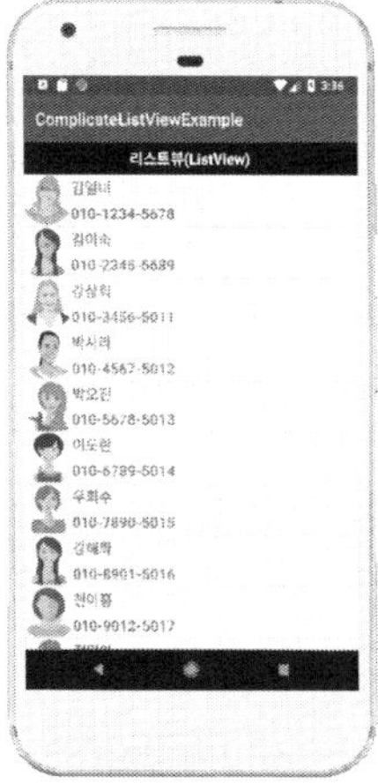

처음 실행한 리스트 뷰 결과

하나의 항목을 클릭한 결과

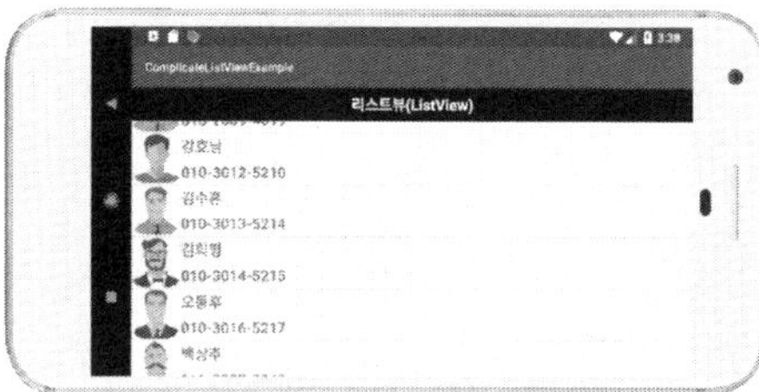

스마트폰을 가로방향으로 하여
처음 실행한 리스트 뷰 결과

스마트폰을 가로방향으로
한 상태에서 하나의 항목을 클릭한 결과

그리드뷰 (GirdView)

13

이 장에서는 리스트뷰와 함께 많은 자료를 나열하여 선택하게 하는 또 다른 종류의 위젯인 그리드뷰(GridView)를 살펴본다. 그리드 뷰는 행단위로 데이터를 나열하는 리스트 뷰와는 다르게 열단위로 데이터를 나열하는 방식을 사용한다. 데이터를 준비하고, 어댑터(Adapter)를 활용하여 데이터를 차례대로 나열하는 방식은 리스트뷰와 동일하다.앞 장에서 활용한 사진, 이름 전화번호 데이터를 이용하여 그리드뷰 방식으로 나열하고, 선택한 사진에 대하여 상세한 정보를 보여주는 예제 프로그램을 작성해 본다.

13.1 그리드뷰(GridView)의 기본기능

```
GridView

public class GridView
extends AbsListView

java.lang.Object
  ↳ android.view.View
      ↳ android.view.ViewGroup
          ↳ android.widget.AdapterView<android.widget.ListAdapter>
              ↳ android.widget.AbsListView
                  ↳ android.widget.GridView
```

[그림 13-1] 그리드뷰(GridView) 상속도

배열이나 ArrayList와 같은 데이터 저장소에 데이터를 저장하고 어댑터(Adapter)를 사용하고, 별도의 아이템 레이아웃을 설계하여 레이아웃상의 위젯에 정보를 저장하는 방법으로 데이터를 나열하는 것은 리스트 뷰와 동일하다. 다만 리스트 뷰는 행 단위로(한 줄에 한 세트의 데이터를 보여주는 방식) 데이터를 나타내고, 그리드뷰는 열 단위로(한 칸에 한 세트의 데이터를 보여주는 방식) 데이터를 나타낸다. 따라서 한 줄에 데이터를 몇 개나 나타내는가를 관리하는 속성, 각 데이터간에 간격을 관리하는 속성과 같은 추가적인 속성값이 필요하다.

[그림 13-7]의 그리드뷰 상속도를 살펴보면, AbsListView, AdapterView, BiewGroup, View 클래스를 차례대로 부모 클래스로 상속받고 있다. 이는 앞장에서 소개한 리스트뷰의 부모 클래스 상속과 동일하게 상속받고 있다. 즉 그리드뷰는 리스트뷰와의 동작 매커니즘이 매우 유사하다는 것을 보여주는 것이다.

13.2 그리드뷰(GridView)의 동작 원리

ArrayList와 같은 데이터 저장소에 저장된 데이터를 하나씩 가져와서 아이템 레이아웃상의 각 위젯에 설정하고, 이 위젯을 GridView 위젯에 추가하는 방식으로 동작하는 것은 리스트 뷰와 동일하다. [그림 13-2]는 그리드 뷰의 동작원리를 보여주는 그림이다. 앞장의 리스트뷰의 동작원리 그림과 동일한 방법을 사용하고 있으며, 마지막에 나타나는 방식만 여러 개의 열에 데이터를 나열하는 방식을 보여준다.

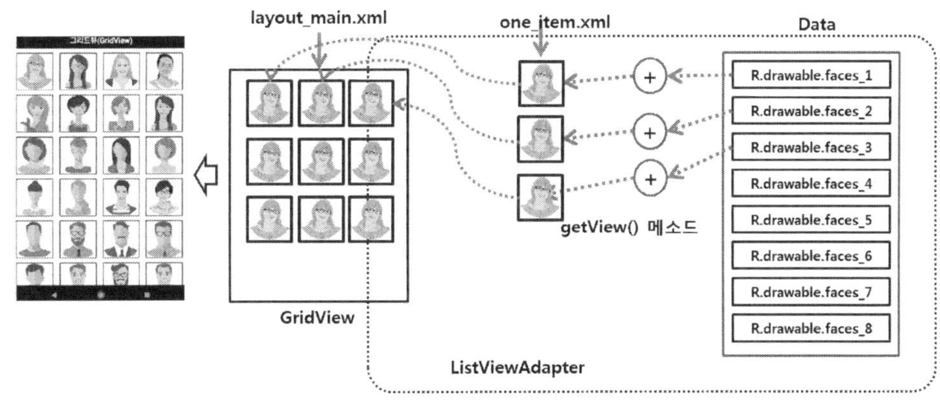

[그림 13-2] 그리드뷰의 동작원리

다만 아이템 레이아웃의 형태가 리스트뷰와는 달리 너비(Width)가 좁은 설계의 특징을 가질 수 밖에 없다. 만약 앱 화면의 한 줄을 채울 수 있는 아이템 레이아웃을 사용하면 1차 보여지는 모습이 리스트뷰와 유사하게 보일 수 있다. 즉 그리드뷰를 활용하는 경우 아이템 레이아웃이 너비가 좁게 설계되어 있어야 한다.

또한 이 동작원리에서 활용되는 Adapter는 ArrayAdpater나 BaseAdapter와 같은 안드로이드가 제공하는 Adapter를 상속받아 확장하여 사용한다. 이 장에서는 여러 가지 데이터 저장소에도 적용이 가능한 BaseAdapter를 상속받은 Adapter를 사용한다.

13.3 그리드뷰에 활용되는 데이터

이 장에서 사용할 그리드뷰의 데이터는 많은 데이터를 가지고 있어야 하므로 앞장에서 사용한 데이터를 그대로 사용한다. 여기서 기억하고 넘어가야 하는 것은 데이터 저장소에 저장되어 있는 데이터를 그리드뷰에 나타낼 때 반드시 데이터 세트의 모든 항목을 모두 활용할 필요는 없다는 것이다. 데이터 세트에 있는 항목들 가운데 필요한 데이터만 활용하여 그리드 뷰를 나타낼 것이기 때문에 어떤 항목을 사용할 지에 따라서 아이템 레이아웃과 ViewHolder, getView()가 다르게 만들어 진다. 다만 데이터 저장소는 활용하지 않은 데이터도 포함되어 있어도 된다. 즉 다음 단계에서(클릭 리스너 적용 후에 동작하는 Activity)에서 활용할 데이터도 데이터 저장소에 저장되어 있으면 좋다.

이장에서는 앞장에서 사용한 사진정보, 이름, 전화번호 데이터 세트를 활용한다.

13.4 레이아웃 정의

그리드뷰에서 사용되는 레이아웃에 대하여 상세하게 소개한다.

① layout 설계 : layout_main.xml

제목줄과 그리드뷰를 배치하고, 위치조정의 변의성을 위해 LinearLayout을 배치하여 사용한다.

- columnWidth="90dp" : 열단위로 배치하는 데이터에 대하여 너비를 지정하는 속성이다. 아이템 레이아웃에서 ImageView의 너비와 맞추어야 한다
- horizontalSpacing="10dp" : 열단위로 배정할 때 각 열 사이의 최소 여백을 지정한다. 아이템 레이아웃의 너비에 따라서 이 값보다 큰 여백이 생길 수 있다
- verticalSpacing="10dp" : 데이터가 많아 여러 줄이 나열되면 각 줄사이의 간격을 지정하는 속성이다
- numColumns="auto_fit" : 한 줄에 몇 개의 데이터를 배정할지를 결정하는 속성이 "auto_fit"이면 데이터의 너비 만큼 차례대로 배정하고, 명확한 수량을 지정할 경우 해당 수량 만큼만 데이터를 나열한다.

```
<GridView
    android:id="@+id/gvData"
    android:layout_width="match_parent"
    android:layout_height="match_parent"
    android:layout_marginTop="10dp"
    android:columnWidth="90dp"
    android:horizontalSpacing="10dp"
    android:verticalSpacing="10dp"
    android:numColumns="auto_fit"
    >
```

② layout 설계 : one_item.xml

```
<ImageView
    android:id="@+id/ivimage"
    android:layout_width="90dp"
    android:layout_height="90dp"
    android:background="@drawable/image_bg"
/>
```

그리드뷰의 각 열에 배치되는 데이터에 대한 레이아웃으로 아이템 레이아웃으로 표현 했던 레이아웃이다.

이 예에서는 하나의 이미지를 나타내기 때문에 하나의 ImageView를 배정하여 설계하였다.

각 이미지의 크기를 layout_main.xml 상의 GridView 위젯의 columnWidth속성에 맞추어 layout_width와 layout_height 속성을 “90dp"로 설정했다.

이미지에 테두리 선을 지정하기 위하여 background 속성에 drawable/image_bg.xml을 지정했다

- drawable/image_bg.xml

```
<?xml version="1.0" encoding="UTF-8"?>
<shape xmlns:android="http://schemas.android.com/apk/res/android">
        <solid android:color="#FFFFFF" />
        <stroke android:width="2dp" android:color="#000000" />
        <padding
            android:left="1dp"
            android:top="1dp"
            android:right="1dp"
            android:bottom="1dp" />
</shape>
```

③ layout 설계 : activity_detail.xml

리스트뷰에서 사용하던 activity_detail.xml와 동일한 layout를 사용한다.

13.5 그리드뷰의 어댑터

리스트뷰의 어댑터와 동일한 방법론을 적용하나, 그리드뷰에 맞게 수정된 부분만 소개한다. 데이터저장장소(ArrayList), getView( ), ViewHolder에 대한 코드부분은 다음과 같다.

- 데이터 저장장소는 리스트뷰와 동일하다. 따라서 addOneData()도 동일한다. 다만 그리드뷰에서는 사진정보만 활용하기 때문에 ViewHolder, getView()sms 내용이 다르게 나타난다.

```
ArrayList<ListViewData>  listviewData = new ArrayList<ListViewData>();
```

- getView( )는 하나의 아이템 레이아웃에 있는 ImageView에 대한 처리만 필요하므로 다음과 같이 코딩이 수정 된다.

```
    @Override
    public View getView(int currentPosition, View view, ViewGroup viewGroup) {
        Context context = viewGroup.getContext();
        ViewHolder viewHolder = null;
        ListViewData oneData = getItem(currentPosition);
        if( view == null ){
            LayoutInflater inflater = LayoutInflater.from( context );
            view = inflater.inflate(R.layout.one_item, viewGroup, false);

            viewHolder = new ViewHolder();
            viewHolder.ivimage = (ImageView) view.findViewById(R.id.ivimage);
            view.setTag(viewHolder);

        }else {
            viewHolder = (ViewHolder) view.getTag();
        }
        viewHolder.ivimage.setImageResource( oneData.getImageid());

        return view ;
    }
```

- ViewHolder 클래스

```
private class ViewHolder
{
    public ImageView ivimage;
}
```

13.6 클릭에 대한 리스너 설정

리스트뷰와 동일하게 GridView에 클릭 리스너(OnItemClickListener)를 지정하여 운영한다.

```
        GridView gvData = (GridView) findViewById( R.id.gvData) ;
         ...
        gvData.setOnItemClickListener(
            new AdapterView.OnItemClickListener() {
                @Override
                public void onItemClick( AdapterView<?> adapterView, View
view,
                                           int clickedno, long l) {
                    GridViewAdapter adapter =
(GridViewAdapter)adapterView.getAdapter();
                    ListViewData data = adapter.getItem( clickedno );
                    Intent nextActivity = new Intent( MainActivity.this,
DetailActivity.class );
                    nextActivity.putExtra( "IMAGEID", data.getImageid() );
                    nextActivity.putExtra("USERNAME", data.getUsername() );
                    nextActivity.putExtra("PHONENO", data.getPhoneno() );
                    startActivity( nextActivity );
                }
            }
        );
```

13.7 그리드뷰(GridView)를 활용한 예제 만들기

- AndroidManifest.xml

```
<?xml version="1.0" encoding="utf-8"?>
<manifest xmlns:android="http://schemas.android.com/apk/res/android"
    package="com.envoy.jeo.listviewexample">

    <application
        android:allowBackup="true"
        android:icon="@mipmap/ic_launcher"
        android:label="@string/app_name"
        android:roundIcon="@mipmap/ic_launcher_round"
        android:supportsRtl="true"
        android:theme="@style/AppTheme">
        <activity android:name=".MainActivity">
            <intent-filter>
                <action android:name="android.intent.action.MAIN" />

                <category android:name="android.intent.category.LAUNCHER" />
            </intent-filter>
        </activity>
        <activity android:name=".DetailActivity"></activity>
    </application>

</manifest>
```

- layout/activity_main.xml

```
<?xml version="1.0" encoding="utf-8"?>
<android.support.constraint.ConstraintLayout
xmlns:android="http://schemas.android.com/apk/res/android"
    xmlns:app="http://schemas.android.com/apk/res-auto"
    xmlns:tools="http://schemas.android.com/tools"
    android:layout_width="match_parent"
    android:layout_height="match_parent"
    tools:context=".MainActivity">

    <LinearLayout
        android:layout_width="match_parent"
        android:layout_height="match_parent"
        android:orientation="vertical"
        app:layout_constraintBottom_toBottomOf="parent"
        app:layout_constraintEnd_toEndOf="parent"
        app:layout_constraintStart_toStartOf="parent"
        app:layout_constraintTop_toTopOf="parent"
    >

        <TextView
            android:id="@+id/tvTitle"
            android:layout_width="match_parent"
            android:layout_height="40dp"
            android:background="#000000"
            android:gravity="center"
            android:text="그리드뷰(GridView)"
            android:textColor="#FFFFFF"
            android:textSize="18sp"
            android:textStyle="bold"></TextView>

        <GridView
            android:id="@+id/gvData"
            android:layout_width="match_parent"
            android:layout_height="match_parent"
            android:layout_marginTop="10dp"
            android:columnWidth="90dp"
```

```
            android:horizontalSpacing="10dp"
            android:verticalSpacing="10dp"
            android:numColumns="auto_fit"
            >

        </GridView>
    </LinearLayout>

</android.support.constraint.ConstraintLayout>
```

- layout/one_item.xml

```
<?xml version="1.0" encoding="utf-8"?>
<LinearLayout xmlns:android="http://schemas.android.com/apk/res/android"
    xmlns:app="http://schemas.android.com/apk/res-auto"
    android:orientation="vertical"
    android:layout_width="match_parent"
    android:layout_height="wrap_content"
    >
        <ImageView
            android:id="@+id/ivimage"
            android:layout_width="90dp"
            android:layout_height="90dp"
            android:background="@drawable/image_bg"
        />
</LinearLayout>
```

- layout/activity_detail.xml

```
<?xml version="1.0" encoding="utf-8"?>
<android.support.constraint.ConstraintLayout
xmlns:android="http://schemas.android.com/apk/res/android"
    xmlns:app="http://schemas.android.com/apk/res-auto"
    xmlns:tools="http://schemas.android.com/tools"
    android:layout_width="match_parent"
```

```
android:layout_height="match_parent"
tools:context=".DetailActivity">

<ImageView
    android:id="@+id/ivImage"
    android:layout_width="231dp"
    android:layout_height="223dp"
    android:layout_marginBottom="8dp"
    android:layout_marginEnd="8dp"
    android:layout_marginLeft="8dp"
    android:layout_marginRight="8dp"
    android:layout_marginStart="8dp"
    android:layout_marginTop="8dp"
    app:layout_constraintBottom_toBottomOf="parent"
    app:layout_constraintEnd_toEndOf="parent"
    app:layout_constraintHorizontal_bias="0.503"
    app:layout_constraintStart_toStartOf="parent"
    app:layout_constraintTop_toTopOf="parent"
    app:layout_constraintVertical_bias="0.051"
    app:srcCompat="@drawable/faces_1" />

<TextView
    android:id="@+id/tvUsername"
    android:layout_width="124dp"
    android:layout_height="36dp"
    android:layout_marginBottom="8dp"
    android:layout_marginEnd="8dp"
    android:layout_marginLeft="8dp"
    android:layout_marginRight="8dp"
    android:layout_marginStart="8dp"
    android:layout_marginTop="24dp"
    android:gravity="center"
    android:textSize="18sp"
    android:textStyle="bold"
    app:layout_constraintBottom_toBottomOf="parent"
    app:layout_constraintEnd_toEndOf="parent"
    app:layout_constraintStart_toStartOf="parent"
    app:layout_constraintTop_toBottomOf="@+id/ivImage"
    app:layout_constraintVertical_bias="0.0" />
```

```
    <TextView
        android:id="@+id/tvPhoneno"
        android:layout_width="192dp"
        android:layout_height="37dp"
        android:layout_marginBottom="8dp"
        android:layout_marginEnd="8dp"
        android:layout_marginLeft="8dp"
        android:layout_marginRight="8dp"
        android:layout_marginStart="8dp"
        android:layout_marginTop="8dp"
        android:gravity="center"
        android:textSize="18sp"
        android:textStyle="bold"
        app:layout_constraintBottom_toBottomOf="parent"
        app:layout_constraintEnd_toEndOf="parent"
        app:layout_constraintStart_toStartOf="parent"
        app:layout_constraintTop_toBottomOf="@+id/tvUsername"
        app:layout_constraintVertical_bias="0.0" />

    <Button
        android:id="@+id/btnReturn"
        android:layout_width="wrap_content"
        android:layout_height="35dp"
        android:layout_marginBottom="8dp"
        android:layout_marginEnd="8dp"
        android:layout_marginLeft="8dp"
        android:layout_marginRight="8dp"
        android:layout_marginStart="8dp"
        android:layout_marginTop="8dp"
        android:text="돌아가기"
        app:layout_constraintBottom_toBottomOf="parent"
        app:layout_constraintEnd_toEndOf="parent"
        app:layout_constraintHorizontal_bias="0.925"
        app:layout_constraintStart_toStartOf="parent"
        app:layout_constraintTop_toTopOf="parent"
        app:layout_constraintVertical_bias="0.984" />
</android.support.constraint.ConstraintLayout>
```

- drawable/ 각 이미지

- drawable/image_bg.xml

```
<?xml version="1.0" encoding="UTF-8"?>
<shape xmlns:android="http://schemas.android.com/apk/res/android">
        <solid android:color="#FFFFFF" />
        <stroke android:width="2dp" android:color="#000000" />
        <padding
            android:left="1dp"
            android:top="1dp"
            android:right="1dp"
            android:bottom="1dp" />
</shape>
```

- MainActivity.java

```
public class MainActivity extends AppCompatActivity {

    @Override
    protected void onCreate(Bundle savedInstanceState) {
        super.onCreate(savedInstanceState);
        setContentView(R.layout.activity_main);

        GridView gvData = (GridView) findViewById( R.id.gvData) ;
        GridViewAdapter adapter = new GridViewAdapter();
        setData( adapter  );
        gvData.setAdapter( adapter  );

        gvData.setOnItemClickListener(
            new AdapterView.OnItemClickListener() {
                @Override
                public void onItemClick( AdapterView<?> adapterView, View view,
                                         int clickedno, long l) {
                    GridViewAdapter adapter = (
GridViewAdapter)adapterView.getAdapter();
                    ListViewData data = adapter.getItem( clickedno );
                    Intent  nextActivity  =  new  Intent(  MainActivity.this,
DetailActivity.class );
                    nextActivity.putExtra( "IMAGEID", data.getImageid() );
                    nextActivity.putExtra("USERNAME", data.getUsername() );
                    nextActivity.putExtra("PHONENO", data.getPhoneno() );
                    startActivity( nextActivity );
                }
            }
        );
    }

    private void setData( GridViewAdapter adapter  )
    {
        for( int i=0; i<ConstData.username.length; i++){
            adapter.addOneData( ConstData.username[i], ConstData.imageid[i],
                                ConstData.phoneno[i] );
        }
    }
}
```

- ConstData.java

```
public class ConstData {
    public static String[]  username = {
        "김일녀","김이숙","강삼희","박사라","박오진","이도란","우희수","강해화","천아홍","전민아",
        "최금희","강호미","박전화","이고은","조금산","정도전","주유성","전진호","천상병","황종수",
        "강호남","김수혼","김희평","오동후","백상추","황전국","어병하","장정도","김철평"
    };
    public static int[]  imageid= {

R.drawable.faces_1,R.drawable.faces_2,R.drawable.faces_3,R.drawable.faces_4,R.drawable.faces_5,

R.drawable.faces_6,R.drawable.faces_7,R.drawable.faces_8,R.drawable.faces_9,R.drawable.faces_10,

R.drawable.faces_11,R.drawable.faces_12,R.drawable.faces_13,R.drawable.faces_14,R.drawable.faces_15,

R.drawable.faces_16,R.drawable.faces_17,R.drawable.faces_18,R.drawable.faces_19,R.drawable.faces_20,

R.drawable.faces_21,R.drawable.faces_22,R.drawable.faces_23,R.drawable.faces_24,R.drawable.faces_25,

R.drawable.faces_26,R.drawable.faces_27,R.drawable.faces_28,R.drawable.faces_29
    };
    public static String[] phoneno={

"010-1234-5678","010-2345-5689","010-3456-5011","010-4567-5012","010-5678-5013",

"010-6789-5014","010-7890-5015","010-8901-5016","010-9012-5017","010-0123-5018",

"010-0234-2098","010-1034-2097","010-2013-2095","010-2034-2093","010-2045-2091",

"010-2056-4012","010-2067-4014","010-2068-4016","010-2079-4017","010-2089-4019",

"010-3012-5210","010-3013-5214","010-3014-5215","010-3016-5217","010-3027-5219",
            "010-3028-5390","010-3029-5392","010-3030-5304","010-3040-5489",
    };

}
```

- DetailActivity.java

```
public class DetailActivity extends AppCompatActivity {

    @Override
    protected void onCreate(Bundle savedInstanceState) {
        super.onCreate(savedInstanceState);
        setContentView(R.layout.activity_detail);

        Intent intent = this.getIntent();
        int iCurrentPosition = intent.getIntExtra("IMAGEID", 0) ;
        String sCurrentUserName = intent.getStringExtra("USERNAME") ;
        String sCurrentPhoneno = intent.getStringExtra("PHONENO") ;

        TextView tvUsername = (TextView) findViewById( R.id.tvUsername);
        tvUsername.setText( sCurrentUserName );
        TextView tvPhoneno = (TextView) findViewById( R.id.tvPhoneno);
        tvPhoneno.setText(sCurrentPhoneno);
        ImageView ivImage = (ImageView) findViewById( R.id.ivImage );
        ivImage.setImageResource( iCurrentPosition );

        Button btnReturn = (Button) findViewById( R.id.btnReturn );
        btnReturn.setOnClickListener(
                new View.OnClickListener() {
                    @Override
                    public void onClick(View view) {
                        finish();
                    }
                }
        );
    }
}
```

- GridViewAdapter.java

```
public class GridViewAdapter extends BaseAdapter{
    ArrayList<ListViewData>  listviewData = new ArrayList<ListViewData>();

    @Override
    public int getCount() {
        return listviewData.size();
    }

    @Override
    public ListViewData getItem(int position ) {
        return (ListViewData)listviewData.get(position);
    }

    @Override
    public long getItemId(int position ) {
        return 0;
    }

    @Override
    public View getView(int currentPosition, View view, ViewGroup viewGroup) {
        Context context = viewGroup.getContext();
        ViewHolder viewHolder = null;
        ListViewData oneData = getItem(currentPosition);
        if( view == null ){
            LayoutInflater inflater = LayoutInflater.from( context );
            view = inflater.inflate(R.layout.one_item, viewGroup, false);

            viewHolder = new ViewHolder();
            viewHolder.ivimage = (ImageView) view.findViewById(R.id.ivimage);
            view.setTag(viewHolder);

        }else {
            viewHolder = (ViewHolder) view.getTag();
        }
        viewHolder.ivimage.setImageResource( oneData.getImageid());
```

```
        return view ;
    }
    public void addOneData( String tmpUserName, int tmpImageid, String tmpPhoneno ){
        ListViewData data = new ListViewData();
        data.setUsername(tmpUserName);
        data.setImageid( tmpImageid );
        data.setPhoneno( tmpPhoneno );
        listviewData.add( data  );
    }


    private class ViewHolder
    {
        public ImageView ivimage;
    }

}
```

- ListViewData.java

```
public class ListViewData {
    private String username="";
    private int imageid=0;
    private String phoneno="";

    public String getUsername() { return username; }
    public void setUsername(String username) { this.username = username; }
    public int getImageid() { return imageid; }
    public void setImageid(int imageid) { this.imageid = imageid; }
    public String getPhoneno() { return phoneno; }
    public void setPhoneno(String phoneno) { this.phoneno = phoneno; }
}
```

- 실행결과

처음 실행한 결과 화면

하나의 사진을 클릭했을 때의 화면

스마트폰을 가로로 했을 때 실행 화면

스마트폰을 가로로 한 상태에서 사진을 클릭했을때의 화면

14

갤러리(Gallery)에서 사진 가져오기

이 장에서는 Intent의 필터와 Intent를 호출하여 안드로이드 스마트폰의 갤러리에 저장되어 있는 이미지(사진)을 선택하고 활용할 수 있는 앱 프로그램을 제작해 본다. 이를 통하여 Intent에 대한 이해와 함께 안드로이드 스마트 폰의 사진 저장 및 데이터 저장 매커니즘을 보다 잘 이해할 수 있도록 한다.

14.1 Intent의 ACTIVE_PICK 동작원리

Intent

```
public class Intent
extends Object implements Parcelable, Cloneable
```

java.lang.Object
 ↳ android.content.Intent

⌄ Known direct subclasses
 LabeledIntent

[그림 14-1] Intent의 상속도

안드로이드 스마트폰의 경우 갤러리에 저장되어 있는 사진(이미지)들을 내부적으로 Uri개념으로 저장하고 관리하고 있다. 이를 앱에서 활용하기 위하여는 복잡한 코딩 작업을 거쳐 사용할 수 있다. 그러나 안드로이드는 Intent의 필터와 [그림 14-1]의 Intent에 대한 간단한 호출로 갤러리의 사진을 선택하고, 이를 앱에서 활용할 수 있는 방법을 제공하고 있다.

갤러리의 활용을 위하여 사용하는 Intent의 필터(filter)는 ACTION_PICK이다. ACTION_PIC에 대한 소개는 [그림 14-2]에 따른다.

ACTION_PICK　　adde

```
public static final String ACTION_PICK
```

Activity Action: Pick an item from the data, returning what was selected.

Input: `getData()` is URI containing a directory of data (vnd.android.cursor.dir/*) from which to pick an item.

Output: The URI of the item that was picked.

Constant Value: "android.intent.action.PICK"

[그림 14-2] ACTION–PICK

앱 개발자가 활용할 수 있는 Intent의 필터는 다양하며 [그림 14-3]에서 제시하고 있는 여러 가지가 있다. GET_CONTENT, ACTION_VIEW, ACTION_EDIT, ACTION_PICK와 같은 필터를 제공하고 있으며, 이장에서는 ACTION_PICK를 이용하여 갤러리를 접근하고 사진을 선택하여 앱 코딩에서 활용하는 방법을 알아보도록 한다.

```
<intent-filter>
    <action android:name="android.intent.action.GET_CONTENT" />
    <category android:name="android.intent.category.DEFAULT" />
    <data android:mimeType="vnd.android.cursor.item/vnd.google.note" />
</intent-filter>

<intent-filter>
    <action android:name="android.intent.action.VIEW" />
    <action android:name="android.intent.action.EDIT" />
    <action android:name="android.intent.action.PICK" />
    <category android:name="android.intent.category.DEFAULT" />
    <data android:mimeType="vnd.android.cursor.dir/vnd.google.note" />
</intent-filter>
```

[그림 14-3] 〈Intent-filter〉

각각의 Intent 필터에 대하 상세한 소개보다는 ACTION_PICK를 활용하여 갤러리에서 사진을 추출하는 방법과 의미에 중심을 두고 프로젝트를 작성하고 실행하는 과정을 보여주도록 한다.

14.2 Intent의 ACTIVE_PICK 동작원리

Intent의 ACTION_PICK 필터를 활용하는 동작원리는 [그림 14-4]와 같다.

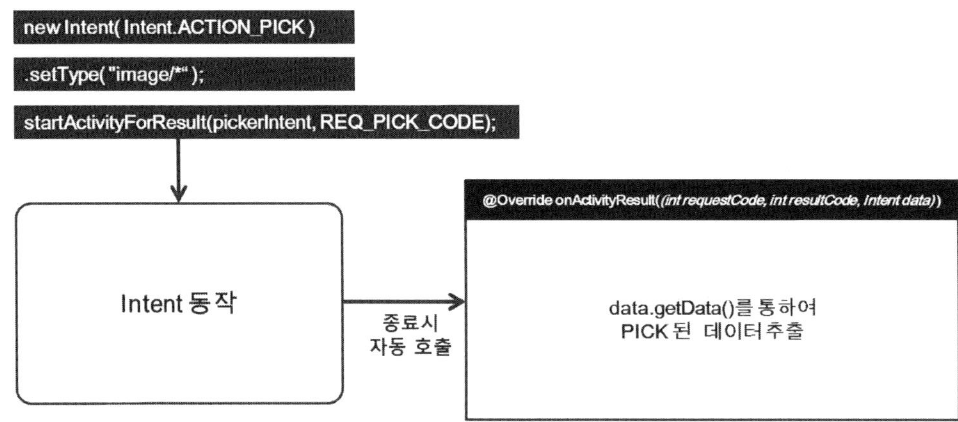

[그림 14-4] Intent의 ACTION-PICK 동작원리

① 가장 먼저 ACTION_PICK 필터를 적용한 Intent를 생성한다. 이 때 Java의 new 연산자를 사용하기 때문에 Java의 new 동작을 그대로 사용하고, ACTION_PICK는 new의 생성자의 데이터로 제공한다.

② ACTION_PICK이 스마트폰의 내부적인 데이터(예를 들어, 갤러리 정보, 전화번호부 등)을 접근할 수 있기 때문에 사용할 데이터의 타입을 설정해야 한다. 이 때 사용하는 기능이 Intent의 setType( ) 을 사용하고, 갤러리의 사진 이미지를 선택할 것이기 때문에 "images/*"를 설정한다.

③ 만약 여러개의 사진을 선택해야 하는 경우 intent.putExtra(Intent.EXTRA_ALLOW_MULTIPLE, true)을 설정해야 한다. 그러나 여러개의 사진을 선택하는 것은 안드로이드 운영체제의 버전에 따라서 지원되지 않는 경우도 있어 이 프로젝트에서는 제외한

다[2][3][4].

④ this.startActivityForResult( )를 활용하여 위에서 생성한 Intent를 시작시킨다. 일반적인 Intent의 시작을 의미하는 this.startActivity( ) 와 동일한 결과인 새로운 Activity가 동작한다. 다만 제공되는 데이터가 this.startActivity( )는 동작할 새로운 Intent를 제공하나, this.startActivityForResult( )는 동작할 Inent와 함께 새롭게 동작하는 Intent의 ID 역할을 하는 Intent에 지정되는 고유번호(정수)를 함께 제공되어야 한다. 이 때 사용되는 고유번호는 정수로 된 번호이며 프로그래머가 지정하여 사용한다.

- Intent 호출 코딩

```
Intent imageCrop = new Intent(Intent.ACTION_PICK);
imageCrop .setType("image/*");
startActivityForResult(imageCrop , PICK_SINGLE_IMAGE_CROP );
```

- Intent.createChooser()를 이용한 Intent 호출 코딩

```
Intent imageCrop = new Intent(
          Intent.ACTION_PICK, MediaStore.Audio.Media.EXTERNAL_CONTENT_URI
);
imageCrop .setType("image/*");
startActivityForResult(Intent.createChooser(
     imageCrop, " 사진을 선택하세요.." ), PICK_SINGLE_IMAGE_CROP
);
```

⑤ 동작되는 Activity는 정해진 Activity(갤러리에서 사진을 선택할 수 있도록 동작하는 Activity)가 동작하고 취소하거나 동작이 완료 되면 onActivityResult( ) 메소드가 자동으로 호출되어 실행된다.

⑥ onActivityResult( ) 메소드에서 사용자가 선택한 사진의 정보가 제공되고, 이를 활용하는 코딩이 가능하다.

14.3 Intent의 호출과 데이터 전달 방식

Intent의 호출에서 onActivityResult( ) 메소드가 호출되는 과정에서의 데이터전달 매커니즘은 [그림 14-5]와 같다.

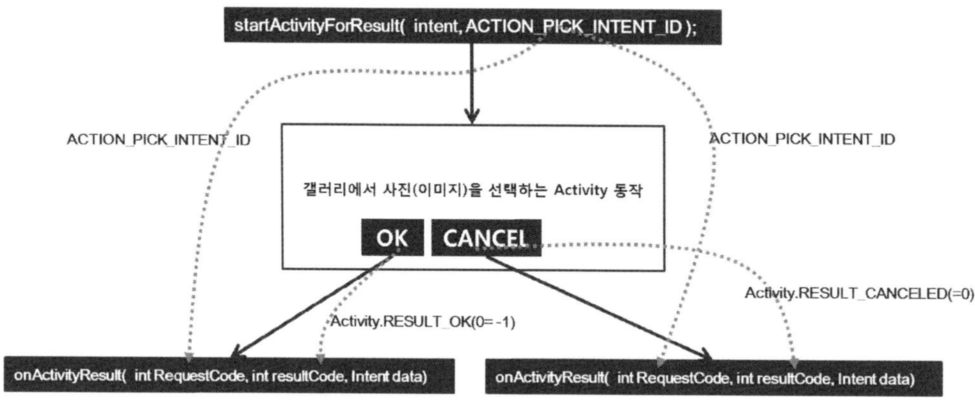

[그림 14–5] Intent의 데이터 전달 매커니즘

① int requestCode는 startActivityForResult( )에서 제공한 두 번째 데이터인 Intent의 ID 고유번호가 다시 되돌아 온다. 여러 개의 Intent를 호출한 경우 어떤 Intent가 먼저 종료하고 onActivityResult( )를 호출할지 순서를 정할 수 없기 때문에, 호출한 Intent의 아이디 값인 고유번호를 다시 돌려 주어 호출된 Intent를 구분하게 한다. onActivity Result( ) 코드에서는 호출시 ID 고유번호와 돌아온 ID 고유번호를 일치시키는 체크를 두는 것이 더욱 합리적이다.

② int resultCode는 Intent 작업을 완료할 때 [OK]로 완료한 것인지 [CANCEL]로 완료한 것인지를 구분하는 코드를 되돌려 준다. 안드로이드에서는 [OK]를 클릭하여 Intent를 종료한 경우 Activity.RESULT_OK를 되돌려 준다. 이 때 Activity.RESULT_OK는 정수 -1로 정의되어 있는 상수이므로 임의로 변경할 수 없다. 즉 Activity.RESULT_OK 대신 -1을 사용해도 동일한 의미이다. [CANCEL]로 Intent를 종료한 경우 Activity.RESULT_

CANCELED를 되돌려 준다. 이 값은 정수 0으로 정의되어 있는 상수이다.

③ Intent data는 Intent를 통하여 선택한 Data(사진 이미지) 정보를 가지고 있는 매개변수이다. [그림 14-6]처럼 data를 통하여 사용자가 선택한 정보를 추출할 수 있다.

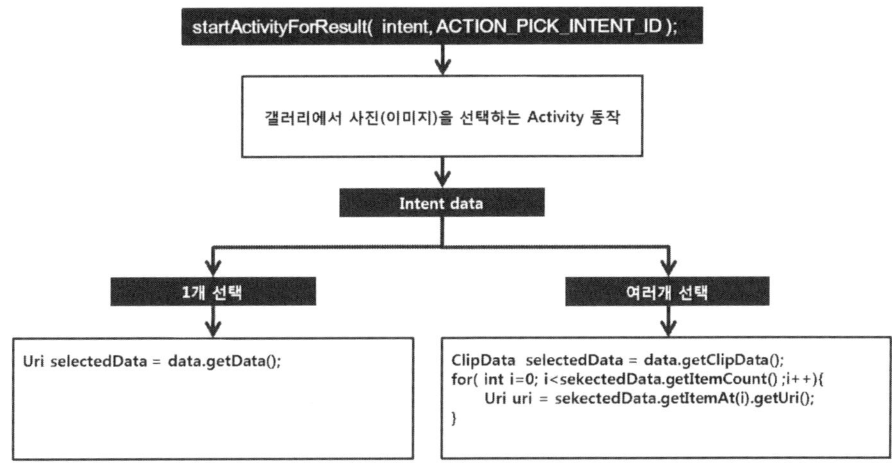

[그림 14-6] 선택사진 추출방법

하나의 데이터(사진)을 선택한 경우 data.getData()를 통하여 선택된 데이터를 추출할 수 있다. 만약 Intent에서 여러개의 데이터를 선택했다면 data.getClipData() 기능을 통하여 선태된 여러 개의 데이터를 추출하고 이를 반복명령어를 통하여 차례대로 추출할 수 있다. 다만 주의할 것은 getClipData( ) 기능은 SDK 최소 버전을 16이상을 요구하므로 SDK 최소 버전을 상향 조정(Gradle Scripts-> build.gradle(Module:app에서 수정해야 함) 해야 한다.

- 단일 데이터(사진) 선택시 코딩

```
Uri imageSingleUri = data.getData();
```

- 여러 개의 데이터(사진) 선택시 코딩

```
ClipData  selectedData = data.getClipData();
for( int i=0; i<sekectedData.getItemCount() ;i++){
      Uri imageSingleUri = sekectedData.getItemAt(i).getUri();
}
```

14.4 Gallery를 활용한 사진보기 예제 만들기

14-4-1. layout 설계

- activity_main.xml

전체 layout은 제목을 표시하는 제목줄 위젯(TextView)와 갤러리에서 선택한 사진을 보여주는 위젯(ImageView), 클릭 했을 때 사진을 선택하는 Intent를 구동하기 위한 위젯(Button) 으로 구성되어 있다.

- ImageView Layout 내용 (ID : ivImage)

```
<ImageView
    android:id="@+id/ivImage"
    android:layout_width="257dp"
    android:layout_height="243dp"
    android:layout_marginBottom="8dp"
    android:layout_marginEnd="8dp"
    android:layout_marginLeft="32dp"
    android:layout_marginRight="8dp"
    android:layout_marginStart="32dp"
    android:layout_marginTop="8dp"
    app:layout_constraintBottom_toBottomOf="parent"
    app:layout_constraintEnd_toEndOf="parent"
    app:layout_constraintHorizontal_bias="0.367"
    app:layout_constraintStart_toStartOf="parent"
    app:layout_constraintTop_toTopOf="parent" />
```

- Button layout 내용(ID:btnGallery)

```
<Button
    android:id="@+id/btnGallery"
    android:layout_width="wrap_content"
    android:layout_height="wrap_content"
    android:layout_marginBottom="8dp"
    android:layout_marginEnd="8dp"
    android:layout_marginLeft="8dp"
    android:layout_marginRight="8dp"
    android:layout_marginStart="8dp"
    android:layout_marginTop="8dp"
    android:text="Gallery"
    app:layout_constraintBottom_toBottomOf="parent"
    app:layout_constraintEnd_toEndOf="parent"
    app:layout_constraintHorizontal_bias="0.889"
    app:layout_constraintStart_toStartOf="parent"
    app:layout_constraintTop_toTopOf="@+id/tvTitle"
    app:layout_constraintVertical_bias="0.954" />
```

14-4-2. Activity 코딩

- Button 클릭 리스너를 통한 사진 선택 호출 (createChooser() 이용)

```
        Button btnGallery = (Button) findViewById( R.id.btnGallery );
        btnGallery.setOnClickListener(
            new View.OnClickListener() {
                @Override
                public void onClick(View view) {
                    Intent imageCrop = new Intent(
                      Intent.ACTION_PICK,
                      MediaStore.Audio.Media.EXTERNAL_CONTENT_URI
                    );
                    imageCrop .setType("image/*");
                    startActivityForResult(Intent.createChooser(
                      imageCrop, " 사진을 선택하세요.." ),
PICK_SINGLE_IMAGE_CROP
```

```
                    );
                }
            }
        );
```

- onActivityResult( )에서의 사진 보여주기

사진을 ImageView에 보여주는 작업은 .setImageURI( )을 이용하면 가능하나, 사진의 크기와 ImageView의 크기차이에 대하여는 다양한 방법으로 설정할 수 있다. 여기서는 ImageView.ScaleType.CENTER_INSIDE 방식으로 이미지를 나타내는데 이는 ImageView의 크기에 맞게 이미지 크기를 조정하여 보여주는 방식을 의미 한다. 다만 기준점은 ImageView의 중앙을 중심으로 처리한다[1]. 다양한 ImageView에서 다양한 크기의 사진(이미지)를 보여주기 위한 설정은 [참고자료]을 참고하시기 바랍니다.

```
private final int PICK_SINGLE_IMAGE_CROP= 1;
private ImageView mIvImage = null;
    ...
@Override
protected void onActivityResult(int requestCode, int resultCode, Intent data) {
    if( resultCode != Activity.RESULT_OK ) return;
    if(requestCode == PICK_SINGLE_IMAGE_CROP && data != null ){
            Uri imageSingleUri = data.getData();
            mIvImage.setScaleType( ImageView.ScaleType.CENTER_INSIDE );
            mIvImage .setImageURI( imageSingleUri  );
    }
    super.onActivityResult(requestCode, resultCode, data);
}
```

14-4-3. 전체 프로그램

- AndroidManifest.xml

```
<?xml version="1.0" encoding="utf-8"?>
<manifest xmlns:android="http://schemas.android.com/apk/res/android"
    package="com.example.user.usinggalleryexample">

    <application
        android:allowBackup="true"
        android:icon="@mipmap/ic_launcher"
        android:label="@string/app_name"
        android:roundIcon="@mipmap/ic_launcher_round"
        android:supportsRtl="true"
        android:theme="@style/AppTheme">
        <activity android:name=".MainActivity">
            <intent-filter>
                <action android:name="android.intent.action.MAIN" />

                <category android:name="android.intent.category.LAUNCHER" />
            </intent-filter>
        </activity>
    </application>

</manifest>
```

- layout/activity_main.xml

```
<?xml version="1.0" encoding="utf-8"?>
<android.support.constraint.ConstraintLayout
xmlns:android="http://schemas.android.com/apk/res/android"
    xmlns:app="http://schemas.android.com/apk/res-auto"
    xmlns:tools="http://schemas.android.com/tools"
    android:layout_width="match_parent"
    android:layout_height="match_parent"
    tools:context=".MainActivity">

```

```
<TextView
    android:id="@+id/tvTitle"
    android:layout_width="match_parent"
    android:layout_height="40dp"
    android:background="#000000"
    android:gravity="center"
    android:text="Gallery 활용"
    android:textColor="#FFFFFF"
    android:textSize="18sp"
    android:textStyle="bold"
    android:background="@drawable/image_bg"
    app:layout_constraintBottom_toBottomOf="parent"
    app:layout_constraintHorizontal_bias="0.0"
    app:layout_constraintLeft_toLeftOf="parent"
    app:layout_constraintRight_toRightOf="parent"
    app:layout_constraintTop_toTopOf="parent"
    app:layout_constraintVertical_bias="0.0" />

<ImageView
    android:id="@+id/ivImage"
    android:layout_width="257dp"
    android:layout_height="243dp"
    android:layout_marginBottom="8dp"
    android:layout_marginEnd="8dp"
    android:layout_marginLeft="32dp"
    android:layout_marginRight="8dp"
    android:layout_marginStart="32dp"
    android:layout_marginTop="8dp"
    app:layout_constraintBottom_toBottomOf="parent"
    app:layout_constraintEnd_toEndOf="parent"
    app:layout_constraintHorizontal_bias="0.367"
    app:layout_constraintStart_toStartOf="parent"
    app:layout_constraintTop_toTopOf="parent" />

<Button
    android:id="@+id/btnGallery"
    android:layout_width="wrap_content"
    android:layout_height="wrap_content"
    android:layout_marginBottom="8dp"
    android:layout_marginEnd="8dp"
```

```
        android:layout_marginLeft="8dp"
        android:layout_marginRight="8dp"
        android:layout_marginStart="8dp"
        android:layout_marginTop="8dp"
        android:text="Gallery"
        app:layout_constraintBottom_toBottomOf="parent"
        app:layout_constraintEnd_toEndOf="parent"
        app:layout_constraintHorizontal_bias="0.889"
        app:layout_constraintStart_toStartOf="parent"
        app:layout_constraintTop_toTopOf="@+id/tvTitle"
        app:layout_constraintVertical_bias="0.954" />

</android.support.constraint.ConstraintLayout>
```

- drawable/image_bg.xml

```
<?xml version="1.0" encoding="UTF-8"?>
<shape xmlns:android="http://schemas.android.com/apk/res/android">
        <solid android:color="#FFFFFF" />
        <stroke android:width="2dp" android:color="#000000" />
        <padding
            android:left="1dp"
            android:top="1dp"
            android:right="1dp"
            android:bottom="1dp" />
</shape>
```

- MainActivity.java

```
public class MainActivity extends AppCompatActivity {

    private final int PICK_SINGLE_IMAGE_CROP= 1;
    private ImageView mIvImage = null;

    @Override
    protected void onCreate(Bundle savedInstanceState) {
```

```
        super.onCreate(savedInstanceState);
        setContentView(R.layout.activity_main);

        mIvImage  = (ImageView) findViewById( R.id.ivImage );

        Button btnGallery = (Button) findViewById( R.id.btnGallery );
        btnGallery.setOnClickListener(
            new View.OnClickListener() {
                @Override
                public void onClick(View view) {
                    Intent imageCrop = new Intent(
                      Intent.ACTION_PICK,
                      MediaStore.Audio.Media.EXTERNAL_CONTENT_URI
                    );
                    imageCrop .setType("image/*");
                    startActivityForResult(Intent.createChooser(
                      imageCrop, " 사진을 선택하세요.." ),
PICK_SINGLE_IMAGE_CROP
                    );
                }
            }
        );
    }

    @Override
    protected void onActivityResult(int requestCode, int resultCode, Intent data) {
        if( resultCode != Activity.RESULT_OK ) return;
        if(requestCode == PICK_SINGLE_IMAGE_CROP && data != null ){
                Uri imageSingleUri = data.getData();
                mIvImage.setScaleType( ImageView.ScaleType.CENTER_INSIDE );
                mIvImage .setImageURI( imageSingleUri  );
        }
        super.onActivityResult(requestCode, resultCode, data);
    }
}
```

- 실행결과

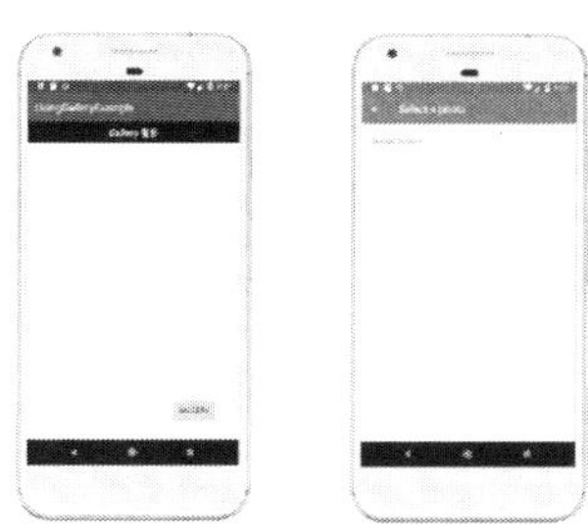

가상장치에서 이 앱을 실행하면 왼쪽과 같은 화면이 나타납니다. 이는 가상장치에는 갤러리 기능이 없기 때문에 나타나는 현상입니다.
따라서 이 앱을 정상적으로 동작하기 위해서는 스마트폰을 직접 컴퓨터에 연결하고, 스마트 폰에서 앱을 동작 시켜야 합니다.

스마트폰에서 처음 동작시 하면 나타나는 화면

GALLERY를 클릭하면 갤러리와 포토를 선택하게 함

갤러리 사진을 그리드 뷰형식으로 보여줌 사진을 선택할 수 있음

선택된 사진을 보여주는 화면

참·고·자·료

[1] https://hashcode.co.kr/questions/1271/
이미지뷰에서-scaletype의-차이를-알고싶습니다.

[2] https://code.i-harness.com/ko-kr/q/12adb17

[3] http://g-y-e-o-m.tistory.com/36

[4] http://ghj1001020.tistory.com/368

안드로이드 응용프로그램 (공공데이터 접근) 15

이번 장에서는 안드로이드 디바이스에서 공공데이터에 접근하는 방법을 살펴본다.

15.1 공공데이터의 이해

학습목표

공공데이터의 정의와 안드로이드 디바이스에서의 접근 방법을 이해하고 프로그래밍 한다.

공공데이터포털은 공공기관이 생성 또는 취득하여 관리하고 있는 공공데이터를 한 곳에서 제공하는 통합 창구이다. 포털에서는 쉽고 편리하게 공공데이터를 이용할 수 있도록 파일데이터, 오픈API, 시각화 등 다양한 방식으로 제공하고 있으며, 누구라도 쉽고 편리한 검색을 통해 원하는 공공데이터를 빠르고 정확하게 찾을 수 있다[1].

공공데이터란 공공기관이 만들어내는 모든 자료나 정보, 국민 모두의 소통과 협력을 이끌어내는 공적인 정보를 말한다. 각 공공기관이 보유한 공공데이터 목록과 국민에게 개방할 수 있는 공공데이터를 포털에 등록하면 모두가 공유할 수 있는 양질의 공공데이터로 재탄생된다[2].

공공데이터를 활용해 창업을 고민하고 있다면 공공데이터 목록에서 개방 가능한 공공데이터를 손쉽게 찾아볼 수 있다. 종류별, 내용별로 창업 비즈니스 모델에 활용할 수 있는 공공데이터 검색이 가능하다. [그림 15-1]과 같이 "부산시설공단 공영주차장"을 찾아보자.

[그림 15-1] 공공데이터 찾아보기

개방된 공공데이터 외에 목록에 포함되지 않은 공공데이터가 필요할 경우, (법 27조)에 따라 별도로 신청할 수 있다. 필요한 공공데이터를 신청하면 해당기관에서 10일 이내에 공공데이터 제공 여부를 결정한 뒤 신청인에게 통보하게 된다.

공공데이터 신청이 반려되는 경우도 있다. 이럴 때에는 명확한 근거를 바탕으로 신청인에게 반려된 이유를 통보한다. 제공 신청이 반려 되었다면 분쟁조정 신청으로 한 번 더 공공데이터 요청이 가능하다[2]. [그림 15-2]에서 공공데이터의 제공 처리 절차를 도식으로 나타내었다.

<공공데이터의 제공 처리절차>

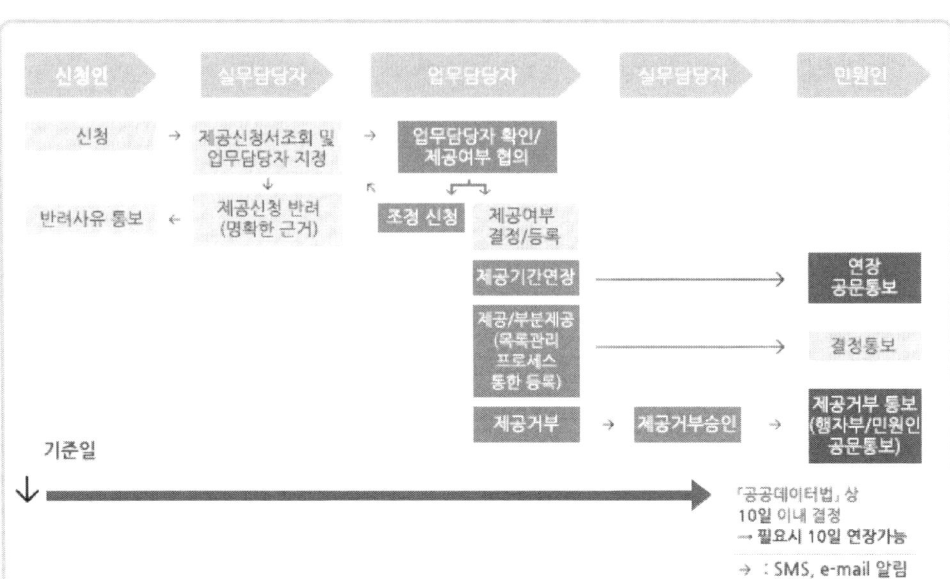

[그림 15-2] 공공데이터 처리 절차

분쟁조정 제도(법 제31조, 32조)란 공공기관이 보유하고 있는 데이터의 제공이 거부되었거나 데이터 제공 중단이 발생하였을 경우, 국민들이 복잡한 행정소송을 거치지 않고 간단한 분쟁조정 절차만으로 데이터를 이용할 수 있도록 만든 제도이다. 분쟁조정의 신청은 공공데이터제공분쟁조정위원회 홈페이지나 FAX, 전화, 전자우편, 방문을 통해 접수할 수 있다. 만일 공공데이터의 제공 및 중단을 통보 받은 이후 60일 이내에 분쟁조정위원회에 분쟁조정 신청을 하면 된다[2].

공공데이터포털로부터 파일데이터를 다운로드하여 공공데이터를 활용할 수 있다.
파일데이터란 활용 가능한 공공데이터를 포털에 접속해 간편하게 다운로드 할 수 있으며, 전자 우편이나 웹페이지로 연결해 손쉽게 공공데이터를 이용할 수 있는 기능입니다. 공공데이터 포털에서는 로그인 할 필요 없이 곧바로 신청, 이용할 수 있다[2].

[그림 15-3]처럼 "부산 공공와이파이 설치 현황"을 찾아보자. "부산 공공와이파이 설치 현황", "부산광역시 중구_무료와이파이" 데이터 2건을 파일로 다운로드 할 수 있다.

[그림 15-3] 파일데이터 찾아보기

"부산 공공와이파이 설치 현황"을 살펴보자. [그림 15-4]와 같은 화면이 표시된다. "CSV" 타입의 파일과 "XML" 타입의 파일을 다운 받을 수 있다. 두 개의 파일을 다운로드 해보자.

부산 공공와이파이 설치 현황

ENGLISH

부산광역시에서 제공하는 무료 와이파이 장소

매체유형 : 텍스트 파일, 링크 건수 : 2 전체 행 수 : N/A 확장자 : CSV 다운로드 횟수(바로가기 횟수) : 117

전체 선택 다운로드 ※ 서비스 오류가 있을시 오류신고 버튼을 이용해주세요.

CSV 부산광역시_무료와이파이_20170630 멀티다운로드 닫기 오류신고

CSV 부산광역시_무료와이파이_20170510 멀티다운로드 상세정보 오류신고

CSV XML 다운로드

부산시			
업데		차기등록예정일	2018-06-30
비용부과유무	무료	비용부과기준 및 단위	없음
다운로드 횟수	65		
등록일	2017-08-08	수정일	2017-08-14
이용허락범위	이용허락범위 제한 없음		
제공형태	공공데이터포털에서 다운로드(원문파일등록)		
URL	https://www.data.go.kr/dataset/fileDownload.do?atchFileId=FILE_000000001386244&fileDetailSn=1		
설명	무료와이파이 이용 설치장소, 위도, 경도 등		
관리부서명	ICT융합과	관리부서 전화번호	051-888-4601

미리보기 ※ 파일 데이터의 일부 내용을 제공하고 있으며, 전체 내용이 필요한 경우 해당 파일을 다운로드 받으시기 바랍니다.

설치장소명	설치장소상세	설치시도명	설치시군구명	설치시설구분	서비스제공사명	와이파이SSID	설치년월
우암동 주민센터	민원실	부산광역시	남구	관공서	LGU+	Public WiFi	Oct-14
원자력스포츠문화센터	센터	부산광역시	기장군	지역문화시설	KT	Public WiFi	Oct-16

[그림 15-4] 파일 다운로드 예 (부산광역시 공공와이파이 설치 현황

다음은 오픈 API를 이용하여 공공데이터를 활용할 수 있다. 오픈API란 누구나 사용할 수 있도록 공개된 API를 말한다. 데이터를 표준화하고 프로그램을 하여 외부 소프트웨어 개발자나 사용자들과 공유하는 프로그램입니다. 개방된 오픈API를 이용해 다양하고 재미있는 서비스나 애플리케이션, 다양한 형태의 플랫폼을 개발할 수 있다[2]. API는 Application Programming Interface의 약자로 응용 프로그램 프로그래밍 인터페이스를 말한다. 다양한 응용 프로그램에 사용할 수 있는 운영 체제, 혹은 프로그래밍 언어가 제공하는 기능을 제어할 수 있게 만든 인터페이스이다.

오픈 API는 업데이트가 빈번하고 이용자가 많은 대용량 데이터를 제공해야 할 때 사용할 수 있다. 날씨나 교통 정보 등 실시간 업데이트되는 데이터를 제공 받을 수 있다, 소프트웨어 개발자나 사용자들이 쉽게 활용할 수 있기 때문에 개발 비용 절감, 개발 기간 단축 등 다양한 장점이 있다. [그림 15-5]에서 서울 버스 데이터의 예를 들어 설명하고 있다. 버스 정보를 조회하는 오픈 API를 사용하여 개발자는 서울 버스 앱을 개발할 수 있다[2].

[그림 15-5] 오픈 API의 예(서울 버스 데이터)

오픈 API를 활용하기 위해서는 개발 계정과 운영계정을 신청해야 한다.

개발 계정은 오픈API를 활용해 서비스를 개발할 때 필요한 계정으로 하루 평균 1,000건 규모의 트래픽을 제공한다. 운영 계정은 개발된 서비스를 이용자가 사용하기 위한 계정으로 하루 최대 10만 건의 트래픽을 제공한다.

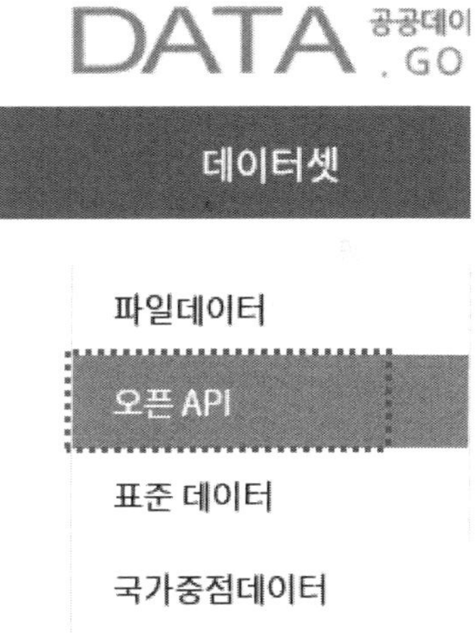

[그림 15-6] 오픈 API 선택

[그림 15-6]처럼 data.go.kr의 첫 화면에서 오픈 API를 선택한다. 오픈 API를 선택하면 [그림 15-7]과 같은 화면이 표시된다. 이 화면에서 "동네예보정보조회서비스"를 선택한다. [그림 15-7]과 같이 "동네예보정보조회서비스" 화면으로 이동된다. 데이터포맷이 XML 형식이고 비용부과유무는 무료이고 심의유형과 운영계정은 자동승인이다. 또한 참고문서까지 다운받을 수 있다. 이 화면에서 "활용신청"을 선택하자.

동네예보정보조회서비스

ENGLISH

실황, 초단기예보,동네예보 정보를 조회하는 서비스입니다.

활용신청 (바로가기) 건수 : 6,096

※ 서비스 오류가 있을시 오류신고 버튼을 이용해주세요.

XML (신)동네예보정보조회서비스 | 활용신청 | 닫기 | 오류신고

(신)동네예보정보조회서비스			
End Point	http://newsky2.kma.go.kr/service/SecndSrtpdFrcstInfoService2 스크랩		
데이터포맷	XML	API 유형	REST
비용부과유무	무료	활용신청 건수	6096
심의유형	개발계정: 자동승인 / 운영계정: 자동승인		
등록일	2015-12-01	수정일	2017-08-18
이용허락범위	이용허락범위 제한 없음		
참고문서	(신)동네예보정보조회서비스 1.4.zip 미리보기		
관리부서명	정보통신기술과	관리부서 전화번호	

상세기능 | 활용사례

- 초단기실황조회
- 초단기예보조회
- 동네예보조회
- 예보버전조회

[그림 15-7] 동네예보정보조회서비스 첫 화면

"활용신청"을 선택하면 [그림 15-8] 화면으로 이동한다. 이 화면은 개발계정 신청 화면이다. 기본정보는 서비스명, 서비스유형, 심의여부, 신청유형, 처리상태, 활용기간(24개월)이 표시된다. 시스템 유형에는 "일반"과 "서버구축"이 있다. "일반"은 OpenAPI 서비스를 호출하여 응답받은 결과 값을 서버에 저장하지 않고 사용할 경우 (서버 미구축)에 선택되고, "서버구축"은 OpenAPI 서비스를 호출하여 응답받은 결과 값을 서버에 저장하거나 DB화하여 사용할 경우에 선택된다. 또한, "위치기반서비스"를 이용할 경우 안내 문구에 나온 대로 "위치정보의 보호 및 이용 등에 관한 법률"에 따라 "위치기반 서비스사업 신고"를 해야 한다. 문구는 다음과 같다. "공공데이터중 위치정보를 포함한 서비스를 사용하고자 하는 사업자는 '위치정보의 보호 및 이용 등에 관한 법률'에 따라 방송통신위원회에 '위치정

보서비스 허가'를 받거나 '위치기반 서비스사업 신고'를 하여야 합니다.
이에 해당하는 사업자인 경우에는 첨부파일에 '위치기반서비스사업신고필증'을 첨부해 주시기 바랍니다.
활용신청 시 "'위치기반서비스사업신고필증'이 등록되지 않으면 반려가 될 수 있으니 참고 하시기 바랍니다."
활용목적에는 웹사이트개발, 앱개발, 기타, 참고자료, 연구를 선택한다.

개발계정 신청

기본정보

서비스명	(신)동네예보정보조회서비스	서비스 유형	REST
심의여부	자동승인	신청유형	개발계정 | 활용신청
처리상태	신청	활용기간	승인일로부터 24개월 간 활용가능

시스템유형 선택 ?

* 시스템 유형	◉ 일반 ○ 서버 구축 * 일반 : OpenAPI 서비스를 호출하여 응답받은 결과값을 서버에 저장하지 않고 사용할 경우 (서버 미구축) * 서버 구축 : OpenAPI 서비스를 호출하여 응답받은 결과값을 서버에 저장하거나 DB화 하여 사용할 경우

안내

* 위치기반서비스 사업자 확인	공공데이터중 **위치정보**를 포함한 서비스를 사용하고자 하는 사업자는 **'위치정보의 보호 및 이용 등에 관한 법률'**에 따라 방송통신위원회에 **'위치정보서비스 허가'**를 받거나 **'위치기반 서비스사업 신고'**를 하여야 합니다. 이에 해당하는 사업자인 경우에는 첨부파일에 '위치기반서비스사업신고필증'을 첨부해 주시기 바랍니다. 활용신청 시 **'위치기반서비스사업신고필증'**이 등록되지 않으면 반려가 될 수 있으니 참고 하시기 바랍니다.

활용정보

* 활용목적	○ 웹 사이트 개발 ◉ 앱개발 (모바일,솔루션등) ○ 기타 ○ 참고자료 ○ 연구(논문 등)
첨부파일	※파일 첨부시 팝업차단 기능이 해제되어야 합니다. 추가 삭제 한 개의 파일만 첨부 할 수 있습니다.

[그림 15-8] 개발계정 신청 화면 I

[그림 15-9]는 개발계정 신청 화면의 설명이 계속된다. 상세기능정보 메뉴는 "예보버전조회", "동네예보조회", "초단기예보조회", "초단기실황조회"가 있다. 라이센스표시 메뉴는 동의합니다로 체크한다.

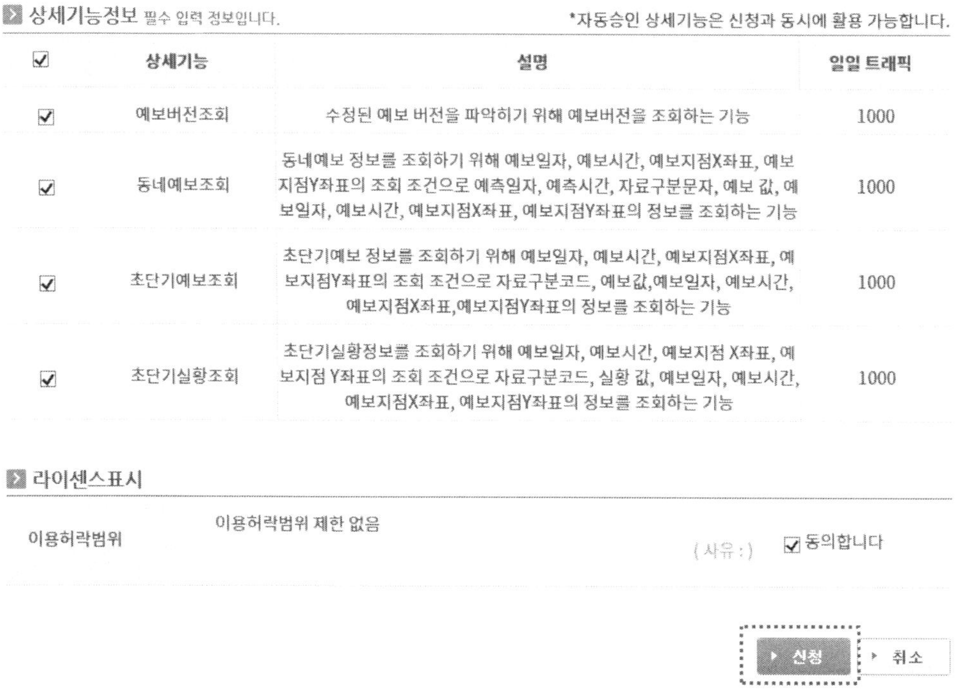

상세기능정보 필수 입력 정보입니다. *자동승인 상세기능은 신청과 동시에 활용 가능합니다.

☑	상세기능	설명	일일 트래픽
☑	예보버전조회	수정된 예보 버전을 파악하기 위해 예보버전을 조회하는 기능	1000
☑	동네예보조회	동네예보 정보를 조회하기 위해 예보일자, 예보시간, 예보지점X좌표, 예보지점Y좌표의 조회 조건으로 예측일자, 예측시간, 자료구분문자, 예보 값, 예보일자, 예보시간, 예보지점X좌표, 예보지점Y좌표의 정보를 조회하는 기능	1000
☑	초단기예보조회	초단기예보 정보를 조회하기 위해 예보일자, 예보시간, 예보지점X좌표, 예보지점Y좌표의 조회 조건으로 자료구분코드, 예보값,예보일자, 예보시간, 예보지점X좌표,예보지점Y좌표의 정보를 조회하는 기능	1000
☑	초단기실황조회	초단기실황정보를 조회하기 위해 예보일자, 예보시간, 예보지점 X좌표, 예보지점 Y좌표의 조회 조건으로 자료구분코드, 실황 값, 예보일자, 예보시간, 예보지점X좌표, 예보지점Y좌표의 정보를 조회하는 기능	1000

라이센스표시

이용허락범위	이용허락범위 제한 없음	(사유 :)	☑ 동의합니다

신청 취소

[그림 15-9] 개발계정 신청 화면 II

[그림 15-9]에서 “신청” 버튼을 선택한 후, 조금 기다리면 [그림 15-10]의 화면이 나온다. 이 화면은 시스템 메시지로 개발계정 신청이 완료되었으며, “마이페이지〉OPEN API〉개발계정”에서 신청내역을 확인할 수 있다는 것을 보여준다.

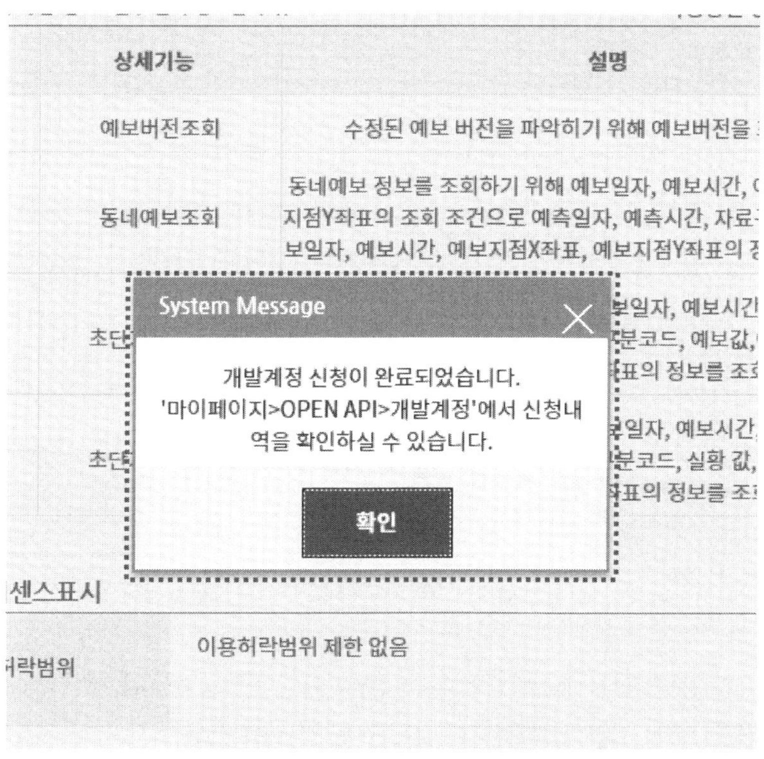

[그림 15-10] 개발 계정 신청 완료 화면

확인 버튼을 선택하면, [그림 15-11]처럼 마이페이지〉OPEN API〉 개발계정으로 자동 이동된다. 동네예보정보조회서비스가 승인되었다는 것을 알 수 있다.

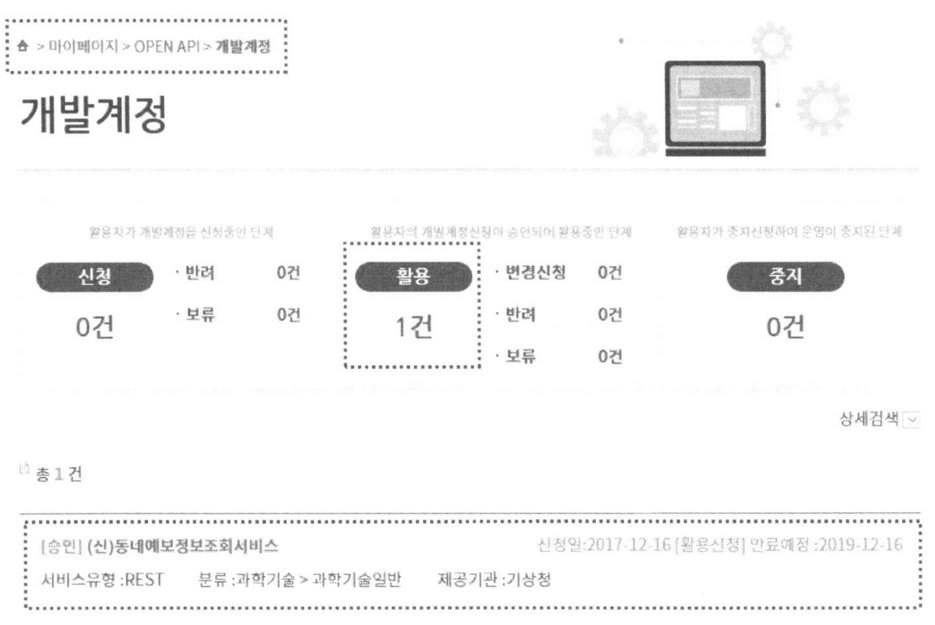

[그림 15-11] 마이페이지 내의 개발 계정

다음 단계는 운영계정을 신청한다.

먼저 [그림 15-11]의 "[승인](신동네예보정보조회서비스"를 선택한다. [그림 15-12]의 화면에서 "운영계정 신청"을 선택한다.

[그림 15-12] 개발계정 상세보기에서 운영계정 신청하기

운영계정 신청 버튼을 선택하면 [그림 15-13], [그림 15-14], [그림 15-15], [그림 15-16] 화면이 나타난다.

⌂ > 마이페이지 > OPEN API > 운영계정 신청

운영계정 신청

기본정보

서비스명	(신)동네예보정보조회서비스	서비스 유형	REST
심의여부	자동승인	신청유형	운영계정 | 활용신청
처리상태	신청	활용기간	승인일로부터 24개월 간 활용가능

시스템 유형 선택 ?

* 시스템유형
◉ 일반 ○ 서버구축
* 일반 : OpenAPI 서비스를 호출하여 응답받은 결과값을 서버에 저장하지 않고 사용할 경우 (서버 미구축)
* 서버 구축 : OpenAPI 서비스를 호출하여 응답받은 결과값을 서버에 저장하거나 DB화 하여 사용할 경우

[그림 15-13] 운영계정 신청 화면 I

상세기능정보 필수 입력 정보입니다. *자동승인 상세기능은 신청과 동시에 활용 가능합니다.

☐	상세기능	설명	일일 트래픽
☑	예보버전조회	수정된 예보 버전을 파악하기 위해 예보버전을 조회하는 기능	100000
☑	동네예보조회	동네예보 정보를 조회하기 위해 예보일자, 예보시간, 예보지점X좌표, 예보지점Y좌표의 조회 조건으로 예측일자, 예측시간, 자료구분문자, 예보 값, 예보일자, 예보시간, 예보지점X좌표, 예보지점Y좌표의 정보를 조회하는 기능	100000
☑	초단기예보조회	초단기예보 정보를 조회하기 위해 예보일자, 예보시간, 예보지점X좌표, 예보지점Y좌표의 조회 조건으로 자료구분코드, 예보값,예보일자, 예보시간, 예보지점X좌표,예보지점Y좌표의 정보를 조회하는 기능	100000
☑	초단기실황조회	초단기실황정보를 조회하기 위해 예보일자, 예보시간, 예보지점 X좌표, 예보지점 Y좌표의 조회 조건으로 자료구분코드, 실황 값, 예보일자, 예보시간, 예보지점X좌표, 예보지점Y좌표의 정보를 조회하는 기능	100000

*최대 신청 가능 트래픽 이상 입력시 최대 트래픽으로 자동 세팅 됩니다.

[그림 15-14] 운영계정 신청 화면 II

활용사례정보 활용사례 불러오기 신규 등록

* 활용사례명	지역 날씨 조회
* 분류체계	환경기상
* 개발유형	○ 웹사이트 ◉ 모바일앱 ○ 기타
* 모바일OS	☑ 안드로이드 ☐ iOS ☐ Windows ☐ 기타
* 모바일 URL	미정
* 개발자 소재지	울산광역시
* 서비스 개시일 (론칭일)	2017-12-31
* 설명	특정 지역의 버튼을 선택해서, 날씨 정보를 조회, 조회 후, 데이터 기반 처리 앱 개발 112/4000bytes
* 공공데이터 활용목적	개인용으로, 현재의 날씨 기반으로 생활정보 활용 가능하게 만듬 86/4000bytes
공유 데이터	찾아보기... 삭제 공공데이터를 기반으로 생성된 데이터중, 앱/웹 개발시 활용된 개방 가능한 데이터를 첨부하시기 바랍니다.
* 대표이미지 (썸네일)	C:\Users\minpo\Pictures\꾸미기\ye.jpg 찾아보기... 삭제 권장 사이즈 : 248x93

[그림 15-15] 운영계정 신청 화면 III

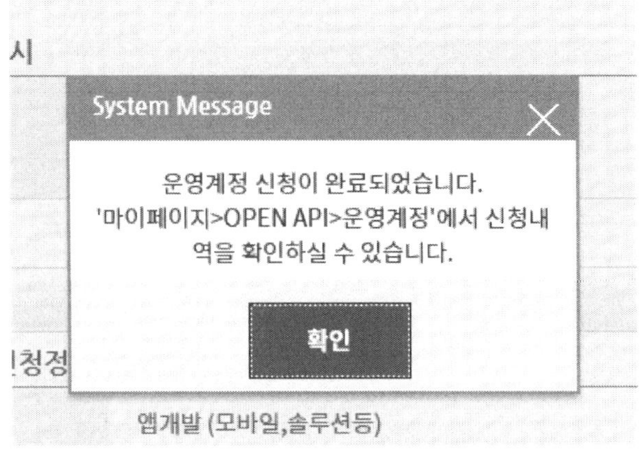

[그림 15-16] 운영계정 신청 화면 Ⅳ (완료화면)

[그림 15-16]에서 확인을 선택하면 [그림 15-17]처럼 마이페이지〉OPEN API〉운영계정으로 이동된다. [승인](신)동네예보정보조회서비스가 승인된 것을 알 수 있다.
개발계정과 운영계정 신청이 모두 끝났다면, 오픈API 활용 신청에 대한 승인을 기다린다. 승인은 '자동승인'과 '심의승인' 두 가지 방법으로 진행된다. "자동승인"은 신청과 동시에 자동으로 승인되는 경우를 말한다. 활용 신청 건에 대해 제공기관 담당자의 별도 확인 없이 신속하게 승인 처리를 받을 수 있다. "심의승인"은 활용 신청 건에 대해 제공기관 담당자의 '승인'이 완료되어야 오픈API를 활용할 수 있다. 신청 후 보통 2~3일 정도 소요가 되며 승인 여부는 회원가입 시 등록한 이메일로 통보한다.

다음 단계는 "오픈 API 인증키 발급" 단계이다. 승인이 완료됐다면 활용신청 건에 대해 1인당 하나의 인증키를 발급받을 수 있습니다. 프로그램에 데이터 제공 주소(URL)와 오픈 API 인증키를 입력한 뒤 API를 호출하면 원하는 데이터를 손쉽게 받아 서비스 개발에 활용할 수 있습니다.
운영자계정 상세 보기에서 일반 인증키 재발급 메뉴를 선택하면 "Mb46ZgR5vTkREf3784GCVL93CMQR5atsrFP%2FYXwypbX5Cv8Nq961PQN%2BJvoB8oH*******SRge%2FScxMyDK0pgA%3D%3D"를 표시하는 시스템 메뉴[그림 15-17]가 나오거나 [그림 15-18]의 화면에서처럼 인증키 발급현황에서 확인할 수 있다.

> 마이페이지 > OPEN API > **운영계정 상세보기**

운영계정 상세보기

연장신청 변경신청

기본정보

서비스명	(신)동네예보정보조회서비스 상세설명		
서비스 유형	REST	일일트래픽	0
심의여부	자동승인	신청유형	운영계정

[그림 15-17] 일반 인증키 재발급

인증키 발급현황

총 1 건

[그림 15-18] 일반 인증키 확인

다음 단계는 프로그램에서 초단기실황조회 API를 호출하는 기능을 사용한다.

```
예) http://newsky2.kma.go.kr/service/SecndSrtpdFrcstInfoService2/ForecastGrib?
ServiceKey=서비스키&base_date=20151201&base_time=0600&nx=55&ny=127&pageNo=
1&numOfRows=1
사례) http://newsky2.kma.go.kr/service/SecndSrtpdFrcstInfoService2/Forecast
Grib?ServiceKey=Mb46ZgR5vTkREf3784GCVL93CMQR5atsrFP%2FYXwypbX5Cv8Nq961PQN%
2BJvoB8o********SRge%2FScxMyDK0pgA%3D%3D&base_date=201712018&base_t
ime=0600&nx=55&ny=127&pageNo=1&numOfRows=1&_type=json
```

위의 API 호출 명령어로 다음과 같은 결과를 볼 수 있다.

```
<response>
        <header>
                <resultCode>0000</resultCode>
                <resultMsg>OK</resultMsg>
        </header>
        <body>
                <items>
                        <item>
                                <baseDate>20151201</baseDate>
                                <baseTime>0600</baseTime>
                                <category>LGT</category>
                                <nx>55</nx>
                                <ny>127</ny>
                                <obsrValue>0</obsrValue>
                        </item>
.
.
.
                <numOfRows>10</numOfRows>
                <pageNo>1</pageNo>
                <totalCount>10</totalCount>
        </body>
```

```
</response>
--------------------------------------------------------------------------------
JSON DATA
{"response":{"header":{"resultCode":"0000","resultMsg":"OK"},"body":{"items":{"item":[
{"baseDate":20151013,"baseTime":1600,"category":"LGT","nx":55,"ny":127,"obsrValue":0},
.
.
.
"numOfRows":10,"pageNo":1,"totalCount":10}}}
```

위의 데이터를 참고 하기 위해, 사용되는 레퍼런스는 [그림 15-19]에서 다운 받아 사용할 수 있다.

[그림 15-19] 동네예보정보조회서비스 참고문서

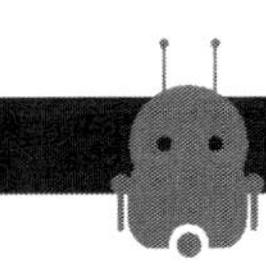

동네예보정보조회서비스에서 다운받은 레퍼런스의 내용[3]은 다음과 같다.

초단기실황조회 오퍼레이션 명세

<table>
<tr><td rowspan="7">오퍼레이션 정보</td><td>오퍼레이션 번호</td><td>1</td><td>오퍼레이션명(국문)</td><td>초단기실황조회</td></tr>
<tr><td>오퍼레이션 유형</td><td>조회(목록)</td><td>오퍼레이션명(영문)</td><td>getForecastGrib</td></tr>
<tr><td>오퍼레이션 설명</td><td colspan="3">실황정보를 조회하기 위해 발표일자, 발표시각, 예보지점 X 좌표, 예보지점 Y 좌표의 조회 조건으로 자료구분코드, 실황값, 발표일자, 발표시각, 예보지점 X 좌표, 예보지점 Y 좌표의 정보를 조회하는 기능</td></tr>
<tr><td>Call Back URL</td><td colspan="3">N/A</td></tr>
<tr><td>최대 메시지 사이즈</td><td colspan="3">[1764bytes]</td></tr>
<tr><td>평균 응답 시간</td><td colspan="3">[46ms]</td></tr>
<tr><td rowspan="4">호출 메시지 정보</td><td>메시지명(영문)</td><td colspan="3">getForecastGribRequest</td></tr>
<tr><td>메시지타입</td><td colspan="3">변수형</td></tr>
<tr><td>메시지설명</td><td colspan="3">검색구분, 검색어 해당하는 실황 정보를 조회한다.</td></tr>
<tr><td>선행 오퍼레이션</td><td colspan="3">N/A</td></tr>
<tr><td rowspan="3">응답메시지 정보</td><td>메시지명(영문)</td><td colspan="3">getForecastGribResponse</td></tr>
<tr><td>메시지 타입</td><td colspan="3">리스트형</td></tr>
<tr><td>메시지 설명</td><td colspan="3">호출 메시지의 검색 조건에 따라 실황 정보를 제공한다.</td></tr>
<tr><td colspan="2">HTTP Method</td><td colspan="3">[O] REST (<u>GET</u>, POST, PUT, DELETE)</td></tr>
</table>

응답 메시지 명세

메시지명	http://newsky2.kma.go.kr/service/SecndSrtpdFrcstInfoService2/ForecastGrib				
항목명(영문)	항목명(국문)	항목 크기	항목 구분	샘플데이터	항목설명
(필수) ServiceKey	서비스 키	255	1	SERVICE_KEY	서비스 인증
(필수) base_date	발표일자	8	1	20151201	'15년 12월 1일 발표
(필수) base_time	발표시각	4	1	0600	06시 발표(정시단위) -매시각 40분 이후 호출
(필수)Nx	예보지점 X 좌표	2	0	18	예보지점의 X 좌표값
(필수)Ny	예보지점 Y 좌표	2	0	1	예보지점의 Y 좌표값
numOfRows	한 페이지 결과 수	2	0	10	한 페이지 결과 수
pageNo	페이지 번호	5	0	1	페이지 번호
_type	타입			xml, json	xml(기본값), json

메시지명	getForecastGribResponse				
항목명(영문)	항목명(국문)	항목 크기	항목 구분	샘플데이터	항목설명
resultCode	결과코드	4	1	0000	결과코드
resultMsg	결과메시지	50	1	OK	결과메시지
numOfRows	한 페이지 결과 수	2	0	10	한 페이지 결과 수
pageNo	페이지 번호	5	0	1	페이지 번호
totalCount	전체 결과 수	7	0	12334	전체 결과 수
baseDate	발표일자	8	1	20151201	'15년 12월 1일 발표
baseTime	발표시각	6	1	0600	06시 발표(매 정시)
nx	예보지점 X 좌표	2	0	59	예보지점 X 좌표
ny	예보지점 Y 좌표	2	0	125	예보지점 Y 좌표
category	자료구분코드	3	1	LGT	자료구분코드 (하단 코드값 정보 참조)
obsrValue	실황 값	2	0	0	* RN1, T1H, UUU, VVV, WSD 실수로 제공 (하단 코드값 정보 참조)
- pageNo=1&numOfRows=1: 추가변수로 pageNo와 numOfRows를 줄수 있음 - 특정한 pageNo와 numOfRows 값을 주지 않으면 디폴트 값은 1, 10으로 설정 됨					

요청/응답 메시지 예제(예시)

REST(URI)
http://newsky2.kma.go.kr/service/SecndSrtpdFrcstInfoService2/ForecastGrib?ServiceKey=서비스키&base_date=20151201&base_time=0600&nx=55&ny=127&pageNo=1&numOfRows=1 http://newsky2.kma.go.kr/service/SecndSrtpdFrcstInfoService2/ForecastGrib?ServiceKey=서비스키&base_date=20151201&base_time=0600&nx=55&ny=127&pageNo=1&numOfRows=1&_type=json

응답 메시지


```
<response>
        <header>
                <resultCode>0000</resultCode>
                <resultMsg>OK</resultMsg>
        </header>
        <body>
                <items>
                        <item>
                                <baseDate>20151201</baseDate>
                                <baseTime>0600</baseTime>
                                <category>LGT</category>
                                <nx>55</nx>
                                <ny>127</ny>
                                <obsrValue>0</obsrValue>
                        </item>
                                        .
                                        .
                                        .
                <numOfRows>10</numOfRows>
                <pageNo>1</pageNo>
                <totalCount>10</totalCount>
        </body>
</response>
------------------------------------------------------------------------------------------
JSON DATA
{"response":{"header":{"resultCode":"0000","resultMsg":"OK"},"body":{"items":{"item":[
{"baseDate":20151013,"baseTime":1600,"category":"LGT","nx":55,"ny":127,"obsrValue":0},
.
.
.
"numOfRows":10,"pageNo":1,"totalCount":10}}}
```

15.2 공공데이터의 활용을 위한 안드로이드 기초

학습목표

공공데이터 활용을 위한 안드로이드 문법을 이해하고 프로그래밍 한다.

서비스키와 10-1절에서 예제로 사용된 동네예보에 접근하기 위한 테스트 코드를 만들어 본다. 버튼 1개를 만들고, Intent를 사용하여 새로운 창에 동네예보의 결과를 출력해보자.

Hello!! Wise You!

저의 email은 minpo@ysu.ac.kr입니다.

접속

[그림 15-20] 접속 버튼 만들기

생성된 "접속" 버튼의 리스너에 등록된 공공데이터에 접근하는 코드를 넣어보자.
uri에 입력되는 정보는 동네예보 참고 문헌에서 "예보버전조회" 부분을 참고한다. ServiceKey 값에 자신의 서비스 키를 입력한다. "예보버전조회" 당일만 조회가 가능하다. 다른 날짜를 넣으면 "최근 1일간의 자료만 제공합니다"라는 메시지가 출력된다.

```
protected void onCreate(Bundle savedInstanceState) {
        super.onCreate(savedInstanceState);
        setContentView(R.layout.activity_main);

        final TextView ootv = (TextView) findViewById(R.id.textView9);

        Button oodata = (Button) findViewById(R.id.button4);
        oodata.setOnClickListener(new View.OnClickListener() {
            @Override
            public void onClick(View view) {
                Uri uri =
Uri.parse("http://newsky2.kma.go.kr/service/SecndSrtpdFrcstInfoService2/ForecastVersionCheck?ServiceKey=Mb46ZgR5vTkREf3784GCVL93CMQR5atsrFP%2FYXwypbX5Cv8Nq961PQN%2BJvoB8o********SRge%2FScxMyDK0pgA%3D%3D&ftype=ODAM&basedatetime=201712180800&pageNo=1&numOfRows=1");
                Intent in = new Intent(Intent.ACTION_VIEW, uri);
                startActivity(in);
            }
        });
}
```

[실행 결과]

- 잘못된 날짜를 입력할 경우, (오늘은 2017년 12월 18일)
- URL :
http://newsky2.kma.go.kr/service/SecndSrtpdFrcstInfoService2/ForecastVersionCheck?ServiceKey=Mb46ZgR5vTkREf3784GCVL93CMQR5atsrFP%2FYXwypbX5Cv8Nq961PQN%2BJvoB8o********SRge%2FScxMyDK0pgA%3D%3D&ftype=ODAM&basedatetime=**201712170800**&pageNo=1&numOfRows=1");

```
  <?xml version="1.0" encoding="UTF-8" standalone="true"?>
- <response>
   - <header>
        <resultCode>99</resultCode>
        <resultMsg>최근 1일 간의 자료만 제공합니다.</resultMsg>
     </header>
  </response>
```

```
- 오늘(Today) 날짜를 입력할 경우, (오늘은 2017년 12월 18일)
http://newsky2.kma.go.kr/service/SecndSrtpdFrcstInfoService2/ForecastVersionCh
eck?ServiceKey=Mb46ZgR5vTkREf3784GCVL93CMQR5atsrFP%2FYXwypbX5Cv8Nq961PQN%2BJvo
B8o********SRge%2FScxMyDK0pgA%3D%3D&ftype=ODAM&basedatetime=201712180800&pageN
o=1&numOfRows=1");
```


```
<?xml version="1.0" encoding="UTF-8" standalone="true"?>
- <response>
  - <header>
      <resultCode>0000</resultCode>
      <resultMsg>OK</resultMsg>
    </header>
  - <body>
    - <item>
        <basedatetime>201712180800</basedatetime>
        <filetype>ODAM</filetype>
        <version>20171218092922</version>
      </item>
    </body>
</response>
```


다음 단계는 생성된 데이터 결과 값을 안드로이드에서 읽어오는 단계를 설명한다.

공공데이터는 REST(Representational State Transfer)방식으로 요즘은 데이터를 많이 전송한다. 데이터는 기본적으로 XML과 동일하다. 호출 방법은 QueryString 타입으로 호출을 하고 결과 값을 돌려주는 방식으로 동작한다. 주소를 집어넣으면 결과 값이 나오는 것을 의미한다.

먼저, SubActivity 한 개를 생성한다. SubActivity 화면은 [그림 15-21]과 같다. 이 Sub Activity에는 버튼 2개(닫기, 읽어오기 시작), TextView 1개(결과물 출력)을 포함한다.

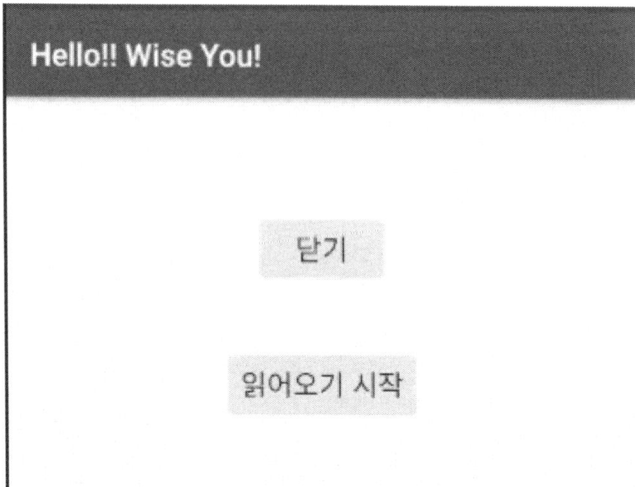

[그림 15-21] 공공데이터 읽기용 SubActivity 생성

```
[MainActivity.java]

oodata.setOnClickListener(new View.OnClickListener() {
            @Override
            public void onClick(View view) {
                Intent in = new Intent(MainActivity.this, Sub1Activity.class);
                startActivity(in);
            }
        });
}
```

공공데이터를 읽어오기 위해, UI와 통신하기 위한 Background Thread를 생성하여, Thread에서 공공데이터를 읽어온다. Thread Class에서 상속을 받고, run() 함수를 오버라이드해야 한다. DocumentBuilderFactory class, Documentbuilder Class, Document Class를 사용한다. DocumentBuilder class의 parse함수에서 원하는 기상청 사이트정보와 킷값이 조합된 URL 정보를 입력한다. 입력된 결과를 추출하기 위해 Document Class의 getDocumentelement() 함수를 사용하여 XML 결과 값을 읽어온 뒤, Element Class로 참조(reference)한다. Element class의 getTextContent() 함수를 사용하여 읽어온 XML 값에서 TAG 값을 제외한 데이터 값을 추출한다. 추출된 값을 Bundle 객체의 putString() 함

수를 사용하여 "AllResult" 값에 할당한다. 이 값을 Message 객체에 설정하고 Handler로 값을 보낸다.

```
class BackThread extends Thread {
            @Override
            public void run() {
                try {
                    DocumentBuilderFactory dbf =
DocumentBuilderFactory.newInstance();
                    DocumentBuilder db = dbf.newDocumentBuilder();

                    Document doc =
db.parse("http://newsky2.kma.go.kr/service/SecndSrtpdFrcstInfoService2/Forecas
tVersionCheck?ServiceKey=Mb46ZgR5vTkREf3784GCVL93CMQR5atsrFP%2FYXwypbX5Cv8Nq96
1PQN%2BJvoB8o********SRge%2FScxMyDK0pgA%3D%3D&ftype=ODAM&basedatetime=20171218
0800&pageNo=1&numOfRows=1");

                    Element root = doc.getDocumentElement();

                    Bundle bundle = new Bundle();
                    Message msg = handler.obtainMessage();
                    bundle.putString("AllResult", root.getTextContent());
                    msg.setData(bundle);
                    handler.sendMessage(msg);
                } catch (ParserConfigurationException pce) {
                    pce.printStackTrace();
                } catch(SAXException saxe) {
                    saxe.printStackTrace();
                }
                catch (IOException ie) {
                    ie.printStackTrace();
                }

            }
        }
```

Handler 객체는 Thread에서 전달받은 XML의 결과 값을 TextView에 표시하기 위한 코드로 구성된다. Thread에서 생성된 Message 객체의 getData() 함수로 Bundle 객체를 얻어온 뒤, getString() 함수로 "AllResult"에 설정된 값을 얻어온다. 얻어온 값을 TextView에 출력한다.

```
final TextView tv = (TextView) findViewById(R.id.textView11);

        final Handler handler = new Handler() {
            @Override
            public void handleMessage(Message msg) {
                Bundle bundle = msg.getData();
                String str = bundle.getString("AllResult");
                tv.setText(str);
            }
        };
```

앞의 설명된 전체 코드는 다음과 같다.

```
public class Sub1Activity extends AppCompatActivity {

    @Override
    protected void onCreate(Bundle savedInstanceState) {
        super.onCreate(savedInstanceState);
        setContentView(R.layout.activity_sub1);

        final TextView tv = (TextView) findViewById(R.id.textView11);

        final Handler handler = new Handler() {
            @Override
            public void handleMessage(Message msg) {
                Bundle bundle = msg.getData();
                String str = bundle.getString("AllResult");
                tv.setText(str);
            }
        };

        class BackThread extends Thread {
```

```
            @Override
            public void run() {
                try {
                    DocumentBuilderFactory dbf =
DocumentBuilderFactory.newInstance();
                    DocumentBuilder db = dbf.newDocumentBuilder();

                    Document doc =
db.parse("http://newsky2.kma.go.kr/service/SecndSrtpdFrcstInfoService2/Forecas
tVersionCheck?ServiceKey=Mb46ZgR5vTkREf3784GCVL93CMQR5atsrFP%2FYXwypbX5Cv8Nq96
1PQN%2BJvoB8o********SRge%2FScxMyDK0pgA%3D%3D&ftype=ODAM&basedatetime=20171218
0800&pageNo=1&numOfRows=1");

                    Element root = doc.getDocumentElement();

                    Bundle bundle = new Bundle();
                    Message msg = handler.obtainMessage();
                    bundle.putString("AllResult", root.getTextContent());
                    msg.setData(bundle);
                    handler.sendMessage(msg);
                } catch (ParserConfigurationException pce) {
                    pce.printStackTrace();
                } catch(SAXException saxe) {
                    saxe.printStackTrace();
                }
                catch (IOException ie) {
                    ie.printStackTrace();
                }

            }
        }

        Button startRead = (Button) findViewById(R.id.button5);
        startRead.setOnClickListener(new View.OnClickListener() {
            @Override
            public void onClick(View view) {
                BackThread bt = new BackThread();
```

```
                bt.start();
            }
        });

        Button fin = (Button) findViewById(R.id.button11);

        fin.setOnClickListener(new View.OnClickListener() {
            @Override
            public void onClick(View view) {
                finish(); //현재 activity 닫기
            }
        });
    }
}
```

[실행 결과]

웹을 이용한 값 확인 :

http://newsky2.kma.go.kr/service/SecndSrtpdFrcstInfoService2/ForecastVersionCheck?ServiceKey=Mb46ZgR5vTkREf3784GCVL93CMQR5atsrFP%2FYXwypbX5Cv8Nq961PQN%2BJvoB8o********SRge%2FScxMyDK0pgA%3D%3D&ftype=ODAM&basedatetime=201712180800&pageNo=1&numOfRows=1

XML 값

```
&lt;?xml version="1.0" encoding="UTF-8" standalone="true"?&gt;
- &lt;response&gt;
  - &lt;header&gt;
      &lt;resultCode&gt;0000&lt;/resultCode&gt;
      &lt;resultMsg&gt;OK&lt;/resultMsg&gt;
    &lt;/header&gt;
  - &lt;body&gt;
    - &lt;item&gt;
        &lt;basedatetime&gt;201712180800&lt;/basedatetime&gt;
        &lt;filetype&gt;ODAM&lt;/filetype&gt;
        &lt;version&gt;20171218092922&lt;/version&gt;
      &lt;/item&gt;
    &lt;/body&gt;
  &lt;/response&gt;
```

앱을 이용한 값 확인

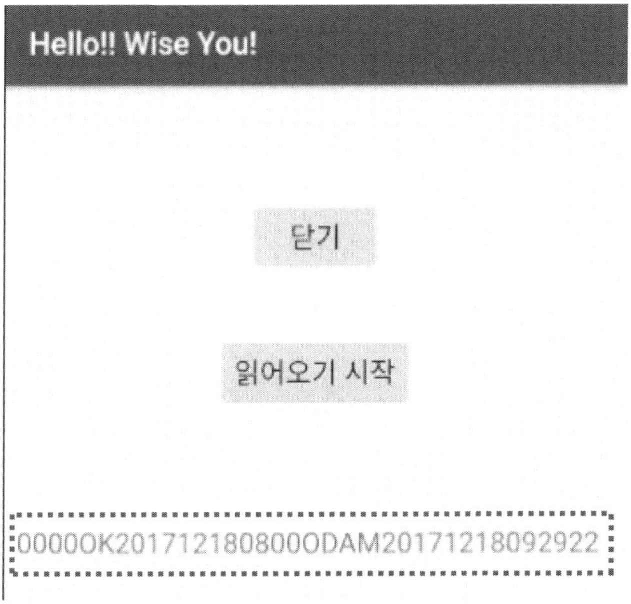

Hello!! Wise You!

닫기

읽어오기 시작

00000K201712180800ODAM20171218092922

이번에는 약국정보서비스를 처리해보자. 공공데이터포털(www.data.go.kr)에서 [그림 15-22]처럼 약국정보서비스를 찾아보자.

DATA 공공데이터포털 .GO.KR

마이페이지 로그아웃 사이트맵

데이터셋 제공신청 활용사례 정보공유

약국정보서비스

전체(2) 파일데이터(0) 오픈API(2) 표준데이터(0)

전체 2건을 찾았습니다.

파일데이터 [0건] 정확도 날 짜 제 목 조회수 다운로드

검색결과가 없습니다.

오픈API [2건] 정확도 날 짜 제 목 조회수 활용신청

병의원·약국정보 조회수 : 104 활용신청건수 : 80
수정일 : 2015.12.04 기관 : 전라북도 전주시 서비스유형 : REST
전주시내 병원 및 약국, 휴일,심야 및 응급 의료시설, 당번약국 등
XML

보건의료

건강보험심사평가원 약국정보 서비스 조회수 : 34 활용신청건수 : 242
수정일 : 2017.01.10 기관 : 건강보험심사평가원 서비스유형 : REST
건강보험심사평가원에서 관리하는 약국 정보를 조회할 수 있는 서비스
XML

중점데이터

[그림 15-22] 공공데이터포털에서 약국정보서비스 찾기

앞의 예제처럼 "활용신청"을 선택하기 전에 [그림 15-23]에서처럼 상세기능에서 "약국기본목록"을 선택하자. [그림 15-23]과 같이 상세한 정보를 확인할 수 있다.

요청 주소에 있는 http://apis.data.go.kr/B551182/pharmacyInfoService/getParmacyBasisList?ServiceKey=[서비스키]를 입력하면 다음과 같은 약국 주소를 가지고 올 수 있다.
필자의 경우에는 http://apis.data.go.kr/B551182/pharmacyInfoService/getParmacyBasisList?ServiceKey=Mb46ZgR5vTkREf3784GCVL93CMQR5atsrFP%2FYXwypbX5Cv8

Nq961PQN%2BJvoB8oHwjSnZWZSRge%2FScxMyDK0pgA****** 이다.

승인이 되었음에도 불구하고, 웹브라우저에서 바로 테스트하면 다음과 같은 메시지가 나온다.

```
<?xml version="1.0" encoding="UTF-8" standalone="true"?>
-<response>
-<header>
<responseTime>2017-12-18T20:47:17.974+09:00</responseTime>
<resultCode>30</resultCode>
<resultMsg>SERVICE KEY IS NOT REGISTERED ERROR.</resultMsg>
</header>
</response>
```

시간이 몇 분(?) 쯤 지나고 나서, 다시 웹브라우저에서 테스트 하면 다음과 같은 결과를 볼 수 있다.

```
<?xml version="1.0" encoding="UTF-8" standalone="true"?>
-<response>
-<header>
<resultCode>00</resultCode>
<resultMsg>NORMAL SERVICE.</resultMsg>
</header>
-<body>
-<items>
-<item>
<addr>서울특별시 강남구 학동로101길 26 102호 (청담동, 삼익상가)</addr>
<clCd>81</clCd>
<clCdNm>약국</clCdNm>
<emdongNm>청담동</emdongNm>
<estbDd>19830308</estbDd>
<postNo>06077</postNo>
<sgguCd>110001</sgguCd>
<sgguCdNm>강남구</sgguCdNm>
<sidoCd>110000</sidoCd>
<sidoCdNm>서울</sidoCdNm>
<telno>02-542-1910</telno>
<XPos>127.0456385</XPos>
```

```
<YPos>37.5207474</YPos>
<yadmNm>새휘정약국</yadmNm>
<ykiho>JDQ4MTg4MSM1MSMkMSMkMCMkMDMkMzgxMzUxIzExIyQxIyQzIyQ5MiQyNjEyMjIjNDEjJDE
jJDgjJDgz</ykiho>
</item>
-<item>
<addr>서울특별시 강남구 도산대로92길 6 1층 (청담동)</addr>
<clCd>81</clCd>
<clCdNm>약국</clCdNm>
<emdongNm>청담동</emdongNm>
<estbDd>20020103</estbDd>
<postNo>06070</postNo>
<sgguCd>110001</sgguCd>
<sgguCdNm>강남구</sgguCdNm>
<sidoCd>110000</sidoCd>
<sidoCdNm>서울</sidoCdNm>
<telno>02-547-3443</telno>
<XPos>127.050291268</XPos>
<YPos>37.5240702226</YPos>
<yadmNm>영지약국</yadmNm>
<ykiho>JDQ4MTg4MSM1MSMkMSMkMCMkMDMkMzgxMzUxIzExIyQxIyQzIyQxMyQyNjE0ODEjODEjJDE
jJDYjJDgz</ykiho>
</item>
-<item>
=====결과물이 많아서 생략 함==========
<numOfRows>10</numOfRows>

<pageNo>1</pageNo>

<totalCount>21801</totalCount>
```


REST방식은 웹브라우저에서 호출 및 결과 값 확인이 가능하다. 웹브라우저에서 호출하여 어떤 형태의 값인지 확인 후 파싱을 한다. 위 데이터의 경우 XML 유형이기 때문에, XML 파싱방법을 사용한다.

약국정보서비스

기술문서 : OpenAPI활용가이드_건강보험심사평가원(약국정보서비스).docx
웹서비스 클라이언트 개발가이드(J2EE)
웹서비스 클라이언트 개발가이드(.NET)

· 약국기본목록

약국기본목록

약국 검색결과 제공 (약국명,주소,전화번호,URL)

· **활용승인 절차** 개발계정 : 자동승인 / 운영계정 : 자동승인
· **신청가능 트래픽** 1000000 / 운영계정은 활용사례 등록시 신청하면 트래픽 증가 가능
· **요청주소** http://apis.data.go.kr/B551182/pharmacyInfoService/getParmacyBasisList
· **서비스URL** http://apis.data.go.kr/B551182/pharmacyInfoService

활용신청 | 뒤로가기

요청변수(Request Parameter)

항목명(국문)	항목명(영문)	항목크기	항목구분	샘플데이터	항목설명
서비스키	ServiceKey	400	필수	-	서비스키
페이지 번호	pageNo	4	페이지 번호	1	페이지 번호
한 페이지 결과 수	numOfRows	4	한 페이지 결과 수	10	한 페이지 결과 수
시도코드	sidoCd	6	시도코드	110000	시도코드

[그림 15-23] 약국정보서비스의 상세정보

결과 값을 XML로 받아들이기 때문에 XML의 개념을 이해해야 한다. XML(eXtensible Markup Language)은 "W3C"에서 개발되었고 사람과 기계가 모두 읽을 수 있는 형식(human-readable, machine-readable)으로 데이터를 기술할 수 있으며, 데이터를 문서화하는 규칙을 정의한 마크업 언어(markup language)이다.

XML이 만들어진 가장 큰 목적은 인터넷을 통한 데이터 교환 시, 단순함(simplicity)과 범용성(generality), 그리고 손쉬운 사용성(usability)을 제공하는 것이다. 특히, XML 자체의 텍스트를 인코딩할 때 기본적으로 유니코드(unicode)를 사용하기 때문에, 국가 간의 언어-인코딩(language-encoding) 방식의 차이로 인한 문제를 근본적으로 예방할 수 있다.

XML이 W3C에서 발표된 뒤에, XML을 처리하는 많은 API들이 개발되었다. XML 파서뿐만 아니라 문서에서 데이터를 파싱하는 파서(Parser)가 동작하는 방식은 크게 두 가지로 나눈다. "문서 전체를 파싱한 결과를 메모리에 로드하여 문서의 내용과 1:1 매핑을 이루는 객체(Object)로 생성, 유지 및 탐색하는 방식"과 "문서를 하나의 스트림으로 취급하여 문서의 처음부터 끝까지 단 한 번의 탐색 과정만 거치면서, 유효한 요소가 식별될 때마다 파서(Parser)의 외부에 이벤트로 전달하여 식별된 요소에 대한 처리를 파서(Parser)의 외부에 일임하는 방식"이다. XML 파서의 유형에서는 전자를 DOM(Document Object Model)이라고 하고, 후자를 SAX(Simple API for XML)라고 한다.

SAX 방식의 파서를 사용하면 DOM 방식에서 얻을 수 있는 장점인 XML 노드의 자유로운 탐색이 힘들어진다. DOM 객체처럼 XML 문서를 반영하는 트리 구조 객체(Object)도 생성하지 않고, XML 문서를 단-방향 스트림으로 취급하기 때문에 원하는 요소로의 이동이 여의치 않기 때문이다. XML 요소의 이동, 추가, 삭제 등의 수정 작업도 쉽지 않다. 결국 노드 탐색, 이동, 추가, 삭제 등의 작업을 위해서는 SAX 파서에서 전달되는 요소 식별 이벤트로부터 DOM 객체와 유사한 구조의 데이터를 직접 구조화해야 하는데, 그런 상황이라면 차라리 DOM 방식의 파서(Parser)를 사용하는 것이 훨씬 효율적이다.

"SAX"의 "S"가 "Simple"의 앞 글자인 만큼, 파서(Parser)의 동작 방식이 매우 간단하다는 장점이 있다. XML 문서를 파싱하는 과정에서 식별된 요소 중 원하는 정보만 선별적으로 사용할 수 있기 때문에, XML 문서의 구조가 중요하지 않은 경우라면 XML 문서에서 원하는 정보를 찾아서 사용하기가 훨씬 간단하다. 특히 XML 문서의 구조가 간단하거나 동일한 요소들이 반복되는 경우, 매우 효율적으로 사용할 수 있다. 그리고 DOM 방식에 비해 훨씬 적은 메모리를 사용한다는 장점이 있다.

안드로이드에서 기본적으로 지원되는 XML 파서는 XmlPullParser이다. XmlPullParser는 안드로이드 SDK 내에 인터페이스로 정의되어 있다. XmlPullParser는 SAX(Simple API for XML) 방식으로 동작한다. [그림 15-24]는 XmlPullParser 클래스의 구조도를 보여준다.

XmlPullParser

`public interface XmlPullParser`

org.xmlpull.v1.XmlPullParser

Known Indirect Subclasses

XmlResourceParser

[그림 15-24] XmlPullParser 클래스 상속도

안드로이드에서 제공되는 XmlPullParser 인터페이스의 XML 파싱 기능이 구현된 클래스는 XmlPullParserFactory.newPullParser() 함수를 통해 생성 가능한 KXmlParser와 Xml.newPullParser() 함수를 통해 생성할 수 있는 ExpatPullParser이다. 즉, KXmlParser는 XmlPullParserFactory.newPullParser() 함수를 통해 생성되고, ExpatPullParser는 Xml.newPullParser() 함수 호출을 통해 생성된다. 사용 예는 아래와 같다.

```
try {
     XmlPullParserFactory parserFactory = XmlPullParserFactory.newInstance();
     XmlPullParser parser = parserFactory.newPullParser();
} catch(XmlPullParserException xppe) {
     xppe.printStackTrace();
} //KXmlParser
```

```
XmlPullParser parser = Xml.newPullParser();
//ExpatPullParser
```

XML 파싱을 위한 데이터 탐색 과정은 파일의 처음부터 시작하여 파일의 끝을 만날 때까지 순차적으로 실행된다. XML 파일의 탐색은 XmlPullParser의 next() 함수를 통해 실행되며, next() 함수 실행 중 XML 요소를 식별하게 되면, next() 함수는 탐색을 중지하고 식별된 XML 요소를 이벤트 타입으로 리턴한다.

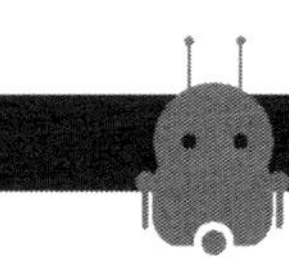

이벤트 타입으로 리턴되는 XML 요소는 태그(TAG), 텍스트(TEXT) 뿐만 아니라 XML 파일의 시작과 끝도 포함되므로, 개발자는 항상 이 이벤트 타입을 검사하여 파싱된 데이터를 사용하거나, 파싱을 계속 진행할지 여부를 결정해야 한다.

식별 XML 요소는 START_DOCUMENT, START_TAG, TEXT, END_TAG, END_DOCUMENT가 있다. START_DOCUMENT는 XML 문서의 시작이며 파싱 시작을 알린다. START_TAG는 XML 시작 태그(〈tag〉)를 의미한다. TEXT는 XML에 포함된 텍스트(〈tag〉text〈/tag〉)를 포함한다. END_TAG는 XML의 종료 태그(〈/tag〉)를 의미한다. END_DOCUMENT는 XML 문서의 끝을 의미하며 파싱의 끝을 의미한다.

예를 들어, 아래와 같은 XML 문서가 있다면,
〈name〉 minpo 〈/name〉
〈age〉 47 〈/age〉

START_DOCUMENT -〉 START_TAG(〈name〉) -〉 TEXT(minpo) -〉 END_TAG(〈/name〉) -〉 START_TAG(〈age〉 -〉 TEXT(47) -〉 END_TAG(〈/age〉) -〉 END_DOCUMENT 로 구성된다.

앞의 약국 데이터에서 〈yadmNm〉 약국이름 〈/yadmNm〉 만 읽어오는 프로그램을 만들어보자.

```
<item>
<addr>서울특별시 강남구 도산대로92길 6 1층 (청담동)</addr>
<clCd>81</clCd>
<clCdNm>약국</clCdNm>
<emdongNm>청담동</emdongNm>
<estbDd>20020103</estbDd>
<postNo>06070</postNo>
<sgguCd>110001</sgguCd>
<sgguCdNm>강남구</sgguCdNm>
<sidoCd>110000</sidoCd>
```

```
<sidoCdNm>서울</sidoCdNm>
<telno>02-547-3443</telno>
<XPos>127.050291268</XPos>
<YPos>37.5240702226</YPos>
<yadmNm>영지약국</yadmNm>
<ykiho>JDQ4MTg4MSM1MSMkMSMkMCMkMDMkMzgxMzUxIzExIyQxIyQzIyQxMyQyNjE0ODEjODEjJDE
jJDYjJDgz</ykiho>
</item>
```

```
public class Sub2Activity extends AppCompatActivity {

    @Override
    protected void onCreate(Bundle savedInstanceState) {
        super.onCreate(savedInstanceState);
        setContentView(R.layout.activity_sub2);

        final EditText et = (EditText) findViewById(R.id.editText);
        final Handler handler = new Handler() {
            @Override
            public void handleMessage(Message msg) {
                Bundle bundle = msg.getData();
                String str = bundle.getString("AllResult");
                et.setText(str);
            }
        };

        class BackThread extends Thread {
            @Override
            public void run() {
                int no = -1;
                String resultText = "";
                String url =
"http://apis.data.go.kr/B551182/pharmacyInfoService/getParmacyBasisList?Servic
eKey=Mb46ZgR5vTkREf3784GCVL93CMQR5atsrFP%2FYXwypbX5Cv8Nq961PQN%2BJvoB8o*******
*SRge%2FScxMyDK0pgA%3D%3D";
```

```
XmlPullParser parser;
XmlPullParserFactory factory;
URL xmlURL;
String returnResult="";

try {
    boolean flag1 = false;
    xmlURL = new URL(url);
    xmlURL.openConnection().getInputStream();
    factory = XmlPullParserFactory.newInstance();
    parser = factory.newPullParser();
    parser.setInput(xmlURL.openStream(), "utf-8");
    int eventType = parser.getEventType();
    while(eventType != XmlPullParser.END_DOCUMENT) {
        switch(eventType) {
            case XmlPullParser.START_DOCUMENT :
                break;
            case XmlPullParser.END_DOCUMENT :
                break;
            case XmlPullParser.START_TAG :
                if(parser.getName().equals("yadmNm")) {
                    flag1 = true;
                }
                break;
            case XmlPullParser.TEXT :
                if(flag1 == true) {
                    resultText += parser.getText() + "\n";
                    flag1 = false;
                }
                break;
        }
        eventType = parser.next();
    }
    Bundle bundle = new Bundle();
    Message msg = handler.obtainMessage();
    bundle.putString("AllResult", resultText);
    msg.setData(bundle);
```

```
                    handler.sendMessage(msg);

                } catch(XmlPullParserException xppe) {
                    xppe.printStackTrace();
                } catch(IOException ioe) {
                    ioe.printStackTrace();
                }
            }

        }

        Button start = (Button) findViewById(R.id.button6);
        start.setOnClickListener(new View.OnClickListener() {
            @Override
            public void onClick(View view) {
                BackThread bt = new BackThread();
                bt.start();
            }
        });
        final Button finish = (Button) findViewById(R.id.button12);
        finish.setOnClickListener(new View.OnClickListener() {
            @Override
            public void onClick(View view) {
                finish();
            }
        });

    }
}
```

실행결과

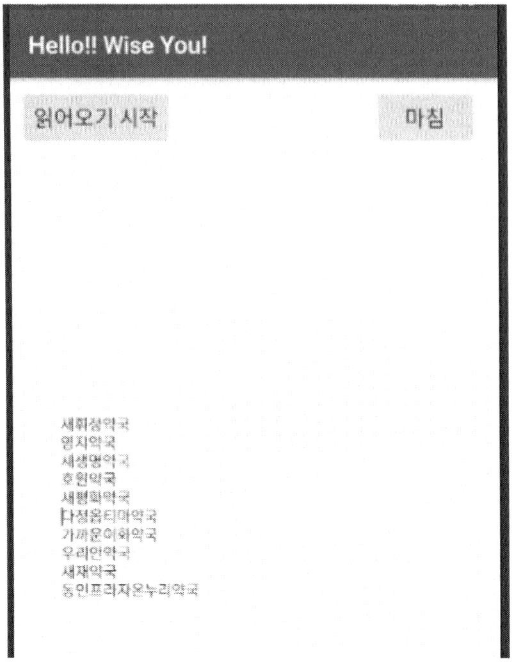

Hello!! Wise You!

읽어오기 시작　　마침

새휘성약국
영지약국
새생명약국
후원약국
새평화약국
다정옵티마약국
가까운이화약국
우리인약국
새재약국
동인프라자온누리약국

이번에는 AsyncTask Class를 이용하여 공공데이터를 읽어오는 안드로이드 예제를 살펴보자.

[그림 15-25]은 AsyncTask의 클래스 상속도를 보여준다.

AsyncTask

```
public abstract class AsyncTask
extends Object
```

java.lang.Object
　↳ android.os.AsyncTask<Params, Progress, Result>

[그림 15-25] AsyncTask Class 상속도

앱이 실행되면 안드로이드 시스템은 Main Thread를 생성하며, 이 Main Thread는 안드로이드 UI ToolKit을 다루게 된다. 즉, 사용자의 입력, 디바이스에 그리기 등의 작업을 다루기 때문에 UI Thread라고도 불린다.
또한, 앱의 모든 컴포넌트(Activity, Service, Content Provider, BroadcastReceiver 등)는 같은 Thread내에서 실행된다. UI Thread는 Thread-Safe하지 않기 때문에 블록(대기)되지 않도록 해야 하고 UI Thread 이외에 다른 Thread가 UI에 접근하면 안 된다.

안드로이드 프로그램의 문제점은 작업 시간이 길어지는 일을 하게 되면 UI Thread는 반응을 하지 않는다. 아주 큰 파일을 UI Thread에서 다운로드 하면 문제가 생긴다.

이를 해결하기 위해, UI Thread와는 별도로 작업을 해야 한다. 안드로이드 프로그램에서는 Handler, Runnable, AsyncTask 등을 제공한다.

AsyncTask는 Main Thread 생성 후에 실행이 되며 Main Thread에서 할 수 없는 긴 작업을 담당하게 된다. AsyncTask는 비동기 작업을 하기 때문에, Main Thread가 따로 계속 작업을 할 수 있다. AsyncTask와 Main Thread와 통신하기 위해 결과를 통보해주는 onPostExecute, Background Thread에서 작업 중에 Main Thread로 UI 요청 처리를 할 수 있는 onProgressUpdate 콜백을 지원한다.

주의할 점은 수 초 정도의 짧은 시간에 대해 AsyncTask를 사용하고, 그 이상의 긴 시간에 대해서는 java.util.concurrent 패키지에 포함된 Executor, ThreadPoolExecutor, FutureTask 클래스를 권장하고 있다.

다수의 AsyncTask를 실행은 doInBackground 메서드가 블록(block)되는 현상이 발생한다. Single Thread에서 생성된 모든 AsyncTask가 순차적으로 실행되기 때문에 차례를 기다려야 하기 때문이다. 이를 위해 다음과 같은 메서드를 사용한다.

```
AsyncTask().executeOnExecutor(AsyncTask.THREAD_POOL_EXECUTOR);
```

private class ATask extends AsyncTask〈URL, String, Long〉 함수의 첫 번째, 두 번째, 세 번째 파라미터에 대한 설명은 다음과 같다.

- Params(URL)

AsyncTask를 시작하기 위해 execute() 메서드가 호출될 때 전달한 인자를 doInBackground 메서드에서 파라미터로써 전달 받게 되는데 이 때 사용되는 타입

- Progress(String)

doInBackground 메서드에서 백그라운드 처리 중에 publishProgress 메소드를 호출하여 전달한 인자를 onProgressUpdate 메서드에서 파라미터로 받게 되는데, 이때 사용되는 타입

- Result(Long)

doInBackground 메서드에서 리턴한 값을 onPostExecute 메서드에서 파라미터로써 받게 되는데 이때 사용되는 타입

AsyncTask의 메서드는 onPreExecute(), doInBackground(Params...), onProgress Update (Progress ...), onPostExecute(Result), onCancelled() 함수가 있다.

메서드	설명
onPreExecute()	UI 스레드 상에서 실행되며 doInBackground 메서드 전에 호출됩니다. doInBackground 메서드가 실행되기 전에 프로그레스바를 보여주는 등의 필요한 초기화 작업을 하는데 사용됩니다.
doInBackground (Params...)	이 메서드에 포함된 코드는 백그라운드 스레드 상에서 처리되며 이곳에서 UI 처리를 하면 안된다. onPreExecute 메서드 종료 후, 바로 호출됩니다. AsyncTask의 execute 메서드를 호출시 전달한 인자를 파라미터로 받게 된다. 값을 리턴하면 onPostExecute 메서드에서 파라미터로 받게 된다.

	다운로드 진행 상태를 보여주는 프로그레스 다이얼로그 상태 업데이트 같은 UI 작업이 필요할 경우, publishProgress 메소드에 인자로 값을 전달하여 onProgressUpdate 메서드에서 파라미터로 받은 값을 가지고 UI 작업을 하도록 한다.
onProgressUpdate (Progress …)	doInBackground 메서드에서 publishProgress 메서드를 호출함으로써 UI 스레드 상에서 실행된다. 백그라운드 스레드에서 작업 처리 중에 프로그레스바 진행 상태 업데이트 같은 UI작업이 필요한 경우, publishProgress 호출해서 onProgress Update 메서드에서 UI작업을 하도록 한다. publishProgress 메서드에서 인자로 전달한 값을 파라미터로 받아서 UI 작업시 사용한다.
onPostExecute (Result)	UI 스레드 상에 실행되며, doInBackground 메서드 종료 후 호출된다. doInBackground 메서드에서 리턴한 값을 onPostExecute 메서드에서 파라메터로 전달받는다. doInBackground에서 작업하는 동안 보여주던 프로그레스바를 감추는 작업 같은 UI 작업을 할 수 있습니다.
onCancelled()	doInBackground 메서드에서 수행중인 작업이 취소되면 onPostExecute 메서드 대신에 호출됩니다.

AsyncTask Class를 이용하여 공공데이터 받아오는 예제를 살펴보자.

```
public class Sub3Activity extends AppCompatActivity {
    SearchTask st;
    EditText et;
    @Override
    protected void onCreate(Bundle savedInstanceState) {
        super.onCreate(savedInstanceState);
        setContentView(R.layout.activity_sub3);

        et = (EditText)findViewById(R.id.editText2);

        Button start = (Button) findViewById(R.id.button8);
        start.setOnClickListener(new View.OnClickListener() {
            @Override
            public void onClick(View view) {
                st = new SearchTask();
```

```
                st.execute(""); //  st.execute("약국이름");

            }
        });

        Button finish = (Button) findViewById(R.id.button13);
        finish.setOnClickListener(new View.OnClickListener() {
            @Override
            public void onClick(View view) {
                finish();
            }
        });
    }

    class SearchTask extends AsyncTask<String, Void, String> {
        @Override
        protected String doInBackground(String ... search) {
            String resultText = "";
            String url =
"http://apis.data.go.kr/B551182/pharmacyInfoService/getParmacyBasisList?Servic
eKey=Mb46ZgR5vTkREf3784GCVL93CMQR5atsrFP%2FYXwypbX5Cv8Nq961PQN%2BJvoB8o*******
*SRge%2FScxMyDK0pgA%3D%3D";
            XmlPullParser parser;
            XmlPullParserFactory factory;
            URL xmlURL;

            try {
                boolean flag1 = false;
                xmlURL = new URL(url);
                xmlURL.openConnection().getInputStream();
                factory = XmlPullParserFactory.newInstance();
                parser = factory.newPullParser();
                parser.setInput(xmlURL.openStream(), "utf-8");
                int eventType = parser.getEventType();
                while(eventType != XmlPullParser.END_DOCUMENT) {
                    switch(eventType) {
                        case XmlPullParser.START_DOCUMENT :
```

```
                        break;
                    case XmlPullParser.END_DOCUMENT :
                        break;
                    case XmlPullParser.START_TAG :
                        if(parser.getName().equals("yadmNm")) {
                            flag1 = true;
                        }
                        break;
                    case XmlPullParser.TEXT :
                        if(flag1 == true) {
                            resultText += parser.getText() + "\n";
                            flag1 = false;
                        }
                        break;
                }
                eventType = parser.next();
            }
        } catch(XmlPullParserException xppe) {
            xppe.printStackTrace();
        } catch(IOException ioe) {
            ioe.printStackTrace();
        }
        return resultText;
    }

    @Override
    protected void onPostExecute(String result) {
        et.setText(result);
    }
  }
}
```

실행결과

3:35

Hello!! Wise You!

읽어오기 시작 마침

새휘정약국
영지약국
새생명약국
호원약국
새평화약국
다정옵티마약국
가까운이화약국
우리안약국
새재약국
동인프라자온누리약국

[1] 공공데이터 포털 소개, https://www.data.go.kr/guide/guide/introduce.do

[2] 공공데이터 소개, https://www.data.go.kr/guide/guide/guide.do

[3] 동네예보정보조회서비스 레퍼런스,
https://www.data.go.kr/subMain.jsp#/L3B1YnIvcG90L215cC9Jcm9zTXlQYW
dlL29wZW5NYW5hZ2VEZXRhaWxQYWdlJEBeMDgyTTAwMDAxMzBeTTAw
MDAxMzYkQF5wdWJsaWNEYXRhRGV0YWlsUGs9dWRkaTo5ZWQzZTRlMS0zN
jU0LTQzN2EtYTg2Yi1iODg4OTIwMzRmOTAkQF5wcmN1c2VSZXFzdFNlcU5vPT
MyMTgzMjMkQF5yZXFzdFN0ZXBDb2RlPVNUQ0QwMg==

위치기반서비스(Location Based Service) 활용 16

이 장에서는 최근 창업이나 외식산업이나 여행산업분야에서 많이 활용되고 있는 위치기반서비스 (Locatuon Based Services)에 관한 앱 작업을 다루어 봅니다. 예를 들어 Google Cloud Platform (https://cloud.google.com)에서 제공하는 google_map을 활용하고, 공공데이터(http://www.data.go.kr)에서 제공하는 전국약국정보검색기능을 활용하여 현재 내 위치 주변의 반경 300주변의 약국정보를 지도에 표시하여 보여주는 안드로이드 앱을 제작해 보자.

16.1 Google Map 다루기

이 부분에서는 기본적인 google_map을 다루는 과정을 공부합니다. 지도를 앱 화면에 보여주고, 확대, 축소 과정과 함께 중심좌표를 설정하여 희망하는 위치가 앱 화면의 중앙에 오게 하는 과정을 테스트한다.

16-1-1. 구글맵 활용 예제

가장 간단하게 작업할 수 있는 구글 맵을 활용하는 앱 프로그램을 만들어 본다.

① Project 생성

- [File]->[New]->[New Project] 선택
- [Create Android Project]에서 Application name에 MyLocationBasedService를 입력하고->[Next] 클릭
- [Target Android Devices]는 기본적으로 제공하는 기능을 그대로 두고 [Next] 클릭
- [Confiogure Activity]는 기본적으로 제공하는 기능을 그대로 두고 [Next] 클릭
- [Add an Activity to Mobile] [Google Maps Activity]를 클릭하고 [Next] 클릭
- [Confiogure Activity]에서 [Finish]를 클릭하여 프로젝트를 만든다.

② AndroidMainfest.xml

```
<?xml version="1.0" encoding="utf-8"?>
<manifest xmlns:android="http://schemas.android.com/apk/res/android"
    package="com.envoy.jeo.mylocationbasedservice">
    <!--
         The ACCESS_COARSE/FINE_LOCATION permissions are not required to use
         Google Maps Android API v2, but you must specify either coarse or
fine
         location permissions for the 'MyLocation' functionality.
    -->
    <uses-permission android:name="android.permission.ACCESS_FINE_LOCATION" />

    <application
        android:allowBackup="true"
        android:icon="@mipmap/ic_launcher"
        android:label="@string/app_name"
        android:roundIcon="@mipmap/ic_launcher_round"
        android:supportsRtl="true"
        android:theme="@style/AppTheme">
        <!--
             The API key for Google Maps-based APIs is defined as a string
resource.
             (See the file "res/values/google_maps_api.xml").
             Note that the API key is linked to the encryption key used to
sign the APK.
             You need a different API key for each encryption key,
             including the release key that is used to
             sign the APK for publishing.
             You can define the keys for the debug and release
             targets in src/debug/ and src/release/.
        -->
        <meta-data
            android:name="com.google.android.geo.API_KEY"
            android:value="@string/google_maps_key" />

        <activity
            android:name=".MapsActivity"
```

```
            android:label="@string/title_activity_maps">
            <intent-filter>
                <action android:name="android.intent.action.MAIN" />

                <category android:name="android.intent.category.LAUNCHER" />
            </intent-filter>
        </activity>
    </application>

</manifest>
```

③ layout 설계 : activity_main.xml

```
<?xml version="1.0" encoding="utf-8"?>
<fragment
xmlns:android="http://schemas.android.com/apk/res/android"
    xmlns:map="http://schemas.android.com/apk/res-auto"
    xmlns:tools="http://schemas.android.com/tools"
    android:id="@+id/map"

android:name="com.google.android.gms.maps.SupportMapFragment"
    android:layout_width="match_parent"
    android:layout_height="match_parent"
    tools:context=".MapsActivity" />
```

④ values/google_maps_api.xml(<!-- --> 제거)

```
<resources>

    <string name="google_maps_key" templateMergeStrategy="preserve"
             translatable="false">YOUR_KEY_HERE</string>

</resources>
```

⑤ MapsActivity.java

```
public class MapsActivity extends FragmentActivity implements
OnMapReadyCallback {

    private GoogleMap mMap;

    @Override
    protected void onCreate(Bundle savedInstanceState) {
       super.onCreate(savedInstanceState);
       setContentView(R.layout.activity_maps);
       SupportMapFragment mapFragment = (SupportMapFragment)
                   getSupportFragmentManager().findFragmentById(R.id.map);
       mapFragment.getMapAsync(this);

    }

    @Override
    public void onMapReady(GoogleMap googleMap) {
        mMap = googleMap;

        // Add a marker in Sydney and move the camera
        LatLng sydney = new LatLng(-34, 151);
        mMap.addMarker(new MarkerOptions().position(sydney).title("Marker in
Sydney"));
        mMap.moveCamera(CameraUpdateFactory.newLatLng(sydney));
    }
}
```

맵을 사용하기 위해 먼저 맵을 사용할 수 있도록 준비하는 과정은 SupportMapFragment의 getMapAsync( ) 메소드를 호출하는 것으로 충분하다.

```
       SupportMapFragment mapFragment = (SupportMapFragment)
                   getSupportFragmentManager().findFragmentById(R.id.map);
       mapFragment.getMapAsync(this);
```

맵을 사용할 준비가 완료되면 시스템이 자동적으로 onMapReady( ) 메소드를 호출해 준다. 이때 사용가능한 GoogleMap를 데이터로 전달해 준다. 이 GoogleMap에 필요한 동작을 하여 원하는 지도를 볼 수 있다.

- mMap.addMarker( )는지도에 위치 표시를 추가하는 기능이다.
- mMap.moveCamera( ) 는 전제지도에서 중심점을 앱 화면의 중앙에 오게 하는 기능이며, 이 메소드에 지도의 확대(Zoom : 0~30 까지 가능, 최대 21까지 활용 가능) 옵션을 줄 수 있다.

```
    @Override
    public void onMapReady(GoogleMap googleMap) {
        mMap = googleMap;

        // Add a marker in Sydney and move the camera
        LatLng sydney = new LatLng(-34, 151);
        mMap.addMarker(new  MarkerOptions().position(sydney).title("Marker  in
Sydney"));
        mMap.moveCamera(CameraUpdateFactory.newLatLng(sydney));
    }
```

- Google Cloud Platform에서 API키를 만들어 사용하지 않는 경우 실행결과

지도가 나타나야 할 부분에 지도가 나타나지 않는 현상이 발생함. GoogleMap은 Google의 서비스를 받아야 하기 때문에 Google Cloud Platform에서 API 사용에 관한 등록을 하고, 해당 API키를 제공 받아 res-〉values-〉google_maps_api.xml에 등록해야만 정상적인 사용이 가능하다. 참고해야 하는 사항은 Google의 서비스를 받아서 동작하는 것이기 때문에 Google의 서비스제공에 문제가 생기거나 변경이 발생하면 내 Application도 함께 동작이 중지되거나 코딩의 수정이 필요하다.

16-1-2. Google Cloud Ploatform API 키 생성하기

- https://cloud.google.com/maps-platform/?hl=ko#products 접속

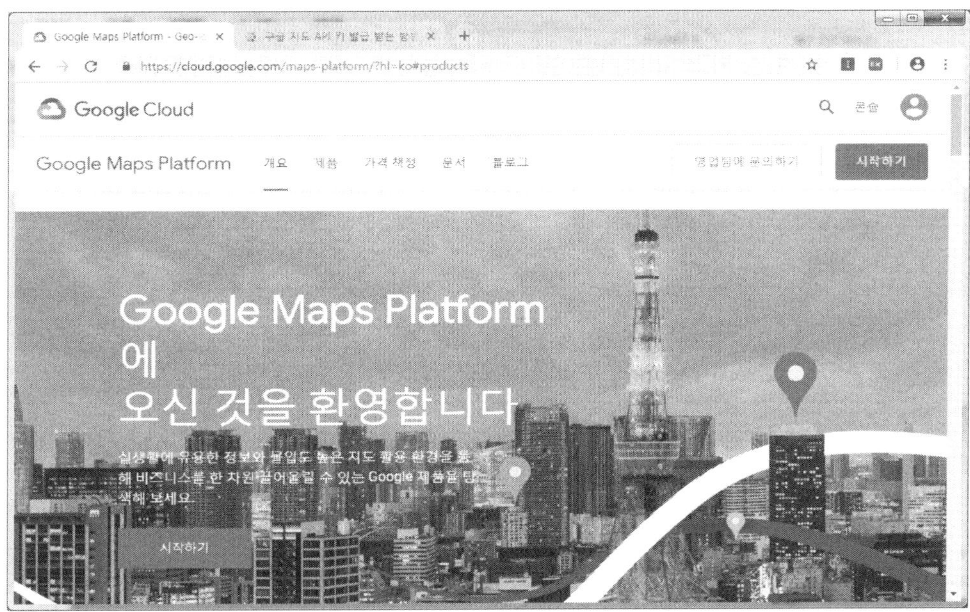

- [콘솔] 클릭

- 로그인 후

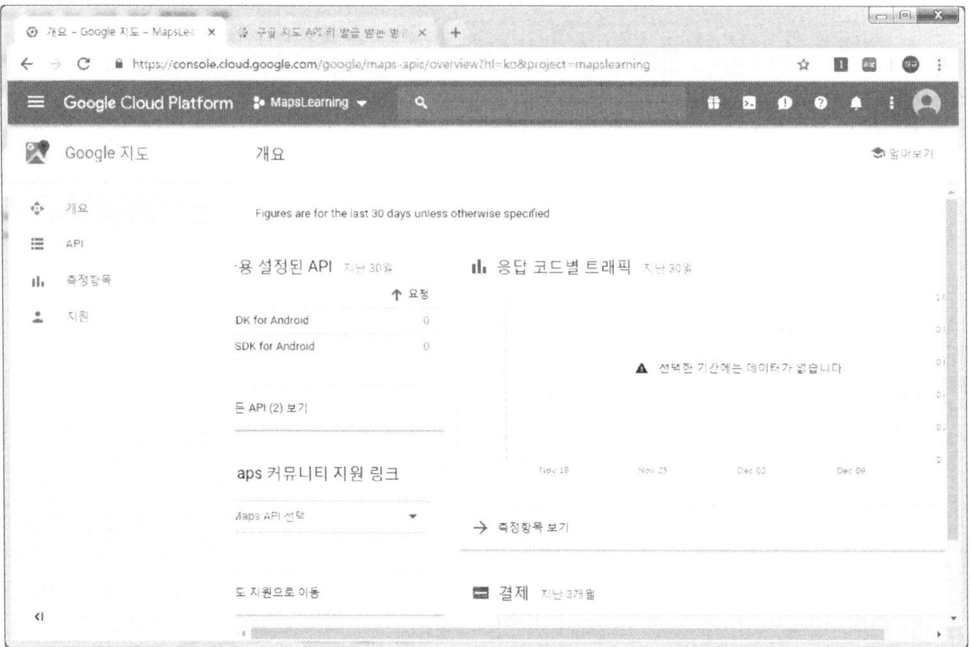

- 검색창 왼쪽 [프로젝트 선택] 또는 선택된 프로젝트 클릭

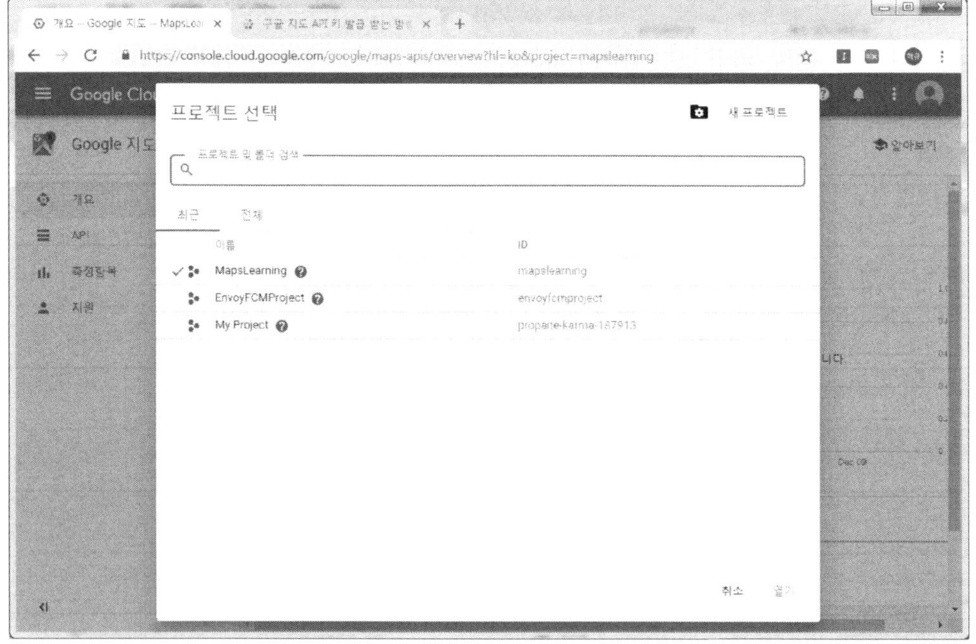

- [새프로젝트] 선택

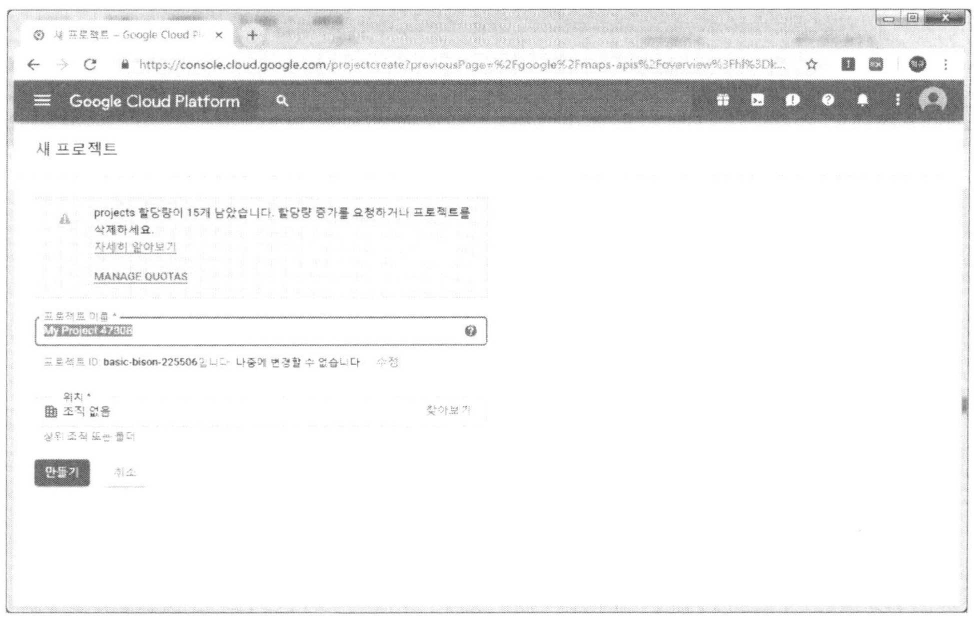

- 프로젝트 이름은 자유롭게 작성 가능하나 어떤 내용의 프로젝트인지 알 수 있는 내용으로 기재해야 함 여기서는 LBS-Project로 작성->[만들기] 클릭

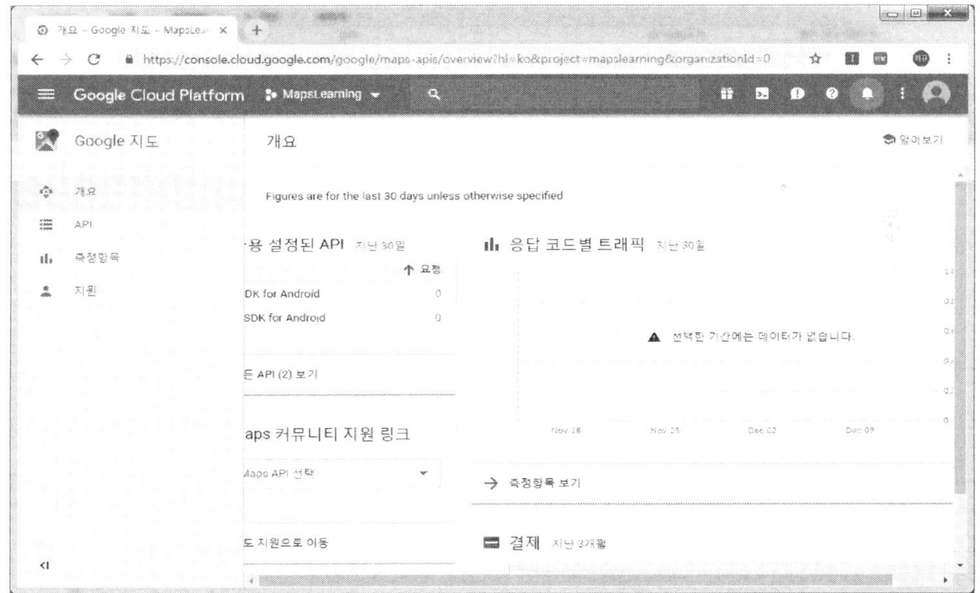

- 검색창 왼쪽 [프로젝트 선택] 또는 선택된 프로젝트 클릭

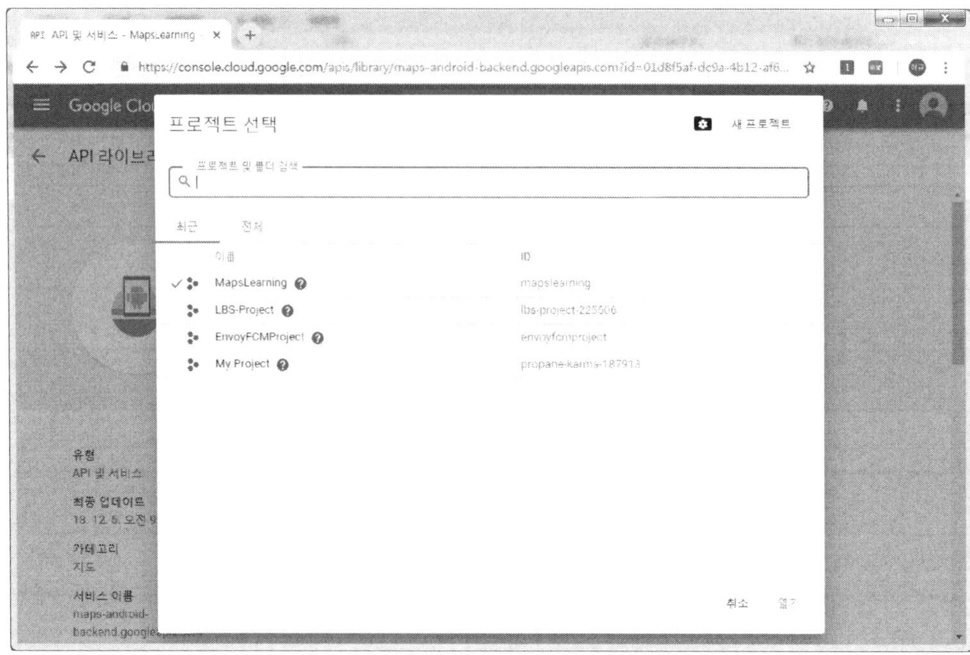

- 새로 만든 프로젝트인 LBS-Project를 클릭

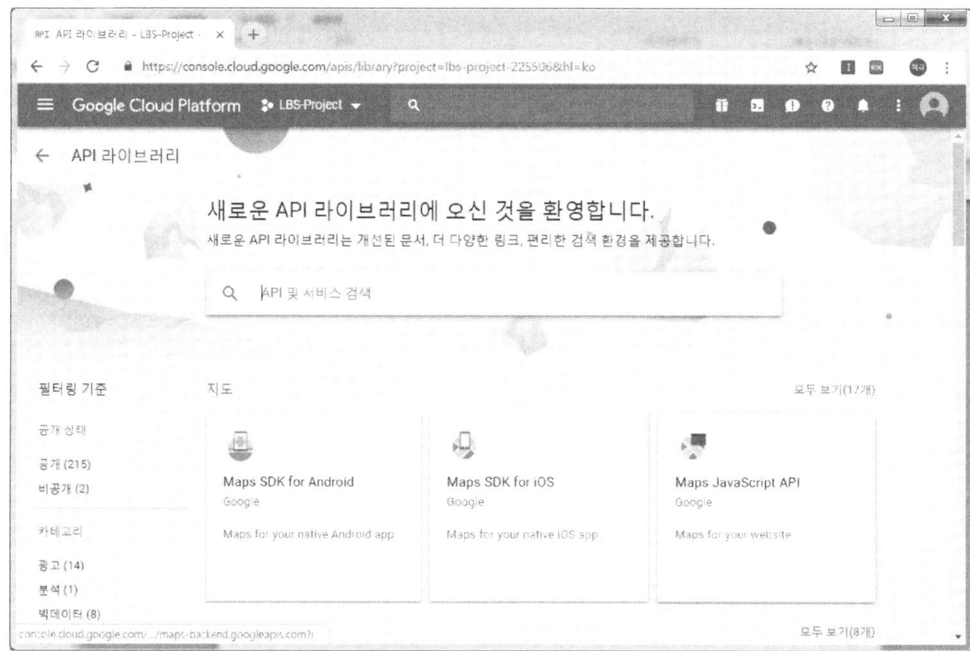

- Maps SDK for Android 클릭

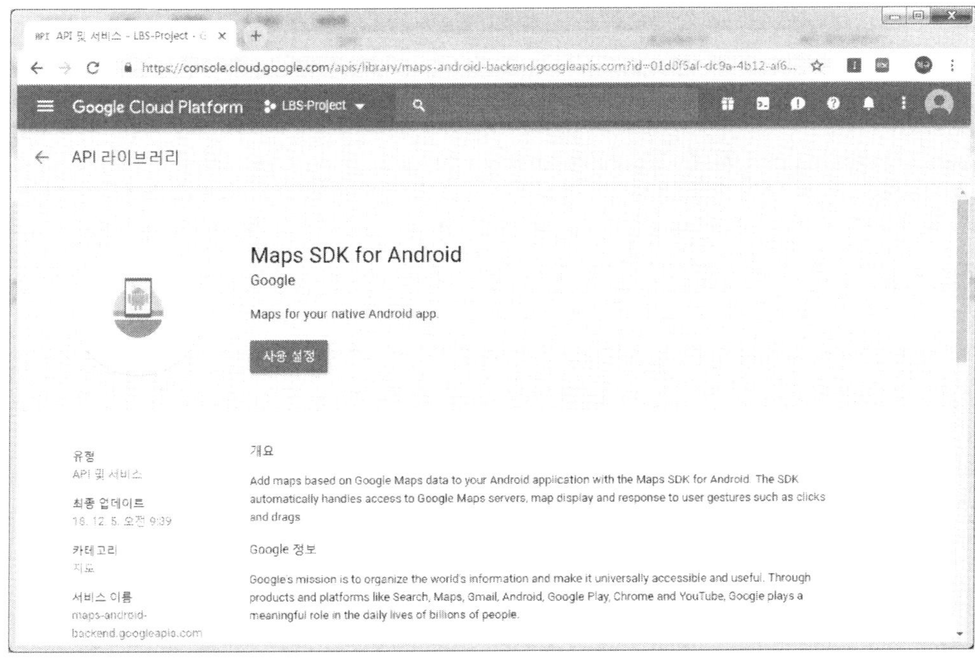

- [사용설정]을 클릭

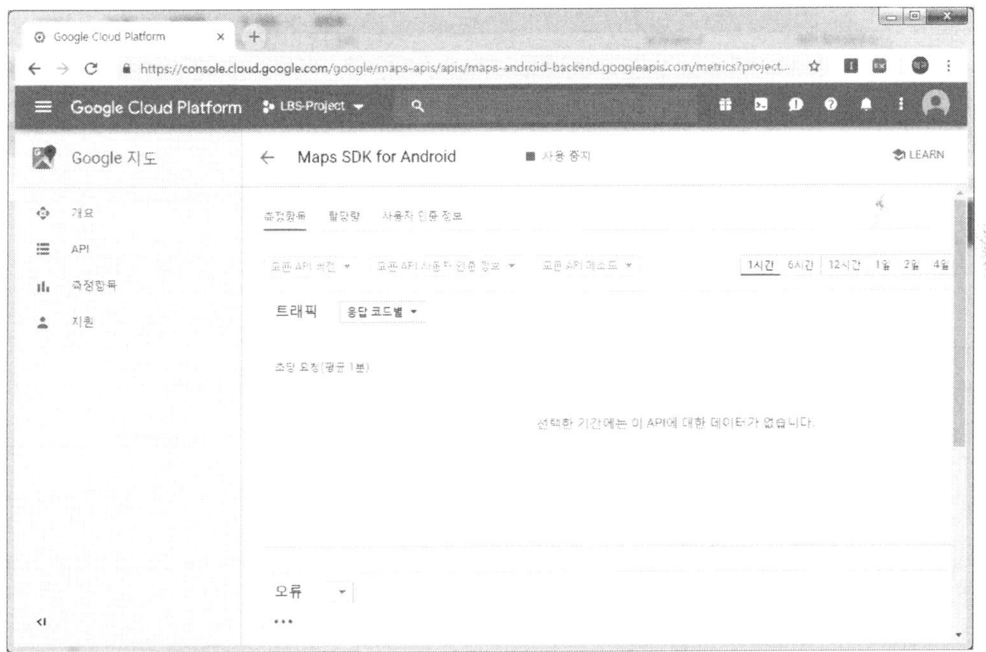

- Google Cloud Platform 왼쪽 ≡ 버턴 클릭->API 및 서비스->사용자 인증 정보 클릭

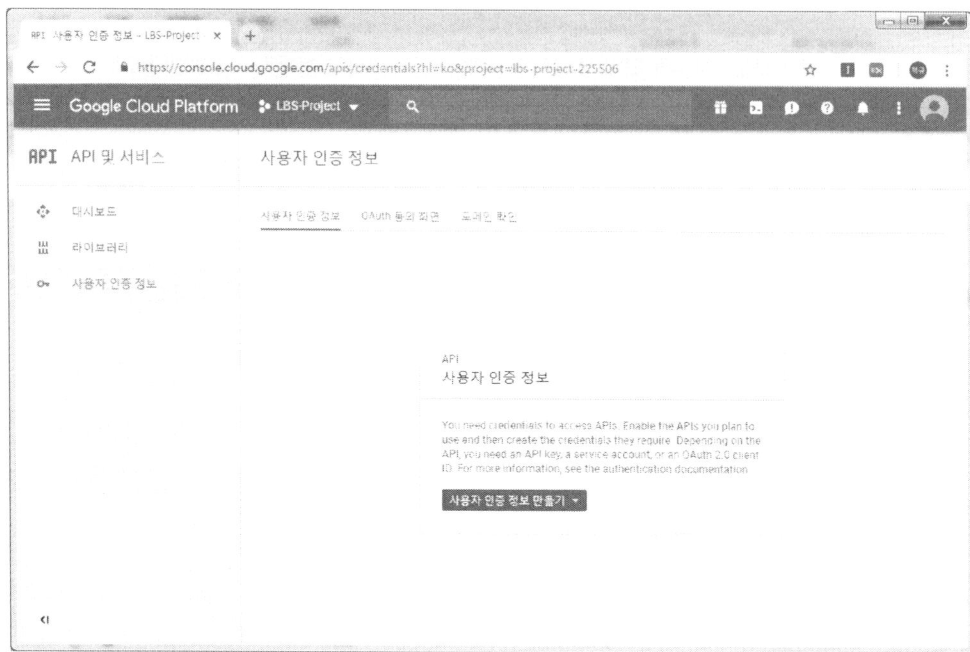

- [사용자 인증 정보 만들기] 클릭-> API 키 클릭

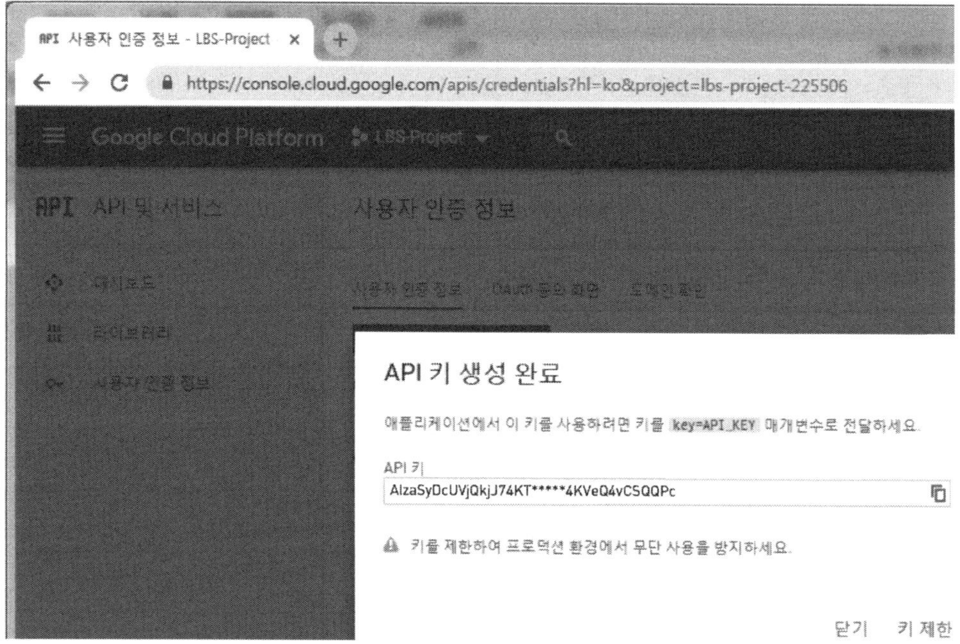

- [키 제한] 클릭

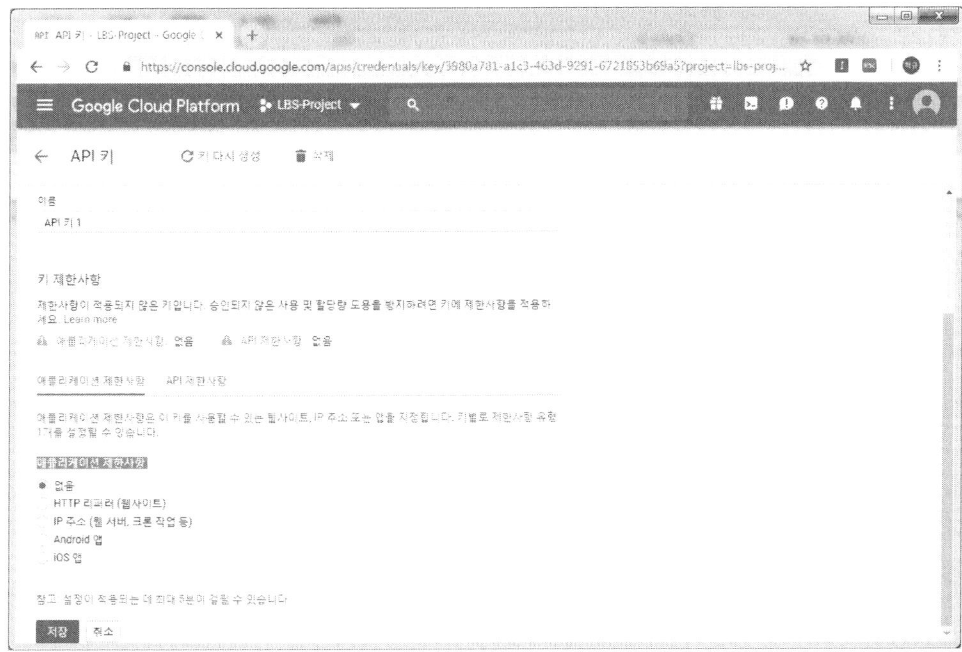

- 애플리케이션 제한사항-> Android 앱 선택-> + 패키지이름 및 지문 추가 클릭

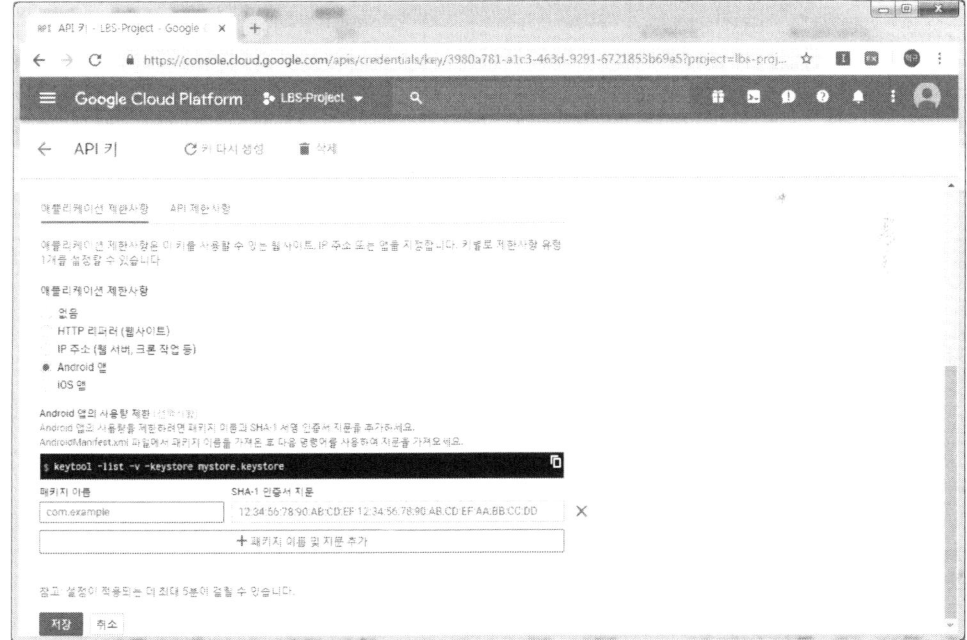

- AndroidManifest.xml 상의 package를 패키지 이름에 복사

```
<?xml version="1.0" encoding="utf-8"?>
<manifest xmlns:android="http://schemas.android.com/apk/res/android"
  package="com.envoy.jeo.mylocationbasedservice">
  <uses-permission android:name="android.permission.ACCESS_FINE_LOCATION"/>
    <application
        android:allowBackup="true"
        android:icon="@mipmap/ic_launcher"
        android:label="@string/app_name"
        android:roundIcon="@mipmap/ic_launcher_round"
        android:supportsRtl="true"
        android:theme="@style/AppTheme">
        <meta-data
            android:name="com.google.android.geo.API_KEY"
            android:value="@string/google_maps_key" />
        <activity
            android:name=".MapsActivity"
            android:label="@string/title_activity_maps">
            <intent-filter>
                <action android:name="android.intent.action.MAIN" />
                <category android:name="android.intent.category.LAUNCHER" />
            </intent-filter>
        </activity>
    </application>
</manifest>
```

- res->values->google_maps_api.xml의 SHA-1 certificate fingerprint: 복사하여 SHA-1 인증서 지문에 복사

```
<resources>
    <!--
    TODO: Before you run your application, you need a Google Maps API key.
    To get one, follow this link, follow the directions and press "Create" at
the end:
```

```
https://console.developers.google.com/flows/enableapi?apiid=maps_android_backe
nd&keyType=CLIENT_SIDE_ANDROID&r=00:8B:21:EC:F3:06:B4:A8:B6:14:5A:DE:BE:FD:D1:
C0:F8:0F:F3:BB%3Bcom.envoy.jeo.mylocationbasedservice

    You can also add your credentials to an existing key, using these values:
    Package name:
    00:8B:21:EC:F3:06:B4:A8:B6:14:5A:DE:BE:FD:D1:C0:F8:0F:F3:BB
    SHA-1 certificate fingerprint:
    00:8B:21:EC:F3:06:B4:A8:B6:14:5A:DE:BE:FD:D1:C0:F8:0F:F3:BB
    Alternatively, follow the directions here:
    https://developers.google.com/maps/documentation/android/start#get-key
    Once you have your key (it starts with "AIza"), replace the
"google_maps_key"
    string in this file.
    -->
    <string name="google_maps_key" templateMergeStrategy="preserve"

translatable="false">AIzaSyBTcfCqycyoZNPxBOiTrj09evxAQ3HdCak</string>
</resources>
```

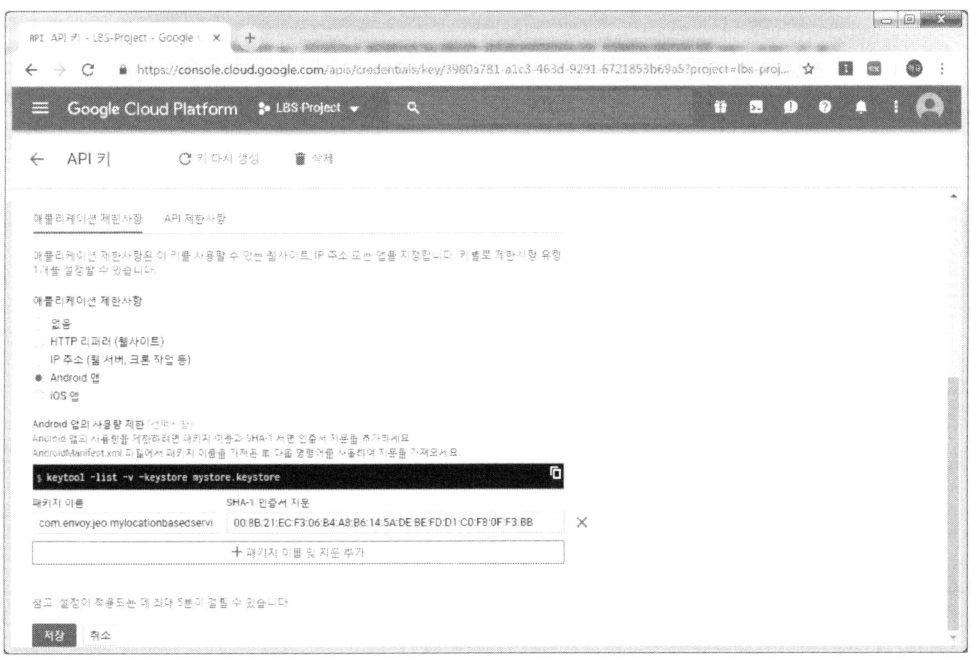

- [저장] 버턴을 클릭함

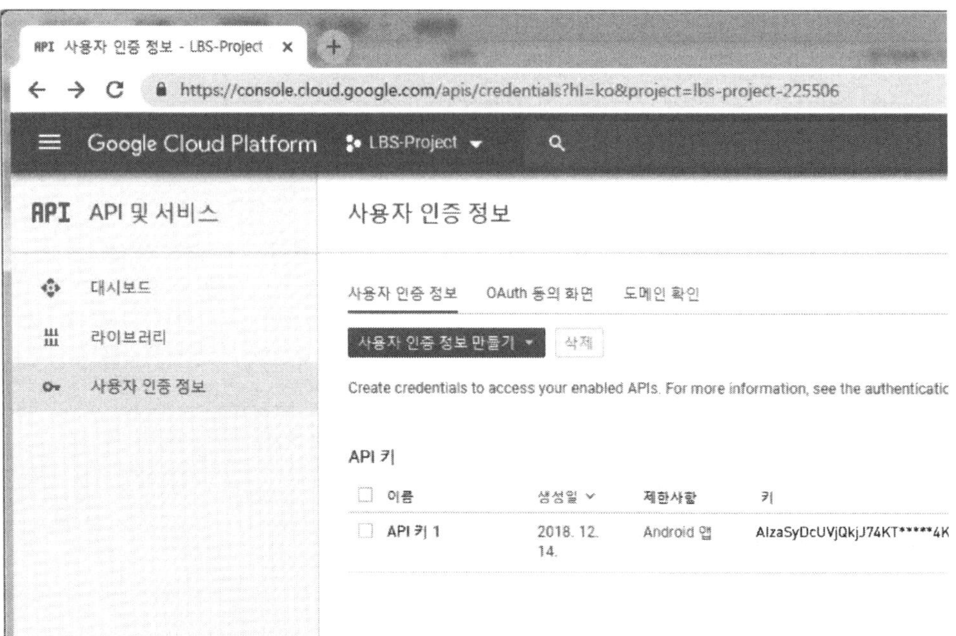

- 키 부분을 오른쪽 클립보드 복사 버턴을 이용하여 복사
- res-〉values-〉google_maps_api.xml의 〈string name="google_maps_key" templateMergeStrategy="preserve" translatable="false"〉와 〈/string〉 사이에 복사

```
<resources>
    <!--
    TODO: Before you run your application, you need a Google Maps API key.
    To get one, follow this link, follow the directions and press "Create" at
the end:

https://console.developers.google.com/flows/enableapi?apiid=maps_android_backe
nd&keyType=CLIENT_SIDE_ANDROID&r=00:8B:21:EC:F3:06:B4:A8:B6:14:5A:DE:BE:FD:D1:
C0:F8:0F:F3:BB%3Bcom.envoy.jeo.mylocationbasedservice

    You can also add your credentials to an existing key, using these values:
    Package name:
    00:8B:21:EC:F3:06:B4:A8:B6:14:5A:DE:BE:FD:D1:C0:F8:0F:F3:BB
```

```
    SHA-1 certificate fingerprint:
    00:8B:21:EC:F3:06:B4:A8:B6:14:5A:DE:BE:FD:D1:C0:F8:0F:F3:BB
    Alternatively, follow the directions here:
    https://developers.google.com/maps/documentation/android/start#get-key
    Once you have your key (it starts with "AIza"), replace the "google_maps_key"
    string in this file.
    -->
    <string name="google_maps_key" templateMergeStrategy="preserve"
           translatable="false">AIzaSyDcUVjQkjJ74KT*****4KVeQ4vCSQQPc</string>
</resources>
```

- 실행 결과

만약 package이름이 일치하지 않는 경우 다음과 같은 오류가 발생할 수 있습니다.

```
D/EGL_emulation: eglCreateContext: 0xe6674880: maj 1 min 0 rcv 1
I/zygote: Background concurrent copying GC freed 19183(4MB) AllocSpace objects, 0(0B) LOS objects, 50% free, 1678KB/3MB, paused 49us total 311.089ms
D/EGL_emulation: eglMakeCurrent: 0xe6674880: ver 1 0 (tinfo 0xe665f1f0)
E/Google Maps Android API: Authorization failure.  Please see https://developers.google.com/maps/documentation/android-api/start for how to correctly set up the map.
E/Google Maps Android API: In the Google Developer Console (https://console.developers.google.com)
                           Ensure that the "Google Maps Android API v2" is enabled.
                           Ensure that the following Android Key exists:
                            API Key: AIzaSyDUBD93B-sYX0FY5yWNz1Fuq4YIYR9ZyBo
                            Android Application (<cert_fingerprint>;<package_name>): 00:8B:21:EC:F3:06:B4:A8:B6:14:5A:DE:BE:FD:D1:C0:F8:0F:F3:BB;com.envoy.jeo.mylbs
W/DynamiteModule: Local module descriptor class for com.google.android.gms.googlecertificates not found.
I/DynamiteModule: Considering local module com.google.android.gms.googlecertificates:0 and remote module com.google.android.gms.googlecertificates:4
```

16-1-3. Google Map 다루기 예제

- AndroidManifest.xml

```
<?xml version="1.0" encoding="utf-8"?>
<manifest xmlns:android="http://schemas.android.com/apk/res/android"
    package="com.envoy.jeo.mylocationbasedservice">
    <!--
         The ACCESS_COARSE/FINE_LOCATION permissions are not required to use
         Google Maps Android API v2, but you must specify either coarse or fine
         location permissions for the 'MyLocation' functionality.
    -->
    <uses-permission android:name="android.permission.ACCESS_FINE_LOCATION" />

    <application
        android:allowBackup="true"
        android:icon="@mipmap/ic_launcher"
        android:label="@string/app_name"
        android:roundIcon="@mipmap/ic_launcher_round"
        android:supportsRtl="true"
        android:theme="@style/AppTheme">
        <!--
             The API key for Google Maps-based APIs is defined as a string
resource.
             (See the file "res/values/google_maps_api.xml").
             Note that the API key is linked to the encryption key used to
sign the APK.
             You need a different API key for each encryption key,
             including the release key that is used to
             sign the APK for publishing.
             You can define the keys for the debug and release targets
             in src/debug/ and src/release/.
        -->
        <meta-data
            android:name="com.google.android.geo.API_KEY"
            android:value="@string/google_maps_key" />

        <activity
```

```
            android:name=".MapsActivity"
            android:label="@string/title_activity_maps">
            <intent-filter>
                <action android:name="android.intent.action.MAIN" />

                <category android:name="android.intent.category.LAUNCHER" />
            </intent-filter>
        </activity>
    </application>

</manifest>
```

- layout/activity_main.xml

지도를 제어하기 위하여 +, -, 주소입력, 보기 Button을 배치함
위치의 편의성 때문에 LinearLayout을 배치하여 사용함

```
<?xml version="1.0" encoding="utf-8"?>
<RelativeLayout xmlns:android="http://schemas.android.com/apk/res/android"
    xmlns:app="http://schemas.android.com/apk/res-auto"
    android:layout_width="match_parent"
android:layout_height="match_parent">

    <LinearLayout
        android:id="@+id/upper"
        android:layout_width="match_parent"
        android:layout_height="35dp"
        android:gravity="center"
        android:orientation="horizontal">

        <ImageView
```

```
        android:id="@+id/ivPlus"
        android:layout_width="wrap_content"
        android:layout_height="35dp"
        android:layout_weight="1"
        android:src="@drawable/plus1" />

    <ImageView
        android:id="@+id/ivMinus"
        android:layout_width="wrap_content"
        android:layout_height="match_parent"
        android:layout_weight="1"
        android:src="@drawable/minus1" />

    <TextView
        android:id="@+id/tvZoom"
        android:layout_width="46dp"
        android:layout_height="match_parent"
        android:layout_weight="1"
        android:background="@drawable/text_bg"
        android:gravity="center"
        android:textSize="14sp"
        android:textStyle="bold" />

    <EditText
        android:id="@+id/etAddress"
        android:layout_width="190dp"
        android:layout_height="match_parent"
        android:layout_weight="1"
        android:background="@android:color/transparent"
        android:ems="10"
        android:gravity="center"
        android:inputType="textPersonName"
        android:textSize="18sp"
        android:textStyle="bold" />

    <Button
        android:id="@+id/btnView"
```

```
            android:layout_width="70dp"
            android:layout_height="match_parent"
            android:text="보기" />
    </LinearLayout>

    <fragment
        android:id="@+id/map"
        class="com.google.android.gms.maps.SupportMapFragment"
        android:layout_width="match_parent"
        android:layout_height="match_parent"
        android:layout_alignParentLeft="true"
        android:layout_alignParentStart="true"
        android:layout_below="@+id/upper"
        android:layout_marginTop="0dp" />

</RelativeLayout>
```

- values/strings.xml

```
<resources>
    <string name="app_name">MyLocationBasedService</string>
    <string name="title_activity_maps">Map</string>
</resources>
```

- values/google_maps_api.xml

```
<resources>
    <!--
    TODO: Before you run your application, you need a Google Maps API key.

    To get one, follow this link, follow the directions and press "Create" at
the end:


https://console.developers.google.com/flows/enableapi?apiid=maps_android_backe
nd&keyType=CLIENT_SIDE_ANDROID&r=00:8B:21:EC:F3:06:B4:A8:B6:14:5A:DE:BE:FD:D1:
C0:F8:0F:F3:BB%3Bcom.envoy.jeo.mylocationbasedservice
```

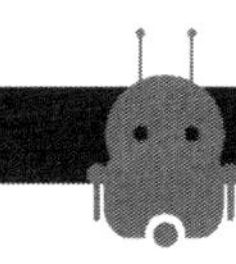


```
    You can also add your credentials to an existing key, using these values:

    Package name:
    00:8B:21:EC:F3:06:B4:A8:B6:14:5A:DE:BE:FD:D1:C0:F8:0F:F3:BB

    SHA-1 certificate fingerprint:
    00:8B:21:EC:F3:06:B4:A8:B6:14:5A:DE:BE:FD:D1:C0:F8:0F:F3:BB

    Alternatively, follow the directions here:
    https://developers.google.com/maps/documentation/android/start#get-key

    Once you have your key (it starts with "AIza"), replace the
"google_maps_key"
    string in this file.
    -->
    <string name="google_maps_key" templateMergeStrategy="preserve"
            translatable="false">AIzaSyDcUVjQkjJ74KT*****4KVeQ4vCSQQPc</string>
</resources>
```

- drawable/ 각 이미지

- MainActivity.java

Zoom과 위치 이동에 대한 처리는 mMap.moveCamera() 기능을 활용하며, 줌과 위치이동을 동시에 하는 경우 CameraUpdateFactory.newLatLngZoom()를 이용하고 위치이동만 할 경우 CameraUpdateFactory.newLatLng()를 이용한다.

```
mMap.moveCamera(CameraUpdateFactory.newLatLngZoom( mCurrentLocation, mStartZoom ) );
```

PLUS 이미지뷰(버턴처럼 운영)에 대한 처리는 맴버변수인 mStartZoom을 1증가하고, 지도를 확대(축소) 하여 다시 보여주기하는 코드이다.

```
        ImageView ivPlus=(ImageView) findViewById( R.id.ivPlus);
        ivPlus.setOnClickListener(
                new View.OnClickListener() {
                    @Override
                    public void onClick(View view) {
                        mStartZoom=mStartZoom+(float)1.0;
                        mTvZoom.setText( mStartZoom+"" );
                        mMap.moveCamera(CameraUpdateFactory.newLatLngZoom(
                           mCurrentLocation, mStartZoom ));
                    }
                }
        );
```

MINUS 이미지뷰(버턴처럼 운영)에 대한 처리는 맴버변수인 mStartZoom을 1 감소하고, 지도를 확대(축소) 하여 다시 보여주기하는 코드이다.

```
        ImageView ivMinus=(ImageView) findViewById( R.id.ivMinus );
        ivMinus.setOnClickListener(
                new View.OnClickListener() {
                    @Override
                    public void onClick(View view) {
                        mStartZoom=mStartZoom-(float)1.0;
                        mTvZoom.setText( mStartZoom+"" );
                        mMap.moveCamera(CameraUpdateFactory.newLatLngZoom(
                           mCurrentLocation, mStartZoom ));
                    }
                }
        );
```

보기 버턴에 대한 처리

```
        Button btnView = (Button) findViewById( R.id.btnView );
        btnView.setOnClickListener(
                new View.OnClickListener() {
                    @Override
                    public void onClick(View view) {
                        List<Address> addresslist=null;
```

```
                        double curLatitude;
                        double curLongitude;
                        String tmpAddress = mEtAddress.getText().toString();
                        try {
                            addresslist =
mGeoCoder.getFromLocationName(tmpAddress, 1);
                            if( addresslist .size() == 0){
                            }else {
                                for ( Address oneAddress : addresslist ) {
                                    curLongitude = oneAddress.getLongitude();
                                    curLatitude = oneAddress.getLatitude();

                                    LatLng curLatLng  = new
LatLng(curLatitude, curLongitude);
                                    mMap.addMarker(
                                        new
MarkerOptions().position(curLatLng).title( tmpAddress ));
                                    mMap.moveCamera(

CameraUpdateFactory.newLatLngZoom(curLatLng,
                                                    mStartZoom ));
                                }
                            }
                        }catch(Exception e){
                            Toast.makeText(MapsActivity.this, "ERROR :" +
                                    e.getMessage(), Toast.LENGTH_SHORT).show();
                        }
                    }
                }
        );
```

Geocoder로 부터 입력된 주소에 대한 GPS 위치정보를 추출(getFromLocationName (tmpAddress, 1), 최대 1개만 추출)하여 사용한다.

```
    List<Address> addresslist=null;
    String tmpAddress = mEtAddress.getText().toString();
    addresslist = mGeoCoder.getFromLocationName(tmpAddress, 1);
```

Geocoder로 부터 입력된 주소에 대한 GPS 위치정보에 해당하는 위치에 Marker를 위치시키고, 확대/축소하여 보여준다.

```
    addresslist = mGeoCoder.getFromLocationName(tmpAddress, 1);
    if( addresslist .size() == 0){
    }else {
        for ( Address oneAddress : addresslist ) {

                curLongitude = oneAddress.getLongitude();
                curLatitude = oneAddress.getLatitude();

                mCurrentLocation = new LatLng(curLatitude, curLongitude);
                mMap.addMarker(new  MarkerOptions().position(mCurrentLocation).title(
 tmpAddress ));
                mMap.moveCamera(
                      CameraUpdateFactory.newLatLngZoom( mCurrentLocation,
 mStartZoom )
                );
        }
    }
```

구글 맵의 Zoom은 0부터 30까지의 수를 지정하여 확대와 축소를 진행한다. 필자의 실험에 따르면 1~21까지는 확대화 축소가 변화를 보이며 나머지 숫자에 대하여는 이전의 크기를 그대로 나타내어 변화를 보이지 않았다. 각 Zoom 크기에 따른 지도의 확대 정도를 보이는 이유는 지도를 활용하는 앱 작성자는 대략적인 숫자에 따른 지도의 확대를 인지하고 있어야 하기 때문이다. Zoom 크기는 화면 상단의 숫자이다.

전체 프로그램 코드

```
public class MapsActivity extends FragmentActivity implements
OnMapReadyCallback {

    private double startLongitude = 129.0280896258;
    private double startLatitude  = 35.3394539965;
    private float mStartZoom = (float)21.0;
    LatLng mCurrentLocation = null;
    EditText mEtAddress = null;
    TextView mTvZoom = null;
    Geocoder mGeoCoder;

    private double differentValue = 0.0000011065;
    MarkerOptions myLocationMarker;
```

```
    private GoogleMap mMap;

    @Override
    protected void onCreate(Bundle savedInstanceState) {
        super.onCreate(savedInstanceState);
        setContentView(R.layout.activity_maps);

        mGeoCoder  = new Geocoder(getApplicationContext(), Locale.KOREA);
        SupportMapFragment mapFragment = (SupportMapFragment)

getSupportFragmentManager().findFragmentById(R.id.map);
        mapFragment.getMapAsync(this);

        mEtAddress = (EditText) findViewById( R.id.etAddress );
        mTvZoom = (TextView) findViewById( R.id.tvZoom);
        mTvZoom.setText(mStartZoom+"");

        ImageView ivPlus=(ImageView) findViewById( R.id.ivPlus);
        ivPlus.setOnClickListener(
                new View.OnClickListener() {
                    @Override
                    public void onClick(View view) {
                        mStartZoom=mStartZoom+(float)1.0;
                        mTvZoom.setText( mStartZoom+"" );
                        mMap.moveCamera(CameraUpdateFactory.newLatLngZoom(
                           mCurrentLocation, mStartZoom ));
                    }
                }
        );

        ImageView ivMinus=(ImageView) findViewById( R.id.ivMinus );
        ivMinus.setOnClickListener(
                new View.OnClickListener() {
                    @Override
                    public void onClick(View view) {
                        mStartZoom=mStartZoom-(float)1.0;
                        mTvZoom.setText( mStartZoom+"" );
```

```
                    mMap.moveCamera(CameraUpdateFactory.newLatLngZoom(
                      mCurrentLocation, mStartZoom ));
                 }
              }
        );

        Button btnView = (Button) findViewById( R.id.btnView );
        btnView.setOnClickListener(
              new View.OnClickListener() {
                 @Override
                 public void onClick(View view) {
                    List<Address> addresslist=null;
                    double curLatitude;
                    double curLongitude;
                    String tmpAddress = mEtAddress.getText().toString();
                    try {
                       addresslist =
mGeoCoder.getFromLocationName(tmpAddress, 1);
                       if( addresslist .size() == 0){
                       }else {
                          for ( Address oneAddress : addresslist ) {
                           curLongitude = oneAddress.getLongitude();
                           curLatitude = oneAddress.getLatitude();

                           mCurrentLocation  = new LatLng(curLatitude,
curLongitude);
                           mMap.addMarker(
                                 new
MarkerOptions().position(mCurrentLocation)
                                    .title( tmpAddress ));
                           mMap.moveCamera(

CameraUpdateFactory.newLatLngZoom(mCurrentLocation,
                                          mStartZoom ));
                          }
                       }
                    }catch(Exception e){
```

```
                    Toast.makeText(MapsActivity.this, "ERROR :" +
                         e.getMessage(), Toast.LENGTH_SHORT).show();
                }
            }
        }
    );
} // End of onCreate()

private void showLocationMarker(LatLng location, String tmpTitle) {
    myLocationMarker = new MarkerOptions();
    myLocationMarker.position( location );
    myLocationMarker.title( tmpTitle );

myLocationMarker.icon(BitmapDescriptorFactory.fromResource(R.drawable.curlocat
ion));
    mMap.addMarker(myLocationMarker);
} // End of showLocationMarker()

@Override
public void onMapReady(GoogleMap googleMap) {
    mMap = googleMap;
    Toast.makeText(this, "START...", Toast.LENGTH_SHORT).show();
    mCurrentLocation = new LatLng(startLatitude, startLongitude);
    mMap.addMarker(new
MarkerOptions().position(mCurrentLocation).title("Marker in Sydney"));
    mMap.moveCamera(CameraUpdateFactory.newLatLngZoom(mCurrentLocation,
mStartZoom ));
} // End of onMapReady(()

} // End of class
```

- 실행결과

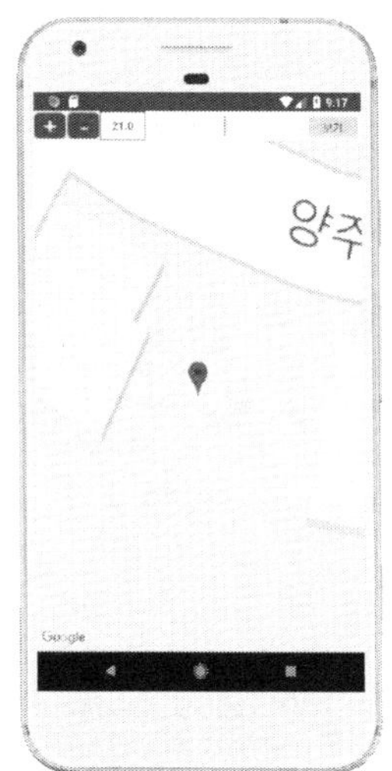

최초실행 결과 화면

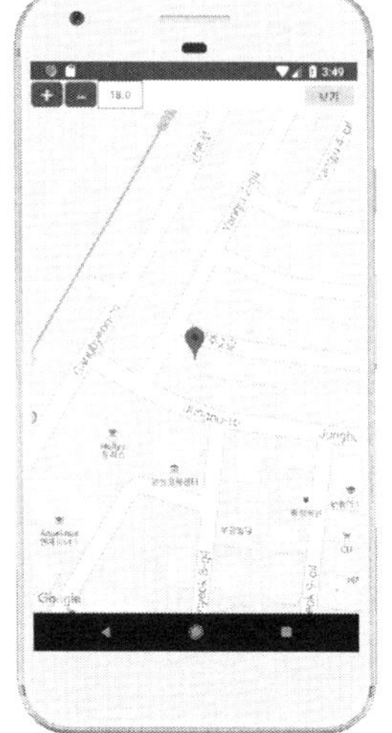

MINUS 이미지를 클릭한 후 화면

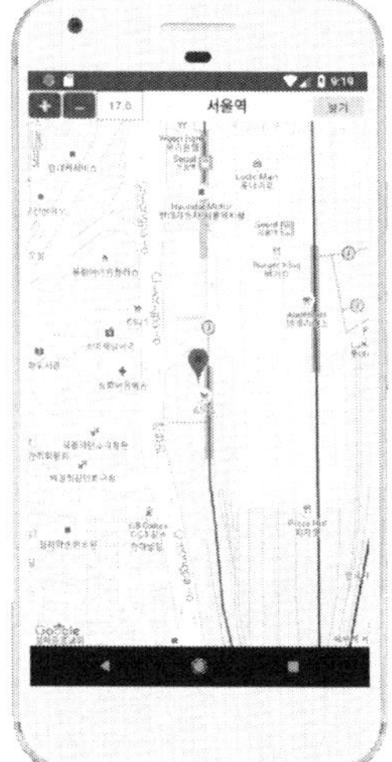

[서울역] 주소 입력 결과 화면

16.2 위치기반서비스 예제

학습목표

공공데이터의 전국 약국정보조회 서비스로 부터 데이터를 받아와서 현재 스마트폰 주변 반경 600m 주변의 모든 약국의 위치를 앱에 나타내는 서비스를 만들어 보자.

16-2-1. 위치기반서비스란?

위치 기반 서비스(Location-based service, LBS)는 무선 인터넷 사용자에게, 사용자의 변경되는 위치에 따르는 특정 정보를 제공하는 무선 콘텐츠 서비스들을 가리킨다. LoCation Services(LCS)로 지칭되기도 한다. 위치 기반 서비스를 서비스의 예를 들어보면 현금출납기나 식당 등 가까운 위치의 서비스나 시설 정보를 조회, 할인 중인 주유소 위치 정보나 교통 정체상황 경고 등 알림 서비스들, 친구 위치 찾기, 이동통신 사업자는 위치 기반지출 (통행 요금 자동 지불) 등이 있다.

한국에서 사용되는 주요 위치 기반 서비스는 서비스 가동을 통해 다음과 같은 부가적인 서비스 기능을 추구할 수 있다. 지역적으로 분산된 자원의 관리 : 택시, 배달원, 대여 장비, 병원(의사), 선단 등, 물자 위치, 스스로 위치 보고를 할 수 없는 수화물이나 화물 상자 같은 물건들도 passive sensor나 RF 태그 등을 이용하여 위치 관리에 사용할 수 있다. (주위에서) 사람이나 물건 위치 찾기, 필요한 서비스 제공자(의사 등), 서비스 사업체, 이동 경로, 날씨, 교통 상황, 숙소 예약, 분실 휴대전화, 비상 구조 서비스 등이 있다.

목표 근접 시 알림 기능(Push형 또는 Pull형) : 목표 지정 광고, 친구 리스트, 데이트, 상대 찾기, 공항 접근 시 자동 체크인, 목표 근접 시 자동 수행(Push형 또는 Pull형), 위치 기반 자동, 핫힉(Hot Hic) http://www.hothic.com 와 같은 서비스를 참고 할 수 있다[2].

16-2-2. 현재 스마트폰의 GPS 위치정보 추출

스마트폰의 현재 위치정보를 추출하기 위하여 startLocationService( ) 메소드를 이용하였다. 이 메소드는 구글맵이 이용할 수 있는 준비가 완료된 onMapReady() 메소드에서 호출한다. 실제 스마트폰의 Context.LOCATION_SERVICE를 사용하는 이 기능은 복잡한 절차를 거쳐 사용이 가능하다. 또한 ACCESS_FINE_LOCATION Permission을 사용하기 때문에 AndroidManifest.xml 파일에서 user-permission을 허용해야 하고, 프로그램에서도 Permission허용 여부를 체크하도록 구현했다.

- onMapReady() 메소드에서의 호출

```
@Override
public void onMapReady(GoogleMap googleMap) {

    mMap = googleMap;
    mMap.setOnMarkerClickListener( this );
    startLocationService( );

} // End of onMapReady(()
```

- LocationManager 구하기

```
LocationManager manager = (LocationManager)
                    getSystemService( Context.LOCATION_SERVICE );
```

- Permission의 체크

```
        if (ContextCompat.checkSelfPermission(
                this, Manifest.permission.ACCESS_FINE_LOCATION) !=
                        PackageManager.PERMISSION_GRANTED) {
            ActivityCompat.requestPermissions( MapsActivity.this,
                        new
String[]{Manifest.permission.ACCESS_FINE_LOCATION},
                        MY_PERMISSIONS_REQUEST_ACCESS_FINE_LOCATION );
        }
```

- LocationManager에 GPS 서비스 시작하기. 이 때 LocationListener(여기서는 Location Listener를 상속받은 GPSListener)를 제공해야 한다.

```
    GPSListener gpsListener = new GPSListener();

    ...

    manager.requestLocationUpdates(
            LocationManager.GPS_PROVIDER, minTime, minDistance,
gpsListener) ;
    Location lastLocation = manager.getLastKnownLocation(
                        LocationManager.GPS_PROVIDER );
```

- GPSListerner의 구현한다. 이 GPSListerner는 현재 스마트 폰의 GPS 위치정보를 받아서 약국정보를 얻기위한 비동기타스크인 DrugStoreAgent를 동작시켜 정보를 추출한다. 지도상에 약국을 표시하는 것은 비동기타스크인 DrugStoreAgent의 onPostExecute()에서 처리한다.

```
   private class GPSListener implements LocationListener {

      @Override
      public void onLocationChanged(Location location) {

         LatLng  changedLocation  =  new  LatLng(  location.getLatitude(),
location.getLongitude() );
         int changedDistance = GeoCodeAndDistanceUtil.getDistance(
                           mCurrentLocation, changedLocation );

         if( changedDistance >= 10 ) {
            mCurrentLocation = changedLocation;
            showCurrentLocation( mCurrentLocation );
            ActualAddressData curAddress = G
eoCodeAndDistanceUtil.getGeoLocation(
                              location, mGeoCoder);
            DrugStoreAgent getDrugStoreInformationThread = new
```

```
DrugStoreAgent(  );
                getDrugStoreInformationThread.execute(  curAddress.getState(),
curAddress.getCity(),

Double.toString(mCurrentLocation.latitude),

Double.toString(mCurrentLocation.longitude) );

            }else{

            }
        }
```

- 전체적인 startLocationService( )내용은 다음과 같다.

```
private void startLocationService( ) {
        int MY_PERMISSIONS_REQUEST_ACCESS_FINE_LOCATION = 1;
        LocationManager manager = (LocationManager)
                            getSystemService( Context.LOCATION_SERVICE );
        GPSListener gpsListener = new GPSListener();
        long minTime = 10000;
        float minDistance = 10;
        try {

            if (ContextCompat.checkSelfPermission(
                 this, Manifest.permission.ACCESS_FINE_LOCATION) !=
                            PackageManager.PERMISSION_GRANTED) {
                ActivityCompat.requestPermissions( MapsActivity.this,
                            new
String[]{Manifest.permission.ACCESS_FINE_LOCATION},
                            MY_PERMISSIONS_REQUEST_ACCESS_FINE_LOCATION );
            }

            manager.requestLocationUpdates(
               LocationManager.GPS_PROVIDER,       minTime,        minDistance,
gpsListener) ;
            Location lastLocation = manager.getLastKnownLocation(
```

```
                                LocationManager.GPS_PROVIDER );

            if (lastLocation != null) {

                mCurrentLocation=new LatLng(lastLocation.getLatitude(),
lastLocation.getLongitude() );
                showCurrentLocation( mCurrentLocation );
                ActualAddressData  curAddress  =
GeoCodeAndDistanceUtil.getGeoLocation(
                    lastLocation,  mGeoCoder );
                DrugStoreAgent getDrugStoreInformationThread = new
DrugStoreAgent(  );


                getDrugStoreInformationThread.execute( curAddress.getState(),
curAddress.getCity(),
                                Double.toString(mCurrentLocation.latitude),
                                Double.toString(mCurrentLocation.longitude)
);

            }
        }catch(Exception e){
            Toast.makeText(this, "ERROR:" + e.getMessage(),
Toast.LENGTH_SHORT).show();
        }
    }
```

16-2-3. 공공데이터(www.data.go.kr) 가져오기

- 비동기타스크 인 DrugStoreAgent〈String,Void,ArrayList〈DrugStoreData〉〉 구현
- doInBackground( ) 구현은 인터넷을 사용해야 한다. 또한 공공데이터 사이트에서 전달되는 조회 결과가 XML로 전달되기 때문에 이를 분석하여 데이터를 추출하는 코드이다. 전형적인 코드로 이해하는 것이 보다 쉽게 코딩할 수 있다. 다만 공공데이터에서 전달되어온 데이터에 있는 약국의 GPS좌표를 이용하여 현재 스마트폰의 위치와의 거리가

250m(스마트폰 기준 직경 500 m이내) 보다 작은 약국 정보만 추출하고 더 먼 거리의 약국은 데이터를 버리도록 구현했다.

```
        private int mDistanceThreshold = 250 ;

        ...

        @Override
        protected ArrayList<DrugStoreData> doInBackground(String... params) {
            ArrayList<DrugStoreData> list = new ArrayList<DrugStoreData>();
            DrugStoreData rec = new DrugStoreData();
            Double orgLatitude = Double.parseDouble( params[2] );
            Double orgLongitude = Double.parseDouble( params[3] );

            try {
                StringBuilder urlBuilder =
GeoCodeAndDistanceUtil.getDrugStoreInformationServiceUrl(
                              params[0], params[1], g
etString(R.string.drug_store_service_key)) ;
                //Log.i("::: URL: " ,  urlBuilder.toString() );
                XmlPullParser parser;
                XmlPullParserFactory factory;
                URL xmlURL;

                int iTagDataType = UNKWON_DATA;
                xmlURL = new URL( urlBuilder.toString() );
                xmlURL.openConnection().getInputStream();
                factory = XmlPullParserFactory.newInstance();
                parser = factory.newPullParser();
                parser.setInput(xmlURL.openStream(), "utf-8");

                int eventType = parser.getEventType();
                while(eventType != XmlPullParser.END_DOCUMENT) {
                    switch(eventType) {
                        case XmlPullParser.START_DOCUMENT :
                            break;
                        case XmlPullParser.END_DOCUMENT :
                            break;
```

```
                    case XmlPullParser.START_TAG :
                        if(parser.getName().equals("dutyAddr")) {
                            iTagDataType = DUTY_ADDRESS;
                        }else if(parser.getName().equals("dutyName")) {
                            iTagDataType = DUTY_NAME ;
                        }else if(parser.getName().equals("dutyTel1")) {
                            iTagDataType = DUTY_PHONE;
                        }else if(parser.getName().equals("wgs84Lon")) {
                            iTagDataType = DUTY_LONGITUDE;
                        }else if(parser.getName().equals("wgs84Lat")) {
                            iTagDataType=DUTY_LATIITUDE;
                        }else if(parser.getName().equals("item")) {
                            iTagDataType=DUTY_ITEM;
                        }else{
                            iTagDataType = UNKWON_DATA;
                        }
                        break;
                    case XmlPullParser.TEXT :
                        switch( iTagDataType ){
                            case DUTY_ADDRESS:
                                rec = new DrugStoreData();
                                rec.setAddress( parser.getText() );
                                break;
                            case DUTY_NAME:
                                rec.setName( parser.getText() );
                                break;
                            case DUTY_PHONE:
                                rec.setPhone( parser.getText() );
                                break;
                            case DUTY_LATIITUDE:
                                rec.setLatitude(  Double.parseDouble(
parser.getText()) );
                                break;
                            case DUTY_LONGITUDE:
                                rec.setLongitude( Double.parseDouble(
parser.getText()) );
                                int iDistance =
```

```
GeoCodeAndDistanceUtil.getDistance(
                                                    rec.getLatitude(),
rec.getLongitude(),
                                                    orgLatitude, orgLongitude  );
                                        if( iDistance <= this.mDistanceThreshold ){
                                            list.add(rec);
                                        }
                                        break;
                                    default:
                                        iTagDataType = UNKWON_DATA;
                                        break;
                                }
                                break;
                        }
                        eventType = parser.next();
                    }


            } catch(XmlPullParserException xppe) {
                xppe.printStackTrace();
            } catch(IOException ioe) {
                ioe.printStackTrace();
            }
            return list;
        } // End of doInBackground()
```

- onPostExecute(ArrayList⟨DrugStoreData⟩ dutyList) 구현

```
        @Override
        protected void onPostExecute(ArrayList<DrugStoreData> dutyList) {
            String tmpMsg = "SIZE:" + dutyList.size() ;
            Log.i("::::: :: ", "PostExecute  : " + tmpMsg  );
            Toast.makeText(getApplicationContext(), tmpMsg,
Toast.LENGTH_SHORT).show();
            if( dutyList.size() > 0){
                mMap.clear();
                showCurrentLocation( mCurrentLocation );
```

```
            Log.i(":::::CLEAR :" , " All Clear ..." );

            for( int i=0; i<dutyList.size() ;i++){
                DrugStoreData rec = (DrugStoreData)dutyList.get( i );
                showTargetLocation( new LatLng( rec.getLatitude(),
rec.getLongitude() ),
                                    rec.getName(), rec.getPhone(),
rec.getAddress() );
            } // End of for()
        }
    } // End of onPostExecute()
```

- showTargetLocation() 구현는 구해진 약국에 대하여 지도상에 Marker를 표시 즉 비동기타스크가 doInBackground( )에서 전달한 ArrayList의 정보를 하나씩 지도에 표시한다. 이 때 주의할 것은 이미 지도상에 Marker가 있기 때문에 모든 Marker를 지우고(mMap.clear() 이용) 다시 Marker를 표시한다.

```
    @Override
    protected void onPostExecute(ArrayList<DrugStoreData> dutyList) {
        if( dutyList.size() > 0){
            mMap.clear();
            showCurrentLocation( mCurrentLocation );

            for( int i=0; i<dutyList.size() ;i++){
                DrugStoreData rec = (DrugStoreData)dutyList.get( i );
                showTargetLocation( new LatLng( rec.getLatitude(),
rec.getLongitude() ),
                                    rec.getName(), rec.getPhone(),
rec.getAddress() );
            } // End of for()
        }
    } // End of onPostExecute()
```

16-2-4. 공공데이터 활용을 위한 오픈 API 인증키 발급 받기

- http://www.data.go.kr 접속하여 로그인 (공인인정서 사용)
- [마이페이지] 클릭하여 오픈API에 대한 개발계정을 확인할 것
- 활용 건수가 있는 경우 확인할 것(전국약국정보조회서비스)

- [데이터셋]->[오픈API] 클릭하여 검색 (전국약국정보조회서비스)
- 필자는 전국약국정보 조회서비스에 이미 활용 신청이 되어 있어 국내관광정보서비스로 활용 신청을 진행함)

- [활용신청] 클릭

- 서비스 유형은 [일반]을 선택

회원정보

공공데이터 제공신청

안내

위치기반서비스 사업자 확인

공공데이터중 **위치정보를 포함한** 서비스를 사용하고자 하는 사업자는
'위치정보의 보호 및 이용 등에 관한 법률'에 따라 방송통신위원회에 **'위치정보서비스 허가'**를 받거나
'위치기반 서비스사업 신고'를 하여야 합니다.
이에 해당하는 사업자인 경우에는 첨부파일에 '위치기반서비스사업신고필증'을 첨부해 주시기 바랍니다.
활용신청 시 **'위치기반서비스사업신고필증'**이 등록되지 않으면 반려가 될 수 있으니 참고 하시기 바랍니다.

활용정보

활용목적: ◉ 웹 사이트 개발 ○ 앱개발 (모바일,솔루션등) ○ 기타 ○ 참고자료 ○ 연구(논문 등)

첨부파일: ※파일 첨부시 팝업차단 기능이 해제되어야 합니다. 추가 삭제 | 한 개의 파일만 첨부 할 수 있습니다.

상세기능정보 필수 입력 정보입니다. *자동승인 상세기능은 신청과 동시에 활용 가능합니다.

	상세기능	설명	일일 트래픽
	공통정보조회	관광정보에 매핑되는 서브이미지목록을 조회하는 기능	1000
	이미지정보조회	추가 관광정보 상세내역을 조회한다. 파라미터형식에 따라 숙박정보가 포함될 수 있다	1000
	반복정보조회	상세소개쉬는날, 개장기간 등 내역을 조회하는 기능	1000
	소개정보조회	타입별공통정보기본정보,약도이미지,대표이미지,분류정보,지역정보,주소정보,좌표정보,개요정보,길안내정보,이미지정보,연계관광정보목록을 조회하는 기능	1000
	위치기반 관광정보조회	위치기반 관광정보파라미터 타입에 따라서 제목순,수정일순,등록일순,인기순 정렬검색목록을 조회하는 기능	1000

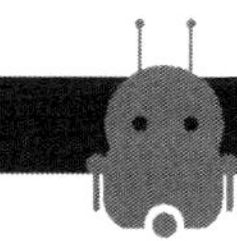

- 활용 목적은 앱개발 선택
- 상세기능정보(모든 기능 클릭)

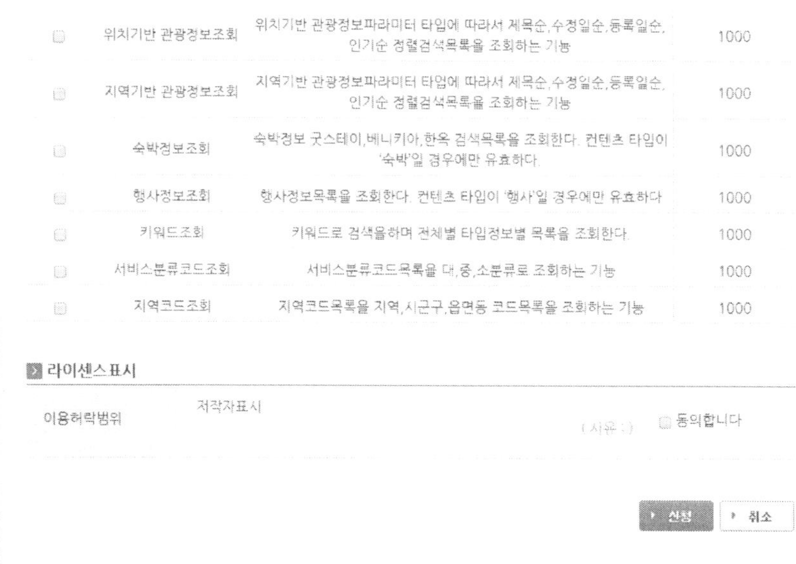

	기능	설명	
☐	위치기반 관광정보조회	위치기반 관광정보파라미터 타입에 따라서 제목순,수정일순,등록일순, 인기순 정렬검색목록을 조회하는 기능	1000
☐	지역기반 관광정보조회	지역기반 관광정보파라미터 타입에 따라서 제목순,수정일순,등록일순, 인기순 정렬검색목록을 조회하는 기능	1000
☐	숙박정보조회	숙박정보 굿스테이,베니키아,한옥 검색목록을 조회한다. 컨텐츠 타입이 '숙박'일 경우에만 유효하다	1000
☐	행사정보조회	행사정보목록을 조회한다. 컨텐츠 타입이 '행사'일 경우에만 유효하다	1000
☐	키워드조회	키워드로 검색을 하며 전체별 타입정보별 목록을 조회한다	1000
☐	서비스분류코드조회	서비스분류코드목록을 대,중,소분류로 조회하는 기능	1000
☐	지역코드조회	지역코드목록을 지역,시군구,읍면동 코드목록을 조회하는 기능	1000

라이센스표시

이용허락범위 저작자표시 ☐ 동의합니다

신청 취소

- 동의 후 [신청]을 클릭하한 후 [마이페이지]에서 다시 확인하면 활용 건수가 기재됨
- [활용건수]를 클릭하면 상세 정보가 나옴

마이페이지

개발계정

오픈API
- 개발계정
- 활용현황
- 운영계정
- 인증키 발급현황

DATA
나의 문의
나의 관심
회원정보
공공데이터 제공신청

신청 0건 · 반려 0건 · 보류 0건
활용 2건 · 변경신청 0건 · 반려 0건 · 보류 0건
중지 0건

총 2 건

[승인] 부산시설공단 공영주차장 실시간 주차현황
서비스유형 :REST

[승인] 전국 약국 정보 조회 서비스
서비스유형 :REST

- 해당 서비스를 클릭하면 활용을 위한 일반 키가 보임

- 키 하단의 [복사] 클릭하고 안드로이드 스튜디오에서 붙여넣기 하여 사용
- 이 프로젝트에서는 values/string.xml에 해당 키를 복사해야 한다.

```
<resources>
    <string name="app_name">MyLocationBasedService</string>
    <string name="title_activity_maps">ExtendedLocationBaseServices</string>
    <string
name="drug_store_service_key">99pWvQQQ%2F*****DALQr2ZAAKQ%3D%3D</string>
</resources>
```

16-2-5. 나만의 Utility 활용

- 두 GPS 좌표간의 거리(미터단위)계산: GeoCodeAndDistanceUtil.java
  이 앱에서는 절대적인 거리 차이만 있으면 되기 때문에 마지막에 음수이면 *(-1)을 하여 양수로 만들어 거리를 구한다. 이 계산 코드는 [참고 사이트]에서 참고 하여 수정 하였다.

```
    public static int getDistance(LatLng firstLatLng , LatLng secondLatLng ) {

        return  HaversineInM( firstLatLng.latitude, firstLatLng.longitude,
                        secondLatLng.latitude, secondLatLng.longitude);
    }

    public static int HaversineInM(double lat1, double long1, double lat2,
double long2) {
        return (int) ((double)1000 * HaversineInKM(lat1, long1, lat2, long2));
    }

    public static double HaversineInKM(double lat1, double long1, double lat2,
double long2) {
        final double _eQuatorialEarthRadius = 6378.1370D;
        final double _d2r = (Math.PI / 180D);

        double dlong = (long2 - long1) * _d2r;
        double dlat = (lat2 - lat1) * _d2r;
        double a = Math.pow(Math.sin(dlat / 2D), 2D) + Math.cos(lat1 * _d2r) *
Math.cos(lat2 * _d2r)
                * Math.pow(Math.sin(dlong / 2D), 2D);
        double c = 2D * Math.atan2(Math.sqrt(a), Math.sqrt(1D - a));
        double d = _eQuatorialEarthRadius * c;

        if( d < (double)0 ) d = d*(-1);
        return d ;
    }
```

- Geocoder에서 GPS 좌표로 주소를 구하는 기능 (최대 1개만 추출)

주소를 구한 후 ActualAddressData에 담아서 되돌려 준다. 내 스마트폰의 위치 정보로 주소를 구하고, 이 주소를 이용하여(광역시, 시군구 정보 이용) 약국정보를 조회하여 온다.

```
    public  static  ActualAddressData  getGeoLocation(  Location  myLocation,
Geocoder geoCoder ) {
        Double latPoint, lngPoint ;
        ActualAddressData rec = new ActualAddressData();
        if(myLocation != null) {
            latPoint = myLocation.getLatitude();
            lngPoint = myLocation.getLongitude();
            try {
                List<Address> addresses;
                addresses = geoCoder.getFromLocation( latPoint, lngPoint, 1);
                for(Address addr: addresses){
                    int index = addr.getMaxAddressLineIndex();
                    for(int i=0;i<=index;i++){
                        String[] tmpAddresses =
addr.getAddressLine(i).split("[ ]");
                        if  (  tmpAddresses  .length  >=  1){  rec.setLocale(
tmpAddresses[0].trim() ); }
                        if  (  tmpAddresses  .length  >=  2){  rec.setState(
tmpAddresses[1].trim() ); }
                        if  (  tmpAddresses  .length  >=  3){  rec.setCity(
tmpAddresses[2].trim() ); }
                        if  (  tmpAddresses  .length  >=  4){  rec.setDong(
tmpAddresses[3].trim() ); }
                        if  (  tmpAddresses  .length  >=  5){  rec.setOther(
tmpAddresses[4].trim() ); }
                    }
                }
            } catch (IOException e) {
                e.printStackTrace();
            }
        }
        return rec ;
    }
```

- 공공데이터 서비스 호출을 위한 호출 URL 구하기는 광역시, 시군구, 서비스키를 제공해야 한다.

```
    public static StringBuilder getDrugStoreInformationServiceUrl(
                String tmpState, String tmpCity, String tmpServiceKey )
    {
        StringBuilder urlBuilder=null;
        try {
            urlBuilder = new
StringBuilder("http://apis.data.go.kr/B552657/ErmctInsttInfoInqireService/
                                        getParmacyListInfoInqire");
            urlBuilder.append("?" + "ServiceKey=" + tmpServiceKey ); /*Service
Key*/
            urlBuilder.append("&Q0=" + URLEncoder.encode( tmpState, "UTF-8"));
/*주소(시도)*/
            urlBuilder.append("&Q1=" + URLEncoder.encode( tmpCity, "UTF-8"));
/*주소(시군구)*/
            urlBuilder.append("&QT=");          /*월~일요일, 공휴일: 1~8*/
            urlBuilder.append("&QN=");          /*기관명*/
            urlBuilder.append("&ORD=NAME");         /*순서*/
            urlBuilder.append("&pageNo=1");         /*페이지 번호*/
            urlBuilder.append("&numOfRows=9999" );    /*목록 건수*/
        }catch(Exception e){
            urlBuilder=new StringBuilder("");
        }
        return urlBuilder;
    }
```

16-2-6. Layout 설계

레이아웃은 PLUS(ImageView), MINUS(ImageView), 지도를 나타내는 fragmentfh 구성되어 있으며, 각각의 세부적인 기능의 앞절의 Google Map 다루기 예제와 동일한 구성으로 되어 있어 추가적인 설명은 생략한다.

16-2-7. 전체 프로그램 코드

- AndroidManifest.xml

```
<?xml version="1.0" encoding="utf-8"?>
<manifest xmlns:android="http://schemas.android.com/apk/res/android"
    package="com.envoy.jeo.mylocationbasedservice">

    <uses-permission android:name="android.permission.ACCESS_FINE_LOCATION" />
    <uses-permission android:name="android.permission.ACCESS_COARSE_LOCATION" />
    <permission
android:name="org.androidtown.location.permission.MAPS_RECEIVE"
            android:protectionLevel="signature" />
    <uses-permission
android:name="org.androidtown.location.permission.MAPS_RECEIVE" />
    <uses-permission

android:name="com.google.android.providers.gsf.permission.READ_GSERVICES" />
    <uses-permission android:name="android.permission.INTERNET" />
    <uses-feature android:glEsVersion="0x00020000" android:required="true" />

    <application
        android:allowBackup="true"
        android:icon="@mipmap/ic_launcher"
        android:label="@string/app_name"
        android:roundIcon="@mipmap/ic_launcher_round"
        android:supportsRtl="true"
        android:theme="@style/AppTheme">
        <meta-data
            android:name="com.google.android.geo.API_KEY"
            android:value="@string/google_maps_key" />
        <activity
            android:name=".MapsActivity"
            android:label="@string/title_activity_maps">
            <intent-filter>
                <action android:name="android.intent.action.MAIN" />
                <category android:name="android.intent.category.LAUNCHER" />
            </intent-filter>
```

```
        </activity>
    </application>
</manifest>
```

- layout/activity_main.xml

```
<?xml version="1.0" encoding="utf-8"?>
<RelativeLayout xmlns:android="http://schemas.android.com/apk/res/android"
    xmlns:app="http://schemas.android.com/apk/res-auto"
    android:layout_width="match_parent"
android:layout_height="match_parent">

    <LinearLayout
        android:id="@+id/upper"
        android:layout_width="match_parent"
        android:layout_height="35dp"
        android:gravity="center"
        android:orientation="horizontal">

        <ImageView
            android:id="@+id/ivPlus"
            android:layout_width="wrap_content"
            android:layout_height="35dp"
            android:layout_weight="1"
            android:src="@drawable/plus1" />

        <ImageView
            android:id="@+id/ivMinus"
            android:layout_width="wrap_content"
            android:layout_height="match_parent"
            android:layout_weight="1"
            android:src="@drawable/minus1" />

        <TextView
            android:id="@+id/tvZoom"
            android:layout_width="46dp"
            android:layout_height="match_parent"
```

```
            android:layout_weight="1"
            android:background="@drawable/text_bg"
            android:gravity="center"
            android:textSize="14sp"
            android:textStyle="bold" />

        <EditText
            android:id="@+id/etAddress"
            android:layout_width="190dp"
            android:layout_height="match_parent"
            android:layout_weight="1"
            android:background="@android:color/transparent"
            android:ems="10"
            android:gravity="center"
            android:inputType="textPersonName"
            android:textSize="18sp"
            android:textStyle="bold" />

        <Button
            android:id="@+id/btnView"
            android:layout_width="70dp"
            android:layout_height="match_parent"
            android:text="보기" />
    </LinearLayout>

    <fragment
        android:id="@+id/map"
        class="com.google.android.gms.maps.SupportMapFragment"
        android:layout_width="match_parent"
        android:layout_height="match_parent"
        android:layout_alignParentLeft="true"
        android:layout_alignParentStart="true"
        android:layout_below="@+id/upper"
        android:layout_marginTop="0dp" />

</RelativeLayout>
```

- values/strings.xml

```
<resources>
    <string name="app_name">MyLocationBasedService</string>
    <string name="title_activity_maps">ExtendedLocationBaseServices</string>
    <string name="drug_store_service_key">
          99pWvQQQ%2FdYaSHzLc8oUqy**********k0fVnG3eqEJQKwCIUYduYI
          zvHJsf6YpDDyvXXlFuR0fDALQr2ZAAKQ%3D%3D
   </string>
</resources>
```

- values/google_maps_api.xml

```
<resources>
    <!--
    TODO: Before you run your application, you need a Google Maps API key.
    To get one, follow this link, follow the directions and press "Create" at
the end:

https://console.developers.google.com/flows/enableapi?apiid=maps_android_backe
nd&keyType=CLIENT_SIDE_ANDROID&r=00:8B:21:EC:F3:06:B4:A8:B6:14:5A:DE:BE:FD:D1:
C0:F8:0F:F3:BB%3Bcom.envoy.jeo.mylocationbasedservice

    You can also add your credentials to an existing key, using these values:
    Package name:
    00:8B:21:EC:F3:06:B4:A8:B6:14:5A:DE:BE:FD:D1:C0:F8:0F:F3:BB
    SHA-1 certificate fingerprint:
    00:8B:21:EC:F3:06:B4:A8:B6:14:5A:DE:BE:FD:D1:C0:F8:0F:F3:BB
    Alternatively, follow the directions here:
    https://developers.google.com/maps/documentation/android/start#get-key
    Once you have your key (it starts with "AIza"), replace the
"google_maps_key"
    string in this file.
    -->
    <string name="google_maps_key" templateMergeStrategy="preserve"
          translatable="false">AIzaSyDcUVjQkjJ74KT*****4KVeQ4vCSQQPc</string>
</resources>
```

- drawable/ 각 이미지

- MainActivity.java

```
package com.envoy.jeo.mylocationbasedservice;

import android.Manifest;
import android.content.Context;
import android.content.pm.PackageManager;
import android.location.Address;
import android.location.Geocoder;
import android.location.Location;
import android.location.LocationListener;
import android.location.LocationManager;
import android.os.AsyncTask;
import android.support.v4.app.ActivityCompat;
import android.support.v4.app.FragmentActivity;
import android.os.Bundle;
import android.support.v4.content.ContextCompat;
import android.util.Log;
import android.view.View;
import android.widget.Button;
import android.widget.EditText;
import android.widget.ImageView;
import android.widget.TextView;
import android.widget.Toast;

import com.google.android.gms.maps.CameraUpdateFactory;
import com.google.android.gms.maps.GoogleMap;
import com.google.android.gms.maps.OnMapReadyCallback;
import com.google.android.gms.maps.SupportMapFragment;
import com.google.android.gms.maps.model.BitmapDescriptorFactory;
import com.google.android.gms.maps.model.LatLng;
import com.google.android.gms.maps.model.Marker;
```

```
import com.google.android.gms.maps.model.MarkerOptions;
import  com.google.android.gms.maps.GoogleMap.OnMarkerClickListener;

import org.xmlpull.v1.XmlPullParser;
import org.xmlpull.v1.XmlPullParserException;
import org.xmlpull.v1.XmlPullParserFactory;

import java.io.IOException;
import java.net.URL;
import java.net.URLEncoder;
import java.util.ArrayList;
import java.util.List;
import java.util.Locale;

public class MapsActivity extends FragmentActivity implements
OnMapReadyCallback, OnMarkerClickListener  {

    private double startLongitude = 129.0280896258;
    private double startLatitude  = 35.3394539965;
    private float mStartZoom = (float)18.0;
    LatLng mCurrentLocation = new LatLng((double)0, (double)0);;
    EditText mEtAddress = null;
    TextView mTvZoom = null;
    Geocoder mGeoCoder;

    private double differentValue = 0.0000011065;
    private MarkerOptions myLocationMarker;


    private GoogleMap mMap;

    @Override
    protected void onCreate(Bundle savedInstanceState) {
        super.onCreate(savedInstanceState);
        setContentView(R.layout.activity_maps);

        mGeoCoder  = new Geocoder(getApplicationContext(), Locale.KOREA);
```

```
        SupportMapFragment mapFragment=(SupportMapFragment)

getSupportFragmentManager().findFragmentById(R.id.map);
        mapFragment.getMapAsync(this);


///////////////////////////////////////////////////////////////////////////////
/////////////////////////////////
        /// 최초위치 설정

///////////////////////////////////////////////////////////////////////////////
/////////////////////////////////



        mEtAddress = (EditText) findViewById( R.id.etAddress );
        mTvZoom = (TextView) findViewById( R.id.tvZoom);
        mTvZoom.setText(mStartZoom+"");


        ImageView ivPlus=(ImageView) findViewById( R.id.ivPlus);
        ivPlus.setOnClickListener(
                new View.OnClickListener() {
                    @Override
                    public void onClick(View view) {
                        mStartZoom=mStartZoom+(float)1.0;
                        mTvZoom.setText( mStartZoom+"" );
                        mMap.moveCamera(

CameraUpdateFactory.newLatLngZoom(mCurrentLocation, mStartZoom )
                        );
                    }
                }
        );

        ImageView ivMinus=(ImageView) findViewById( R.id.ivMinus );
        ivMinus.setOnClickListener(
```

```
                new View.OnClickListener() {
                    @Override
                    public void onClick(View view) {
                        mStartZoom=mStartZoom-(float)1.0;
                        mTvZoom.setText( mStartZoom+"" );
                        mMap.moveCamera(CameraUpdateFactory.newLatLngZoom(
                                mCurrentLocation, mStartZoom ));
                    }
                }
        );

    } // End of onCreate()

    private void showCurrentLocation(LatLng location) {

        this.mMap.clear();
        this.myLocationMarker = new MarkerOptions();
        this.myLocationMarker.position( location );
        this.myLocationMarker.title("내위치");

this.myLocationMarker.icon(BitmapDescriptorFactory.fromResource(R.drawable.loc
ator4));
        this.mMap.addMarker(myLocationMarker);
        this.mMap.animateCamera(CameraUpdateFactory.newLatLngZoom(location,
this.mStartZoom));

    }

    private void showTargetLocation(LatLng location, String tmpName,
                                    String tmpPhone, String tmpAddress ) {

        MarkerOptions myLocationMarker = new MarkerOptions();
        myLocationMarker.position( location );
        myLocationMarker.title( tmpName );
        myLocationMarker.snippet( tmpPhone + ":" + tmpAddress );

myLocationMarker.icon(BitmapDescriptorFactory.fromResource(R.drawable.locator2
```

```
));
        this.mMap.addMarker(myLocationMarker);
    }


    @Override
    public void onMapReady(GoogleMap googleMap) {

        mMap = googleMap;
        mMap.setOnMarkerClickListener( this );
        startLocationService( );

    } // End of onMapReady(()

    @Override
    public boolean onMarkerClick(Marker marker) {
        Toast.makeText(this,          marker.getTitle()+"\n"+marker.getAlpha(),
Toast.LENGTH_SHORT).show();
        return false;
    }



    private void startLocationService( ) {
        int MY_PERMISSIONS_REQUEST_ACCESS_FINE_LOCATION = 1;
        LocationManager
manager=(LocationManager)getSystemService(Context.LOCATION_SERVICE);
        GPSListener gpsListener = new GPSListener();
        long minTime = 10000;
        float minDistance = 10;
        try {

            if (ContextCompat.checkSelfPermission(
                    this, Manifest.permission.ACCESS_FINE_LOCATION) !=
                    PackageManager.PERMISSION_GRANTED) {
                ActivityCompat.requestPermissions(
                        MapsActivity.this,
```

```
                        new
String[]{Manifest.permission.ACCESS_FINE_LOCATION},
                        MY_PERMISSIONS_REQUEST_ACCESS_FINE_LOCATION
                );
            }
            manager.requestLocationUpdates( LocationManager.GPS_PROVIDER,
                                        minTime, minDistance, gpsListener) ;
            Location lastLocation = manager.getLastKnownLocation(
                                    LocationManager.GPS_PROVIDER );
            if (lastLocation != null) {
                mCurrentLocation = new
LatLng(lastLocation.getLatitude(),lastLocation.getLongitude() );
                showCurrentLocation( mCurrentLocation );
                ActualAddressData  curAddress  =
GeoCodeAndDistanceUtil.getGeoLocation(
                                                lastLocation,  mGeoCoder );

//////////////////////////////////////////////////////////////////////////
///////////////////////
                ///  필요정보 보여주기

//////////////////////////////////////////////////////////////////////////
///////////////////////
                DrugStoreAgent     getDrugStoreInformationThread     =     new
DrugStoreAgent(  );
                getDrugStoreInformationThread.execute(  curAddress.getState(),
curAddress.getCity(),

Double.toString(mCurrentLocation.latitude),

Double.toString(mCurrentLocation.longitude) );

            }
        }catch(Exception e){
            Toast.makeText(this, "ERROR:" + e.getMessage(),
Toast.LENGTH_SHORT).show();
        }
```

```
    }


    private class GPSListener implements LocationListener {

        @Override
        public void onLocationChanged(Location location) {

            LatLng  changedLocation  =  new  LatLng(  location.getLatitude(),
location.getLongitude() );
            int changedDistance = GeoCodeAndDistanceUtil.getDistance(
                                        mCurrentLocation, changedLocation
                                );
            if( changedDistance >= 10 ) {
                mCurrentLocation = changedLocation;
                showCurrentLocation( mCurrentLocation );
                ActualAddressData                 curAddress                  =
GeoCodeAndDistanceUtil.getGeoLocation(
                                        location, mGeoCoder
                                      );

///////////////////////////////////////////////////////////////////////////////
////////////////////////
                ///  필요정보 보여주기

///////////////////////////////////////////////////////////////////////////////
////////////////////////
                DrugStoreAgent getDrugStoreInformationThread = new
DrugStoreAgent(  );
                getDrugStoreInformationThread.execute(  curAddress.getState(),
curAddress.getCity(),
                      Double.toString(mCurrentLocation.latitude),
                      Double.toString(mCurrentLocation.longitude) );
            }else{
            }
        }
```

```
        @Override
        public void onStatusChanged(String s, int i, Bundle bundle) {}
        @Override
        public void onProviderEnabled(String s) {}
        @Override
        public void onProviderDisabled(String s) {}
    }


    public class DrugStoreAgent extends AsyncTask<String, Void,
ArrayList<DrugStoreData> > {
        private int mDistanceThreshold = 250 ;

        private static final int DUTY_NAME  = 1 ;
        private static final int DUTY_ADDRESS  = 2 ;
        private static final int DUTY_PHONE = 3 ;
        private static final int DUTY_LONGITUDE = 4 ;
        private static final int DUTY_LATIITUDE = 5 ;
        private static final int DUTY_ITEM = 6 ;
        private static final int UNKWON_DATA = 0 ;

        @Override
        protected ArrayList<DrugStoreData> doInBackground(String... params) {
            ArrayList<DrugStoreData> list = new ArrayList<DrugStoreData>();
            DrugStoreData rec = new DrugStoreData();
            Double orgLatitude = Double.parseDouble( params[2] );
            Double orgLongitude = Double.parseDouble( params[3] );

            try {
                StringBuilder urlBuilder = GeoCodeAndDistanceUtil
                     .getDrugStoreInformationServiceUrl( params[0], params[1],

getString(R.string.drug_store_service_key)) ;
                //Log.i("::: URL: " ,  urlBuilder.toString() );
                XmlPullParser parser;
                XmlPullParserFactory factory;
                URL xmlURL;
```

```
            int iTagDataType = UNKWON_DATA;
            xmlURL = new URL( urlBuilder.toString() );
            xmlURL.openConnection().getInputStream();
            factory = XmlPullParserFactory.newInstance();
            parser = factory.newPullParser();
            parser.setInput(xmlURL.openStream(), "utf-8");

            int eventType = parser.getEventType();
            while(eventType != XmlPullParser.END_DOCUMENT) {
                switch(eventType) {
                    case XmlPullParser.START_DOCUMENT :
                        break;
                    case XmlPullParser.END_DOCUMENT :
                        break;
                    case XmlPullParser.START_TAG :
                        //Log.i("NIA_ITF_Open ::: ", "START_TAG =
"+parser.getName() );
                        if(parser.getName().equals("dutyAddr")) {
                            iTagDataType = DUTY_ADDRESS;
                        }else if(parser.getName().equals("dutyName")) {
                            iTagDataType = DUTY_NAME ;
                        }else if(parser.getName().equals("dutyTel1")) {
                            iTagDataType = DUTY_PHONE;
                        }else if(parser.getName().equals("wgs84Lon")) {
                            iTagDataType = DUTY_LONGITUDE;
                        }else if(parser.getName().equals("wgs84Lat")) {
                            iTagDataType=DUTY_LATIITUDE;
                        }else if(parser.getName().equals("item")) {
                            iTagDataType=DUTY_ITEM;
                        }else{
                            iTagDataType = UNKWON_DATA;
                        }
                        break;
                    case XmlPullParser.TEXT :
                        switch( iTagDataType ){
                            case DUTY_ADDRESS:
```

```
                                rec = new DrugStoreData();
                                rec.setAddress( parser.getText() );
                                break;
                            case DUTY_NAME:
                                rec.setName( parser.getText() );
                                break;
                            case DUTY_PHONE:
                                rec.setPhone( parser.getText() );
                                break;
                            case DUTY_LATIITUDE:
                                rec.setLatitude(  Double.parseDouble(
parser.getText()) );
                                break;
                            case DUTY_LONGITUDE:
                                rec.setLongitude( Double.parseDouble(
parser.getText()) );
                                int iDistance =
GeoCodeAndDistanceUtil.getDistance(
                                            rec.getLatitude(),
rec.getLongitude(), orgLatitude,
                                            orgLongitude  );
                                if( iDistance <= this.mDistanceThreshold ){
                                    list.add(rec);
                                }
                                break;
                            default:
                                iTagDataType = UNKWON_DATA;
                                break;
                        }
                        break;
                }
                eventType = parser.next();
            }


        } catch(XmlPullParserException xppe) {
            xppe.printStackTrace();
```

```
            } catch(IOException ioe) {
                ioe.printStackTrace();
            }
            return list;
        } // End of doInBackground()


        @Override
        protected void onPostExecute(ArrayList<DrugStoreData> dutyList) {
            if( dutyList.size() > 0){
                mMap.clear();
                showCurrentLocation( mCurrentLocation );

                for( int i=0; i<dutyList.size() ;i++){
                    DrugStoreData rec = (DrugStoreData)dutyList.get( i );
                    showTargetLocation( new LatLng( rec.getLatitude(),
rec.getLongitude() ),
                                        rec.getName(), rec.getPhone(),
rec.getAddress() );
                } // End of for()
            }
        } // End of onPostExecute()

    } // End of class  DrugStoreAgent


} // End of class MapsActivity
```

- GeoCodeAndDistanceUtil.java

```
public class GeoCodeAndDistanceUtil {

    public  static  StringBuilder  getDrugStoreInformationServiceUrl(String
tmpState, String tmpCity,
                            String tmpServiceKey )
    {
        StringBuilder urlBuilder=null;
        try {
            urlBuilder = new

StringBuilder("http://apis.data.go.kr/B552657/ErmctInsttInfoInqireService/getP
armacyListInfoInqire");
            urlBuilder.append("?"  +  "ServiceKey="  +  tmpServiceKey  );  //
Service Key
            urlBuilder.append("&Q0=" + URLEncoder.encode( tmpState, "UTF-8"));
//주소(시도)
            urlBuilder.append("&Q1=" + URLEncoder.encode( tmpCity, "UTF-8"));
//주소(시군구)
            urlBuilder.append("&QT="); //월~일요일, 공휴일: 1~8
            urlBuilder.append("&QN="); //기관명
            urlBuilder.append("&ORD=NAME"); //순서
            urlBuilder.append("&pageNo=1"); //페이지 번호
            urlBuilder.append("&numOfRows=9999" ); //목록 건수
        }catch(Exception e){
            urlBuilder=new StringBuilder("");
        }
        return urlBuilder;
    }

    public  static  ActualAddressData  getGeoLocation(  Location  myLocation,
Geocoder geoCoder ) {
        Double latPoint, lngPoint ;
        ActualAddressData rec = new ActualAddressData();
        if(myLocation != null) {
            latPoint = myLocation.getLatitude();
```

```
            lngPoint = myLocation.getLongitude();
            try {
                List<Address> addresses;
                addresses = geoCoder.getFromLocation( latPoint, lngPoint, 1);
                for(Address addr: addresses){
                    int index = addr.getMaxAddressLineIndex();
                    for(int i=0;i<=index;i++){
                        String[] tmpAddresses =
addr.getAddressLine(i).split("[ ]");
                        if ( tmpAddresses .length >= 1){ rec.setLocale(
tmpAddresses[0].trim() ); }
                        if ( tmpAddresses .length >= 2){ rec.setState(
tmpAddresses[1].trim() ); }
                        if ( tmpAddresses .length >= 3){ rec.setCity(
tmpAddresses[2].trim() ); }
                        if ( tmpAddresses .length >= 4){ rec.setDong(
tmpAddresses[3].trim() ); }
                        if ( tmpAddresses .length >= 5){ rec.setOther(
tmpAddresses[4].trim() ); }
                    }
                }
            } catch (IOException e) {
                e.printStackTrace();
            }
        }
        return rec ;
    }


    public static int getDistance(double lat1, double long1, double lat2,
double long2) {
        return HaversineInM( lat1, long1, lat2, long2 );
    }

    public static int getDistance(LatLng firstLatLng , LatLng secondLatLng ) {
        return HaversineInM( firstLatLng.latitude, firstLatLng.longitude,
                             secondLatLng.latitude, secondLatLng.longitude);
```

```
    }

    public static int HaversineInM(double lat1, double long1, double lat2,
double long2) {
        return (int) ((double)1000 * HaversineInKM(lat1, long1, lat2, long2));
    }
    public static double HaversineInKM(double lat1, double long1, double lat2,
double long2) {
        final double _eQuatorialEarthRadius = 6378.1370D;
        final double _d2r = (Math.PI / 180D);

        double dlong = (long2 - long1) * _d2r;
        double dlat = (lat2 - lat1) * _d2r;
        double a = Math.pow(Math.sin(dlat / 2D), 2D) + Math.cos(lat1 * _d2r) *
Math.cos(lat2 * _d2r)
                * Math.pow(Math.sin(dlong / 2D), 2D);
        double c = 2D * Math.atan2(Math.sqrt(a), Math.sqrt(1D - a));
        double d = _eQuatorialEarthRadius * c;

        if( d < (double)0 ) d = d*(-1);
        return d ;
    }
}
```

- DrugStoreData.java

```
public class DrugStoreData {
    private String name="";
    private String address="";
    private String phone="";
    private double latitude = 0 ;
    private double longitude = 0 ;

    public double getLongitude() { return longitude; }
    public void setLongitude(double longitude) { this.longitude = longitude; }
    public double getLatitude() { return latitude; }
```

```
    public void setLatitude(double latitude) { this.latitude = latitude; }
    public String getPhone() { return phone; }
    public void setPhone(String phone) { this.phone = phone; }
    public String getAddress() { return address; }
    public void setAddress(String address) { this.address = address; }
    public String getName() { return name; }
    public void setName(String name) { this.name = name; }

}
```

- ActualAddressData.java

```
public class ActualAddressData {
    private String locale ="";
    private String state ="";
    private String city = "";
    private String dong = "";
    private String other = "";

    public String getState() { return state; }
    public void setState(String state) { this.state = state; }
    public String getLocale() { return locale; }
    public void setLocale(String locale) { this.locale = locale; }
    public String getCity() { return city; }
    public void setCity(String city) { this.city = city; }
    public String getDong() { return dong; }
    public void setDong(String dong) { this.dong = dong; }
    public String getOther() { return other; }
    public void setOther(String other) { this.other = other; }
}
```

- 실행결과

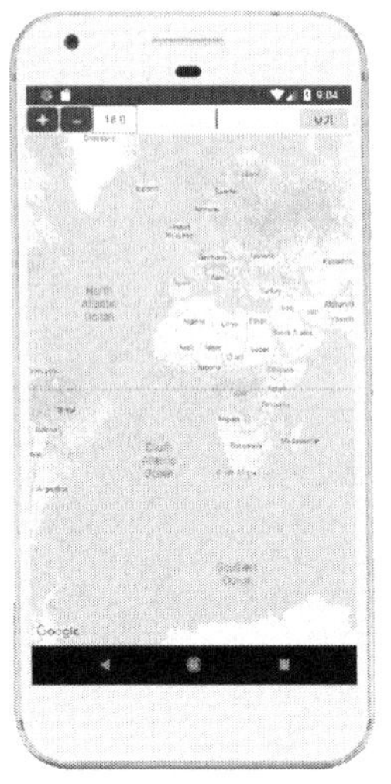

처음 실행 후 앱화면(스마트폰 위치정보 미활용)

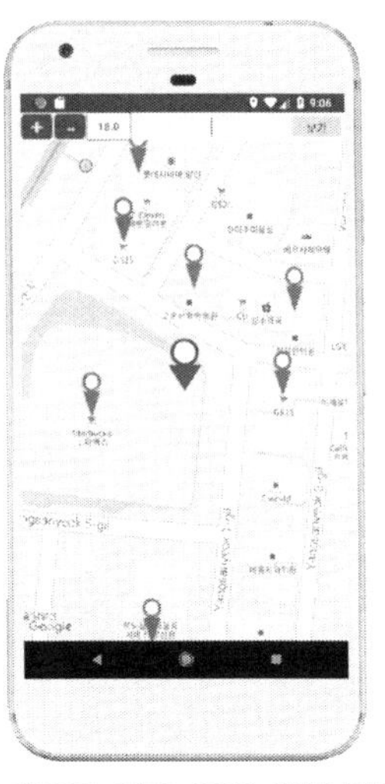

스마트폰 현재 GPS 위치 정보 추출 후 앱화면(약국표시)

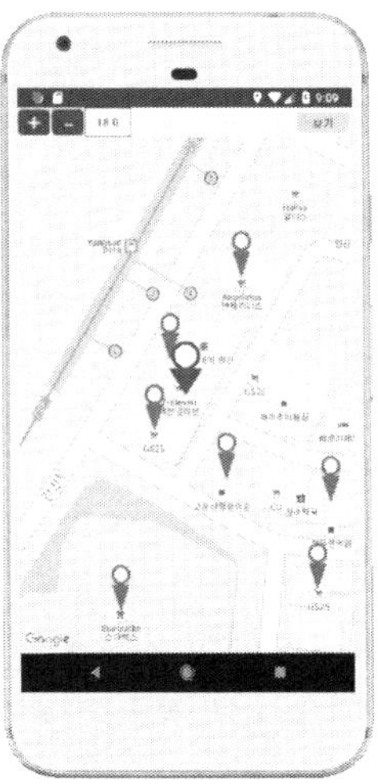

일정 거리(10m) 이동 후 앱화면(약국표시)

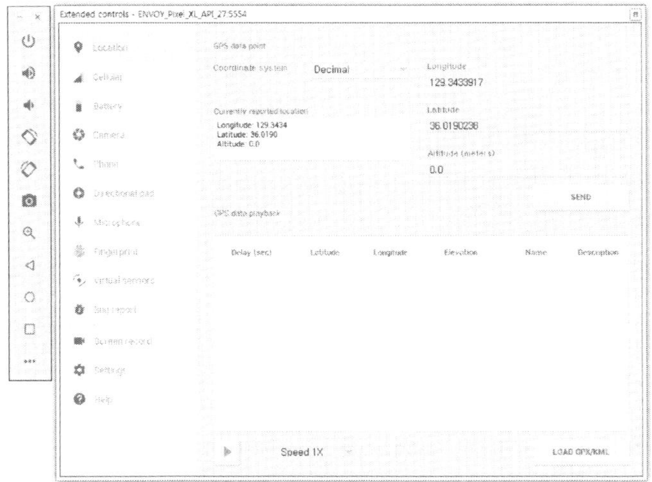

포항 시청을 나타내는 GPS좌표를 입력하고 [SEND]를 클릭

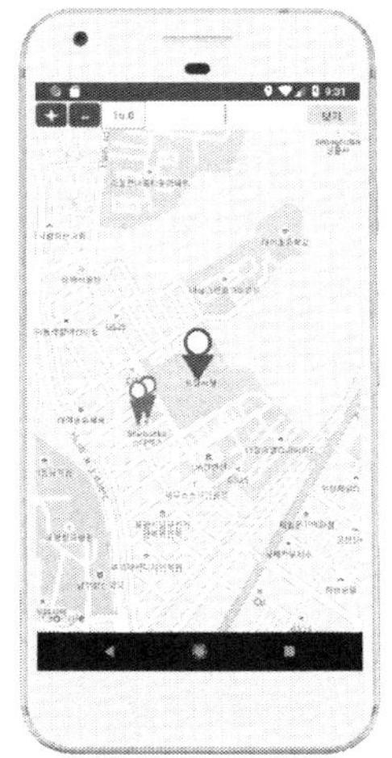

포항시청 반경 500m에 있는 약국 정보를 보여줌

참·고·자·료

[1] GPS좌표에 대한 거리계산(m):https://code.i-harness.com/ko-kr/q/59502

[2] https://ko.wikipedia.org/wiki/위치_기반_서비스

[3] google-maps-key : https://bos.kr:50300/kwa-manual_v-1601

[4] google-maps-key : https://blog.cosmosfarm.com/archives/389/구글-지도-api-키-발급-받는-방법-maps-javascript-api/

[부록 A] 오류 발생시 해결 방법

A–1. Android Studio 설치 시, "현재 PC에서는 이 앱을 실행할 수 없습니다."라는 오류가 발생할 때?

해결 방법)

Android Studio를 설치할 때, [그림 A-1]과 같이 표시될 때가 있습니다.

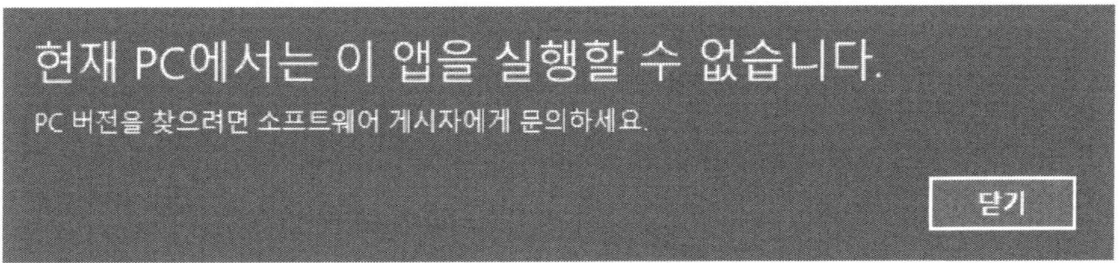

[그림 A–1] Android Studio 설치 오류

A-1의 오류는 윈도우10에서 제공되는 UAC(사용자 계정 컨트롤) 기능 때문에 발생된다. Android Studio를 설치할 때 UAC를 잠시 꺼주는 것으로 해결한다.

[그림 A-2]처럼 윈도우 제어판에서 "사용자 계정 컨트롤 설정 변경"을 검색한다.

설정

Windows 설정

사용자 계정

사용자 계정 컨트롤 설정 변경

[그림 A–2] 사용자 계정 컨트롤 설정 변경 찾기

[그림 A-3]은 사용자 계정 컨트롤이 현재 켜져 있는 상황을 보여준다.

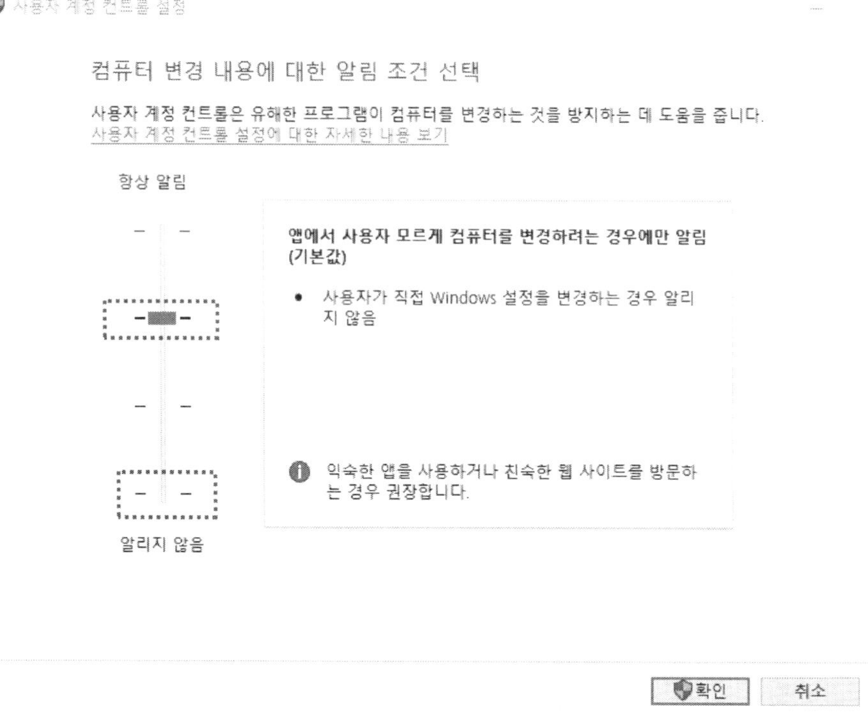

[그림 A-3] 사용자 계정 컨트롤 설정이 켜져 있는 상태

[그림 A-4]처럼 사용자 계정 컨트롤 설정을 잠시 알리지 않음으로 끄고, Android Studio를 설치하면 설치가 올바르게 진행된다.

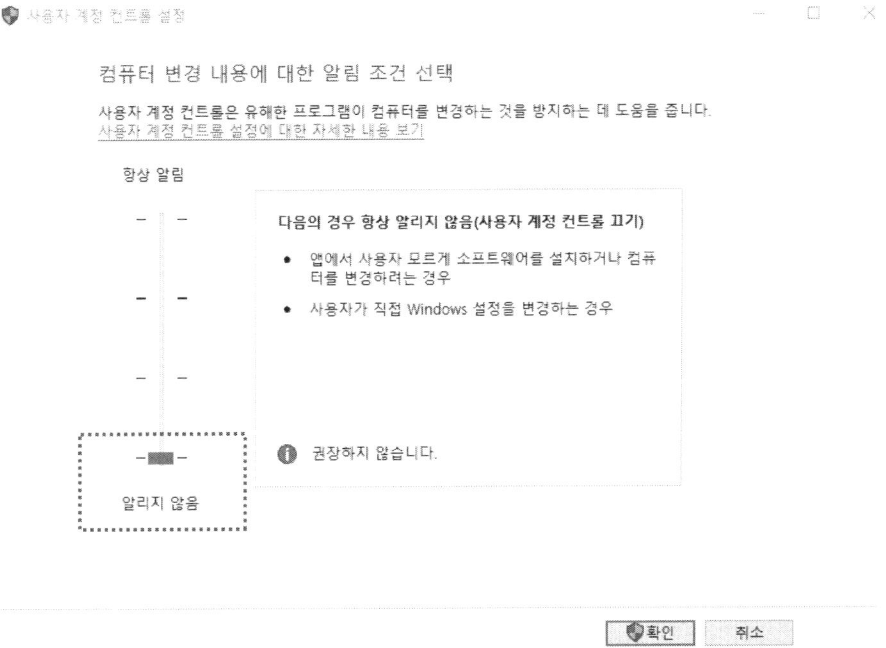

[그림 A-4] 사용자 계정 컨트롤 설정 끄기

A-2. 안드로이드 테스트와 실행의 버전 충돌로 인한 오류발생

1. 현상 : Gradle Build에 다음 오류 메시지가 나오는 것

```
Error:Execution failed for task ':app:preDebugAndroidTestBuild'.
> Conflict with dependency 'com.android.support:support-annotations' in project ':app'. Resolved versions for app (26.1.0) and test app (27.1.1) differ. See https://d.android.com/r/tools/test-apk-dependency-conflicts.html for details.
```

2. 조치방법(응급조치)

- [Build]메뉴 클릭->[Clean Project] 클릭
- [Build]메뉴 클릭->[Rebuild Project] 클릭

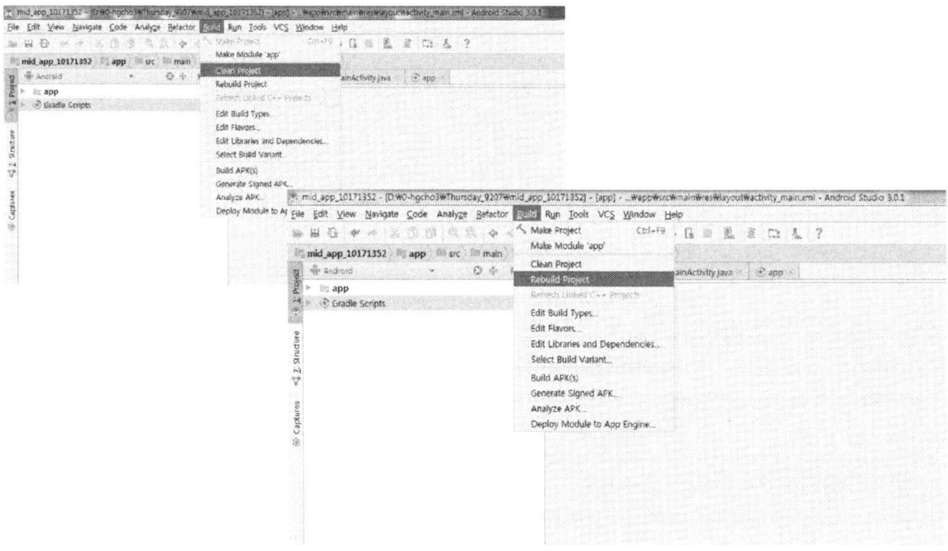

3. 조치방법(Gradle Script -> build.gradle(Module:app) 수정)

- 수정전 build.gradle(Module:app) : 강조부분

```
dependencies {
   implementation fileTree(dir: 'libs', include: ['*.jar'])
   implementation 'com.android.support:appcompat-v7:26.1.0'
   implementation 'com.android.support.constraint:constraint-layout:1.1.0'
   testImplementation 'junit:junit:4.12'
      androidTestImplementation 'com.android.support.test:runner:1.0.2'
   androidTestImplementation 'com.android.support.test.espresso:espresso-core:3.0.2'
}
```

- 수정후 build.gradle(Module:app) : 강조부분 수정

```
dependencies {
   implementation fileTree(dir: 'libs', include: ['*.jar'])
   implementation 'com.android.support:appcompat-v7:26.1.0'
   implementation 'com.android.support.constraint:constraint-layout:1.1.0'
   testImplementation 'junit:junit:4.12'
      androidTestImplementation ('com.android.support.test:runner:1.0.2 '
         , { exclude group: 'com.android.support', module: 'support-annotations' } )
      androidTestImplementation ('com.android.support.test.espresso:espresso-core:3.0.2'
         , {exclude group: 'com.android.support', module: 'support-annotations' }
)
}
```

참·고·자·료

[1] https://community.remotemonster.com/t/topic/34

[2] http://pluu.github.io/blog/android/droidkaigi/2017/10/06/droidkaigi-2017-lets-write-sustainable-espresso-test-rapidly/

A-3. layout의 xml 파일을 더블클릭했을 때 화면에 위젯이 나타나지 않는 경우

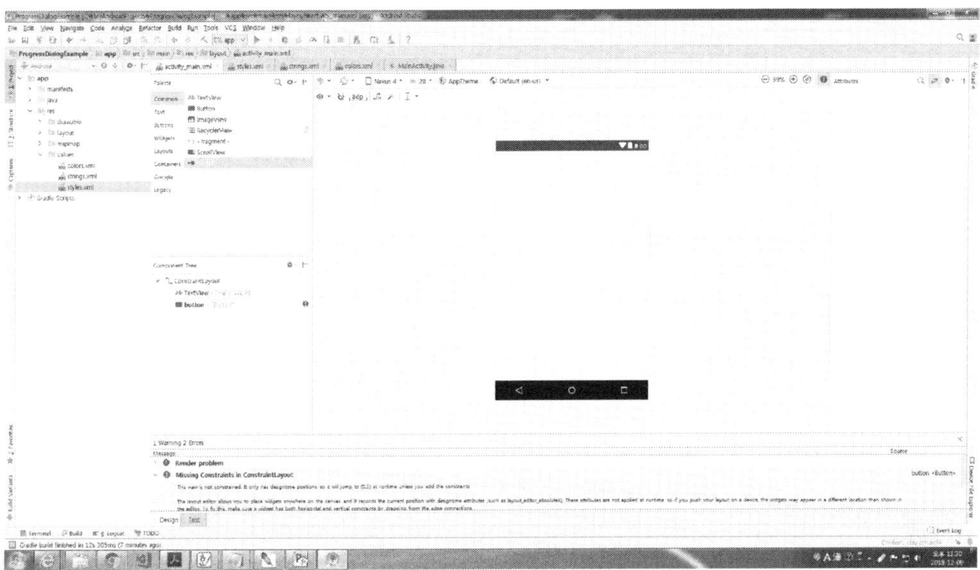

- 임시조치방법 1 :
- Project의 [AndroidMode]-> Gradle Script-> build.gradle(Module.app)
  implementation 'com.android.support:appcompat-v7:28.0.0'를
  implementation 'com.android.support:appcompat-v7:28.0.0-alpha1'로 수정
  오른쪽 상단의 [Sync Now]를 클릭.

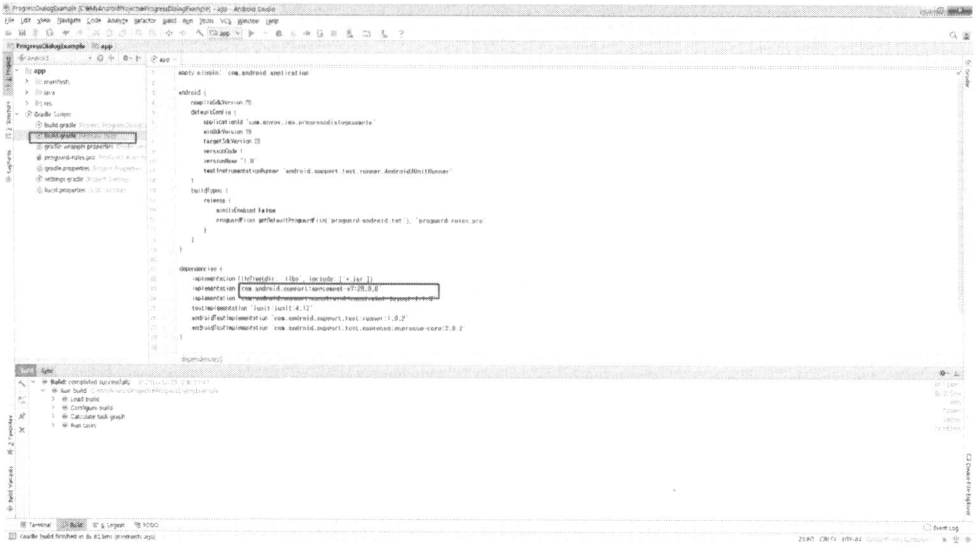

[그림 A-5] 수정 전 모습

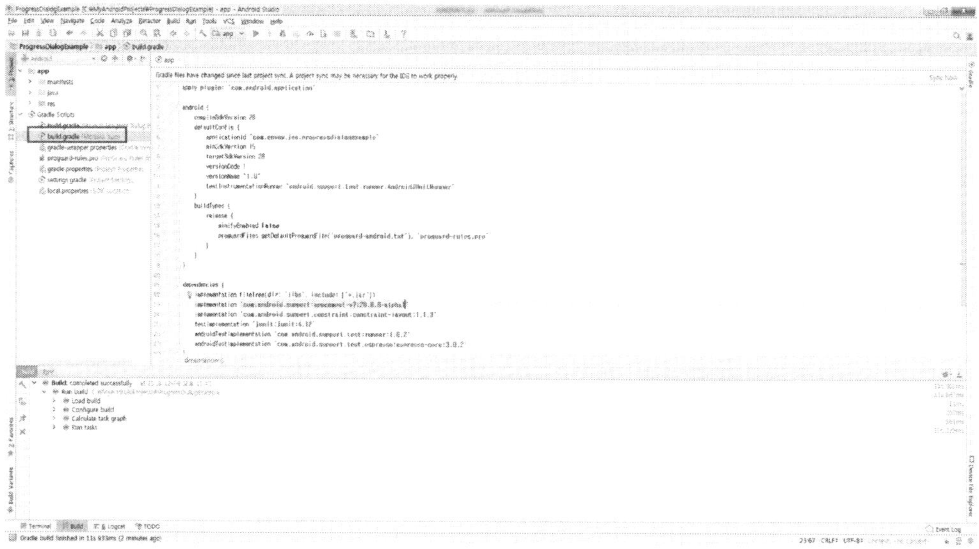

[그림 A-6] 수정 후 모습

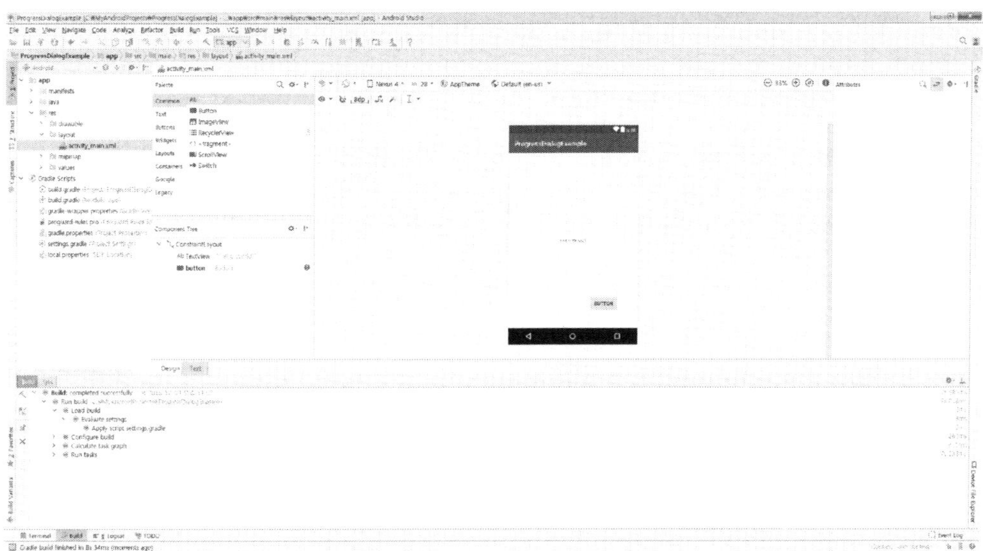

[그림 A-7] 오류 복구 후 모습

- 임시조치방법 2 :
- Project의 [AndroidMode]-〉res-〉values-〉styles.xml의

〈style name="AppTheme" parent="Theme.AppCompat.Light.DarkActionBar"〉를

〈style name="AppTheme" parent="Base.Theme.AppCompat.Light.DarkActionBar"〉

로 수정

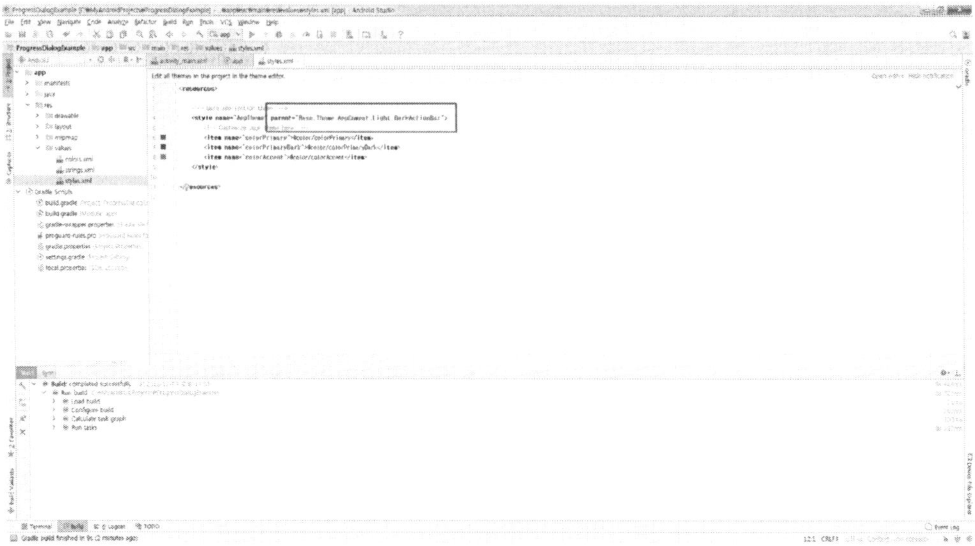

[그림 A-8] styles.xml 수정 후 내용

- 메뉴의 [Build]->[Clean Project]를 선택하여 프로젝트를 다시 build 할 것

참·고·자·료

[1] http://sgpassion.tistory.com/60

사례중심의 단계별 안드로이드 앱 개발하기

1판 1쇄 발행 2020년 01월 05일
1판 2쇄 발행 2021년 10월 15일
저 자 정민포·조혁규
발 행 인 이범만
발 행 처 **21세기사** (제406-00015호)
경기도 파주시 산남로 72-16 (10882)
Tel. 031-942-7861 Fax. 031-942-7864
E-mail : 21cbook@naver.com
Home-page : www.21cbook.co.kr
ISBN 978-89-8468-821-6

정가 30,000원